人生のヒント

－第１集－

藝祥
SEISHO

人生成功の原則

「人の三感」と言う言葉がある。「感心・感謝・感動」の3つで、人間特有の感情だ。

・感心とは、立派ですぐれた行いなどを見て、深く感じ、心が動かされること。

・感謝とは、優しさ、救助、好意、利益、進物などの厚情を受けた時、与えられた人が与えてくれた人に有難いと思う気持ちや感情を持つこと。

・感動とは、ある事物から強い印象を受けて、心が動かされること。

これらの感情は人に教えられて身に付くものでは無い。一人一人が人として生まれついて、人として成長していくと共に、自然に心に湧き出る特有の感情だ。

そしてこの感情は、何かの形でアウトプット、すなわち反応することによって、心が磨かれ人が成長すると言う。感じたら言葉にする、その人やそれ以外の誰かに伝える、書き付ける、記憶するなど、それによって自分の心が磨かれ、さらに豊かな情感が育つのだ。

そして成長していつの日か、その三感を人から与えられている立場から、人に与える立場に自分を変えていくことが出来るようになる。それが真の人生の幸福感を得る原則だと言う。

地位や財産も確かに必要なものだが、人生に本当に必要なモノは、この三感だ。逆に三感をもたらしてくれる人物が真の地位や財産を手にするのだとも言える。難しいことかも知れないが共に心したいことだ。

順調なとき

松下幸之助翁の言葉

「人は順調が長く続くと苦しいことを忘れるものだ。順調が続いても苦しいことを忘れない人が偉いのや。順調が続くと世の中がアホに見えてくる。俺は偉いけど、世の中は皆アホだと、こう言うふうに見えるんです。

わたしの体験から申しても、３べん事が成功すると危険です。２へん成功して１ペン失敗が来ると、やや過ちがないようにいくのやないかと思うんです。

それほど人間とはたわいの無いものであります。調子良く行くと、何でも気前よく配りたくなり、そしてしまいには何にも無くなって、全てを失ってしまう。家族も友達もお金もぜんぶ逃げて行く。そんな状況には、なって見ないと分からないのが人生だ。

私は何度もそんな経営者を見て来た。順調な時には苦しい時に備える。苦しい時には決して失望せずに順調に備える、それが真に正しい経営だと思っている。」

如何だろうか、順調は長くは続かない、そして苦しい出来事は必ず来る。それが人生なら、苦しい時が来たときの対応を常々考えておく事が、知恵ある生き方だと私も思っている。松下翁は仕事だけではなく、真の人生の達人だったと私は思っている。

日本企業の永続と叡智

世界の中で創業百年以上の企業は日本がほぼ50％を占めると言う。日本以外での最古の企業は、1502年創業のドイツの「THE COATING COMPANY」と言うコンクリート工事会社だ。

日本では以前に申し上げた通り最古の企業は、西暦578年創業の大阪の寺社建築の金剛組であり、次には717年創業の石川の温泉旅館法師と言うものが在る。日本には千年以上続く企業はいまだに10社あるそうだ。

さらに、日本の科学技術分野、特に電子部品製造技術は、日本電産、村田製作所、京セラ、TDKなどをトップにそれぞれに圧倒的な特殊技術を持つ。今日特殊技術分野の日本製の部品は世界生産の50％を占めていると言われている。また蛇足ながら現今の円安によってこれらの企業は今、空前の利益を上げている。

また超絶技巧の科学技術の一例を上げれば、スマホのバイブレーション機能の心臓部と言われる直径4㎜の超小型モーターがある。この製品の最重要部品には直径0.01㎜（毛髪の1/8）の純金製の極細線が必要で、これは1gの純金を3,000ｍに伸ばす技術で、世界中でそれを生産出来るのは明治18年（1885年）創業の金属加工業兼貴金属取引会社の田中貴金属工業だけだそうだ。

これらの世界に類のない何代にも亘る事業継承や、産業や科学における超絶技巧の源は、日本人の伝統を守る美意識や勤勉さによるものだろう。我々はその伝統を受け継ぐDNAを保持している筈だ。

言葉の効用

米国の天才発明家エジソンは生涯1,200余りに昇る発明特許を取得した、と以前のヒントで申し上げた。彼は新しい発明にあたって、先に記者会見を開いてその発明を言葉にして発表する。それから研究室に籠って数日の内に発表通りに実際の発明品を試作してしまうと言うのが、エジソンの日常だったと伝えられている。

同様に医薬品についても、様々に出現する新しい病に対して、その病名が決定されない限り決して新薬の開発は出来ないと言う。それは言葉によって病気の症状が確定されることによって、初めてその病症に対応する薬を見つけることが出来るようになるのだそうだ。

旧約聖書「ヨハネによる福音書」に、「始めに言葉があった　言葉は神と共にあった　言葉は神であった」と言う一節がある。人の思考は、数億個あると言われている脳細胞間をパルスと言う電子信号によってシナプス(synapse)と言う脳神経回路が生成される。その脳の神経回路に思考と言う情報をインプットするには言葉でしか出来ない。

例えば国家形態には、

・資本主義－お金が中心の社会のこと。

・社会主義－人の住む社会が一番大切だと言う考え方。
・共産主義－富を共有し私有を許さない社会のこと。
・人本主義－人間そのものが一番大切で価値のあるモノだとする考え。
・農本主義－農業などの食糧生産が社会で一番大切だとする考え。
・民主主義－国民とその自由が一番大切だとする考えのこと。
など様々にある。

このように現在の様々な国家形態を言葉で表現出来なければ、我々に取って大切な社会と言うものの形態を理解することは出来ない。また社会制度とは以上に述べた一つの価値観だけで運用するものでは無く、いくつかの複数の考え方（主義）によって運用して行くべきだと言うことも理解出来る。

人生も仕事も同様だ。まず言葉にする。脳で認識した考えを言葉に出して他者に伝える。それが出来なければ何も始まらない。言葉に出来ないとは、誰にも影響も感動も与えられず、人生が一人相撲で終わってしまうことだ。

自ら言葉を発信し、また受信して人の輪を広げて行く、協力し合って行く、それが人としての本来の生き方だ。「言葉の力」それに気付いた者だけがご自分の人生を全うすることが出来るのだ。我々は言葉の真の大切さに気付かなければならない。

脳科学

アップルの創業者スティーブ・ジョブスは、人前に出る時はいつも同じ服を着ていた。決まって黒のタートルネックを着ていたので、みんな「毎日同じ服を？」と思っていたが、実情は同じ服を幾つも持っていただけだが、誰でもどうして？と思う。

実は人の脳は脳科学では、一日に「何かを選択出来る回数は三万五千回以内」と決まっていて、それ以上の選択は脳が決断疲れを起こして、ミスを誘発してしまうと言うことだ。一日に三万五千回も選択出来るなら十分だと思うが、朝起きてから何を着て、何分の電車に乗って、どの駅で降りて、どの道を歩いてと、全ての選択を数えていくと軽く三万五千回を越えてしまうと言う。

そこで、ジョブスはなるべく一日の選択回数を減らすために、どうでも良い日常生活のことは選択せずに毎回ルーティンを変えなかったと言うのだ。朝食も、夕食もいつも無駄な選択はせずに出されたものを食べていた。イチローの朝カレーと打席のルーティンも有名な話だ。

仕事もルーティンが一番大切だ。朝起きて夜寝るまでの日常生活に、一々選択エネルギーを使っていては勿体無い。その選択回数と言う決められた能力を自分の仕事の実力アップに活用するべきだと言うのが、彼ら天才の考えなのだ。そのためには日々の日常生活の選択は極力しないし、我が仕事に於いても余計な選択をせずにルーティンに徹するのだと言う。

我ら凡人も真似なら出来る。毎日の行動を一々選択していてはエネルギーが勿体無いということだ。何事も余分なことは考えずに行動すれば時間は節約出来るし、健康も仕事も上手く機能する。

円安は日本のチャンス

2022年9月16日現在の1ドルは143円だった。2月24日のウクライナ戦争勃発時は115円前後であったので、1ドルは30円近く値上がりしたことになる。〈円安とは、ドルから見て円は値下がり、円から見てドルは値上がりした、と言うこと〉

マスコミは「円安はこわい」「円安は止めなければ大変だ」と言う論調だが、実は今回の円安は日本経済にとっては大きなチャンスだ。日本は戦後製造業大国となり自動車を始めとする機械類や工業製品輸出を得意としてきた。現に輸出メーカーと輸出商社は今空前の利益を出している。

その機械輸出のライバルである米国、ヨーロッパ諸国などの先進国から見れば円安は価格競争上不利となるので、政府間では恣意的な自国通貨安誘導はしないと言う暗黙の了解がある。だが今回の円安は自然の客観的な条件が重なって起きたことであり、どこの国も文句は言えないのだ。

またかつて円高で海外に出ていた製造業工場の国内回帰が始まることが考えられる。そしてもう一つの大きなメリットは国内農業の復活があげられる。今や世界の食糧不足は深刻で、気候変動、肥料や種苗の高騰、化学肥料、遺伝子組み換えの安全の問題も起きている。食糧の安全保障のための自給率確保のためにも国内生産への追風となるであろう。

この円安基調はしばらく続くと見られている。また当社にとっては仕入価格が上がって大変では、と思う方もいるかもしれないが、仕入価格より国内の景気が良い方が絨毯は売れる。また当社にとっては今期運良く2億円ほど積み上がっていた在庫を、新たな輸入をせずに換金するチャンスなのだ。また企画中の最高級MADE in JAPANの絨毯も市場化することも可能にとなった。

以上が私なりの今後の日本経済発展の見立てである。普通には危機に見えたことも、実は大きなチャンスに繋がることに我々は気付かなくてならない。この状況を次世代の大チャンスと捉え、速やかに適切な対応を取りたいと思っている。

名言

・君がつまづいてしまったことに興味はない、そこから立ち上がることに関心があるのだ。

〈エイブラハム・リンカーン〉大統領

・教育は結構なものだ、しかし忘れてはならないのは、本当に知る価値のあるものはすべて教えられないものだ。

〈オスカー・ワイルド〉作家

・困れ、困らなければ進歩はない。

〈本田宗一郎〉

・人は知ることが少なければ少ないほど、知っていることが多いと思うものだ。

〈ジャンジャック・ルソー〉哲学者

・人生におけるすべての失敗の原因は、自分のことしか考えないことにある。

〈アルフレッド・アドラー〉心理学者

・人生の最大の喜びは、君には出来ないねと言われたことを成し遂げることだ。
〈ウォルター・バジョット〉ジャーナリスト

・「天は二物を与えず」と言う、しかし一物は与えてくれる、その与えられた一つのものを大切にして育て上げることだ。
〈松下幸之助〉

・商売とは人々に感動を与えることだ。
〈松下幸之助〉

・人が人格者であるかどうかを計る物差しは沢山ある、その中で間違いのない方法は、その人間が目下の者にどう振る舞うかを見ることだ。
〈サミュエル・スマイルズ〉医師作家

・ビジネスで成功する一番の方法は、人からいくら取れるかでなく、人にどれだけのことをして上げられるかを考えることだ。
〈デール・カーネギー〉作家教師

・考えは言葉となる、言葉は行動となる、行動は習慣となり、習慣は人格となる、そして人格は運命となる。

〈マーガレット・サッチャー〉首相

・人が集まることが始まりであり、人が一緒にいることで進歩となり、人が一緒に働くことで成功をもたらす。

〈ヘンリー・フォード〉創業者

・本当の勇気と言うものは、目撃者のいない場合に示される。

〈ラ・ロシュフコー〉作家

・私は敵を倒した者より、自分の欲望を克服した者のほうをより勇者と見る。自らに勝つことこそ、最も難しい勝利だからだ。

〈アリストテレス〉哲学者

・私が自分だけのために働いているときには、自分だけしか私のために働かなかった、しかし私が人のために働くようになってからは、人は私のために働いてくれた。

〈ベンジャミン・フランクリン〉学者作家

〈「人生を動かす賢者の名言」池田書店刊より抜粋〉

心というもの

神経科学には筋肉の働きを司る行動科学と、感情の働きを司る情動科学の2つがある。これらの感覚は今やほとんど脳の各部分の機能の電子反応で、外部観察が出来ると言う。

しかしながら、いまだ科学では解明出来ないのは情動科学の中の「心」についてだ。人の心は如何にそのように感じ、考えるのか、と言うことだ。いずれこのことも解明される時代は来るのかも知れないが、今はまだ「心」の科学的解明は出来てはいない。

「心」は人間の行動・情動の全ての上位にある。いわば脳の最高司令塔である。それは即ち人の行動の全てを支配しコントロールしている装置と言えるのだ。我々はこの心の機能を知ることによって新たな生き方を見つけることが出来る。自らの心のコントロールによってどのようにも自らを変えることが出来るからだ。

より良い生き方、より誇れる生き方、それを決めることが出来るのが自分の心だ。心が人の情動と行動の全ての司令塔であることを自覚出来れば、自分を律することが出来る筈だ。様々な情報や感情によってふらふらしている自分を、立派な一人前の人間に仕立て上げることが出来るのは、自分の心の活用だと知ることだ。

神経科学

サイコパスと言う、精神医学用語がある。日本語で言えば「反社会性人格障害」と言うものだが、基本的に「極端に他人の痛みを理解出来ない」と言う精神障害のことだ。

例えば医師の性格傾向で、人の身体に平然とメスを入れられるような外科医にサイコパスは多いと言われている。逆に患者の身を切り刻むことを自分の痛みとして感じてしまうような医師は内科医を選択すると言う。

具体的なサイコパスの行動特徴は、

・自己過大評価
・極端な虚偽虚言
・罪悪感の欠如
・冷淡で共感性の欠如
・過大な性的欲望
・衝動的で無責任
・複数の婚姻関係の破綻
・多種類の複数犯罪歴

などがあるが、以上の症例の重複による人格障害が特徴だ。

ただし、同じサイコパスでも世の中の為になる特殊なプラスのサイコパスがいると言う。それは、多くの場合、社会的地位が高い職業に就いて、社会や会社を発展させている人たちだと言う。例えば政治家、弁護士、会社創業者、タレント、など弁舌が巧みで、自意識・自己主張が強く、社会的に成功しているような人物だ。

彼らは平常であれば社会に貢献し、才能豊かで尊敬もされるが、時に身内や部下には強権的に振る舞い、独裁者的な行動に出て周囲を困惑させる人物がいる。この場合は間違いなくサイコパスである。良いサイコパスと悪いサイコパスの両面を持つ、いわゆる二重人格と言われる精神障害である。

このような症例に対して、今までは育った環境や体験によって性格が歪められた結果だと思われてきたが、実は脳内の感情を司る部位の欠損・萎縮または異常発達によることが神経科学の発展で分かってきたのだ。

昔から「天才と狂人は紙一重」と言う言葉があったが、彼らは脳内の部位欠落や萎縮や異常発達による奇行であることが、最新のMRI(機能的磁気共鳴画像)やPETスキャン(陽電子放射断層撮影法)などの検査機器の発達によって診断出来るようになったのだ。

大切なことは、こんな人物が我々の周囲に存在すると言うことだ。人口の約2〜3%、すなわち百人に2〜3人程の人がサイコパスだと言われている。一見普通の人物に見える人が家庭内暴力の加害者であったり、クレーマーであったり、凶悪犯罪を犯したり、痴漢や窃盗などを繰り返すのだ。新聞の三面記事に載るような事件の殆どがそのような人物に因るものだ。

サイコパスと言う言葉や概念を知れば、身の回りにいる自分に悪影響を及ぼすかも知れない人物に気が付けるものだ。「この人は常に自分に対して嫌なことばかり言う」とか「この人の行動に付き合うといつもストレスが溜まる」と言う程度のことをチェックして気付くように心掛ける。

身近にそれらしい人がいたら以下のように対応する。

・会話は感情的にならずに事務的に止める
・相手の言葉を信用しない、嘘を平然と吐くからだ
・恋愛や金銭の関係を持たない
・1対1で会話や対応をしない
・サイコパスは決して治癒しないと心得え、同情しても何の効果もないと知ること
・常に冷静に反抗力・反撃力を維持しておく
・サイコパス退治にはより強いサイコパス的な性格の人だけが効果がある。

今の民主主義の社会においては、一つの思考、一つの思想、一つの宗教が正しいと言う考えではなく、多様性を認めることは必要なことだ。

だが多様性と異常性は全く違うものだと気付かなくてはならない。病的異常性を多様性と捉える現代の思考レベルは、神経科学によって否定される時が来ると考えられている。

経験知

人が何かに不安を感ずるのは、その不安に対する対応策がないからだ。不安に対して十分な対応策がある時、人は安心感を持つ。

人が生きると言うことを突き詰めていくと、誰もが大なり小なりの不安を抱えつつ、それを克服していく営みだと言える。

老若を問わず年を重ねていく人の未来は、誰にとっても初めての体験であって誰もが多少の不安を持つものだ。病気に罹って初めて手術する体験や、結婚式や葬式などでの初めての人前でのスピーチなど誰もが慣れていないことで最初はおどおどするものだ。

これらのことは何度か体験すると、何のストレスも感じなくなる。これを経験知と言う。それでは実際に経験しなくては経験知を得られないかと言うと、そうではない。先人の振る舞い、歴史の吟味、両親など家族の体験談などから間接体験をすることが出来る。ワクチン接種と同じことだ。

会社経営に於いても同様である。経営者に成り切ってみる、取締役を演じてみる、その役を演じられればその立場に本当に立つことが出来るようになる。ウクライナのゼレンスキー大統領は元映画俳優で、実際に映画でウクライナの大統領を演じて、高い評価を得ていたと言う。

人類の発展の歴史は、まさにこの経験から学ぶことによって進歩を遂げてきたのだ。

人の才能について

「普通の人には天才の才能は分からない、天才に気付くにはそれなりの才能が必要だ」と言う言葉がある。天才の理解だけではなく、何事においても自分より優れた人の能力は中々理解出来ないものだ。しかし自分より劣る人の能力はすぐに理解出来る。

かつてゴルフのハンディキャップの例を申し上げたことがある。自分よりハンディが下の者のプレーについて下手な理由はすぐに分かるが、ハンディの上の人がなぜ上手なのかが分からないと言うことだが、その理由は簡単だ。上手な人は上手になったプロセスを経験していて、その途中の下手だった時代の経緯は全て体験してきたから分かるのだそうだ。

これを仕事に当て嵌めて考えてみると、上達の方法が分かる。上級者から学ぶことなのだが、自分が経験していないこと、また知らないことを見抜くことだ。そして同時に自分なりの方法を試行錯誤して、一歩一歩階段を登るように上達していくのだ。一足飛びの成長は無いが、知らないことを知るのだと考えれば、覚える速度を速くすることは出来る。それがその人の能力だとも言える。

かつて皆さんは大学や高等学校の入学試験を経験していると思うが、予備校や進学校の優れた先生は、ご自分の体験と分析から過去問の中から出る問題、出ない問題をはっきりと教えてくれる。いわゆるこれさえ出来れば合格すると言う受験技術を教えてくれる。そしてさらに過去問がどう変形して出題されるかまで示してくれる。

仕事でも同様だ。優れた先輩は実践で見せてくれる。そして成功の理由を教えてくれる。さらに失敗の理由も示してくれる。過去問を教えてくれるようなものだ。だがそれを吸収して自分のモノにしようと言う意志が無ければ、単なる雑談で終わってしまい自分の身には付かない。

ここで言う先輩と言うのは、年上の先輩だけではなく、年下の後生からも、また書物や様々なメディアからの発信でもヒントを得ることは出来る。吸収しようと言う意志さえ有れば誰からでも、どんなモノからでも学ぶことは出来ると言うことだ。

水は黙っていても下流に流れる。身を低くして学ぼうと思えば、ヒントや知恵は上流から流れて来る。それに気付かない限り人生の成功はない。

命令系統について

人の神経とは脳を司令塔とする身体全体への命令系統伝達システムのことだ。頭痛や筋肉痛や腹痛などの痛みは各部門から発せられる警報や報告であり、緊急事態か警告か単なる報告かなどを脳と送受信し合うのが神経の働きだ。

会社組織も実は人体組織と同じだ。「船頭多くして船、山に登る」と言う言葉がある。指令するべき部署が複数であれば、指令が錯綜して組織が命令や行動を誤る例えだ。会社組織の命令系統も一つでなければならない。命令系統が一本化されていなければ、国家も会社も家庭も必ず崩壊する。

リーダーが複数いる場合は、其々のリーダーが価値観を同じにしなければならない。価値観が異なれば当然その命令の解釈は変わってしまうからだ。リーダーは分かり易い言葉で常に部員に目標を語る必要がある。

部員は目標を理解し、分からなかったら常にリーダーに確認をすることだ。理不尽・不条理は即日是正するのが当社の伝統だ。ご自分が命令に違和感を感じたら、上司、上役に疑問を発しなければならない。それに対して上司、上役は説明をする義務がある。

当社が創業して数年経った頃に、社内の役員・社員間での年賀状と暑中見舞の虚礼や、歳暮・中元の遣り取りを禁止した。これは今も禁止され続けていることだが、これに一部の社員から「お世話になっている人に贈るのに、なぜ禁止するのか」と言うクレームがあった。

私は「貴重な給与の中から出費するのだから、そのお金は両親や連合いや子供の為に使うべきで、社員間のご機嫌伺いに使ってはならない」と答えた覚えがある。また虚礼の葉書は貴重な時間と手間が勿体ないと答えた。これは50年経っても変わらない当社の伝統になっている。

命令を不満に思っても理由を聞けば、人は納得出来ることが多い。会社の方針に逆らったり命令を無視したり、経営陣に不満を持つ者は、まずその不満の理由が公憤か私憤かを考えてみることだ。公憤ならばそれが理不尽か不条理かはトップが判断する。私憤であればそれは却下されて、その者は組織に残る資格はない。

公憤とは組織全体のための正しい怒りだ。私憤とは自分本位の卑しい怒りだ。このことを厳しく分別出来なければ、会社も個人も消えて無くなるのがこの社会の原則である。

プロ意識

プロとは専門家であり、その仕事で収入を得ている人のことだ。高度なプロと並のプロの違いはあるが、アルバイトやパートであってもプロ意識が有るか無いかで仕事上の対応に雲泥の差が出る。

人生に成功する人とは、どんな仕事であっても給与を貰うとなれば真剣に与えられた仕事に向き合い、優れた実績を残す人だ。かつて主婦を長く続けていたが子育てを終えてから、駅中でお弁当販売のアルバイトを始めて、数年で圧倒的な売上を上げて正社員になり、後にその会社の社長になった女性がいた。（名前を忘れたが、たしか有名なタレントのお姉さんだった）

主婦を長くしていて、社会での経験や実績の無い人は、ついアルバイトやパートのままで良いと考えがちだ。また夫の扶養になっているので、その範囲内での給与で良いと考えがちだ。それでは勿体ないと思う。与えられた仕事に全力を尽くしてみる。どんな仕事にも心を注入してみる。

そうするとその仕事が面白くなる。面白くなると工夫が生まれる。工夫が生まれると改善が始まる。そうしてより良い方法が見つかる。結果は周囲から認められ、その仕事になくてはならない人になる。女性でろうが会社の待遇も地位も当然に上がることになる。それが人生の成功の第一歩になるのだ。

ネーミングの力

ネーミング（naming）とは意味の通り名前を付けることだが、似た意味でラベリング（ラベル化）、リフレーミング（枠－フレームに括る）と言う言葉がある。我々の社会的立場に置き換えると、フレーミングとは千代田絨毯の社員と言うこと、ラベリングとは各自の役職のことで、個々の氏名がネーミングとなる

ネーミングとは、言ってみればあらゆるモノに魂を入れることだ。病気に罹ったとき、医師から病名を告げられると薬も特定出来て、治すための指示を貰えるが、病名が分からなければ医師も対応が出来ず、自分も難病ではないかと不安になる。

人間同士でも同じだ。名前の知れた人は知人であり、素性が分かれば安心して話も出来るが、そうで無ければ見ず知らずの人だと用心するのは当然のことだ。

人の思考、仕事に於いても同じだ。人が思考するには、主題が具体的な言葉になって分類出来て、初めて人は思考と言う知的行動が取れると言う。

絨毯に適切なタイトルを付けて販売することは、絨毯の素性やデザインを明確に示して、お客様に安心と所有欲をもたらすための手法だ。また販売する立場からもその絨毯のイメージが鮮明になって、

ストーリーも語り易くなりお客様の理解がよりスムーズになる筈だ。

絨毯のリフレーミングとは、産地名と工房名だ。

ラベリングとは、材質・打込み・色数・パイル長・サイズ等のことだ。そしてネーミングとは絨毯の図柄のタイトルのことだ。

先にもお伝えした「言葉は神と共にあった、言葉は神であった」と言う聖書の言葉は、言葉の霊力と、その不思議な効果を古来より人は認識していたと言う事だ。

近江商人　その①

江戸時代の近江の国とは、今の滋賀県の琵琶湖周辺の南側一帯の地を言う。江戸時代初期に伊予大洲藩（愛媛県）に武士として仕え、後に生まれ故郷の琵琶湖西岸の小川村（現滋賀県高島郡安曇川町）の地に戻った陽明学の中江藤樹（1608～1648年）と言う学者がいる。

彼は年老いた親の為に、生まれ故郷の近江に戻って陽明学の塾を開いた。人間本来の「思い遣りの心－真心」を以って、家族で助け合い、地域で支え合うと言う人の道を教え始める。武士を始め農民、漁師、馬方、商人など、身分を越えて人々がこの藤樹の塾で学んだ。

当時の近江では、畳表、蚊帳、売薬、麻布、木綿を生産する地場産業が盛んで、初期の近江商人はこれらを天秤棒で担いで商品を売り歩いていた。彼らはやがて、販路を関東や東北へと広げる。琵琶湖西岸の高島で商いを始めた村井新七と言う後の高島屋の祖となる人だが、東北の盛岡の南部藩にまで商いに出向いた。

当時の南部藩は現金の持ち合わせが少ない小藩で、藩政府は他国の商人が商品を売り付けて、正貨が藩外に流出することを嫌った。そこで新七は持ち込んだ商品を売った代金で、現地の名産品を買付け、それを持ち帰って販売すると言う工夫をした。藩政府は勿論大歓迎であった。

さらに新七は、この南部藩の地に根を生やせば更に大きな商いが出来ると考えて、南部藩の城下に店を構える。そして仲間の近江商人達を呼び寄せ、「よそ者がこの地に根を下ろすには、地元の人間以上に信義を大切にしなければならない」と考えて、良い意味の「よそ者意識」と言う、分を弁えるとする謙虚な商いを心掛けたと言う。

このような商いの手法を当時の人は「諸国産物回し」と称し、近江や畿内で生産され全国に運ばれた商品は「下し荷」、その売上金を用いて諸国で買い集め、近江、畿内に運ばれた商品は「寄せ荷」と称した。このようにしてこの頃「売り手良し、買い手良し、世間良し」と言ういわゆる「三方良し」と言う考え方が近江商人の社会に根付いたと言われている。

これらの手法は、35歳の時に故郷で塾を開き、わずか41歳の若さで世を去り、死後「近江聖人」と呼ばれた陽明学者中江藤樹が説いた「思い遣り」の教育を受けた人々の実践で花開いたのであった。それらに類する逸話として当地には沢山の商人譚が語り伝えられているので次回にそれをお伝えする。現代の我々にもそのまま商人道として当て嵌まるような、企業永続の参考事例が多々語り伝えられている。

しかし一言に三方良しと言われても、その実践は簡単なものではない。形だけ真似して消え去った企業は数多ある。中江藤樹の思想は実践論だ。人としての誠は、利己的な心の徹底的な否定だ。その上で利他を説き、更に己利の体得だ。他を利することで自己の目的を完遂する、それが己利の体得だと言うのだ。

近江商人　その②

琵琶湖東岸から五里ほど東南の山間部蒲生郡に正徳元年（1711年）に生まれた矢尾喜兵衛と言う商人がいた。長じて同郷の矢野新右衛門の下で奉公に入り、武蔵国秩父郡で出店の支配人を任され、後に独立して本家と資本を出し合って、大宮郷で酒蔵として成功してひと財産を築く。

その百年後の四代目に至っても、他国者を受け入れてくれた地元の恩義に応えるために、飢饉の際には貧民に米銭を施し、自腹を切っても米の安売りを続けることが度々であったと言う。

その徳義が報われる時が来る。明治17年（1884年）埼玉県秩父郡で養蚕・製糸を副業としていた農民達がデフレ不況により借金に苦しみ、郡役所や警察署を襲い、高利貸しの家を焼き討ちにすると言う秩父事件が勃発する。

当時矢尾家の大宮郷の出店は当地最大の商家に成り上がっていたが、蜂起した農民達は矢尾家の日頃の恩義に感謝していて、この大店には一切の手出しをすることは無かったと言う。兵糧の炊き出しを依頼するのみで、そのまま騒動中にも開店営業することを勧め、店舗はすべて無傷であったと伝えられる。

また、江戸時代後期には天保の大飢饉（1833～1839年）の最中に、琵琶湖東岸の豊郷町で住宅の改築と地元の寺院の修理工事を始めた商人がいた。地元の近江商人七代目藤野四郎兵衛だ。

起工を知った彦根藩は飢饉に苦しむ庶民を無視した傍若無人の行いとして、激怒し役人を派遣して工事を差し止めようとする。しかし役人が現地に行って見て驚くことになる。

工事の従事者には日々賃金を与え、飢饉に苦しむ人々に炊出しを行い食事を振舞っていたのだ。

単に施しをするのでは無く、仕事を作ってその対価として手間賃を日々支払うと言うことは、人々への思い遣りが籠っていた。派遣された役人は、四郎兵衛の義挙を賞賛し、地元民もこの一件を「藤野の飢饉普請」と称えて、後世に語り伝えたと言う。

日本の百貨店は、三越、高島屋、西武、藤崎、中合、山形屋などその祖は皆近江商人と言われている。また商社は、三井、住友、伊藤忠、丸紅、双日、兼松江商。その他メーカーではトヨタ、ヤンマー、日清紡、東洋紡、東レ、西川、日本生命などの創業者も皆近江商人である。

更に海外での話もある。戦後日本の商社がアラブなどの中近東の会社と取引を始めた頃、彼らは「日本人ほど騙しやすい連中はいない」と商品にボロ布などを混入して随分騙された経緯がある。

ところがしばらくすると、日本の商社同士で「あの会社は危ない、気を付けろ」と情報を伝え合うようになった。札付きと言う噂が立つと、全ての日本商社は取引をしなくなった。

時が経ってみたら、正直なアラブ商人は日本商社相手の取引が続いてみな会社が大きくなった。騙し合いの商売を続けてきたアラブ人達は、今もロシア、中国、アフリカ、アジアを相手に食うか食われるかの過酷な商いを続けていると言う。

私がかつて、東欧や中近東に手織絨毯を求めて仕入に出向いた時に、彼らはハッキリと日本人は必ず決めた通りに支払ってくれるが、他の国は必ず数量が足りないとか、オーダーと違うなどのクレームを付けて値引きを要求したり、支払いを遅らせたりする、とぼやいていたことがあった。

彼らは、日本人は全く誠実で日本人が例え代引き取引でも支払いをしなかったと言うことを聞いたことはないと言う。このことは我らの先輩達がいかに誠実な商いを心掛けてきたかを物語ることだと思う。そしてその源流は近江の商人道、更に遡れば近江でその思想を広めた陽明学者であり、近江聖人と呼ばれた中江藤樹の教えにあったことを我々は忘れてはならない。

経営とは、リーダーのパターン

経営とは事の隅々を認識して、その時その時の状況に合わせて、ヒト・モノ・カネの使い方を適切な方法で客観的に采配していくことだ。その一番の要諦（ようてい）はヒトの心の把握と言うことだ。

ヒトの心の把握とは、相手の立場に立ってその心を押し測ることだ。対面している人の心を知るには、その人の表情と同じ表情を真似てみて、その時の心を推測すると言う弁証法的手法がある。対面していない場合は、自分を相手と同じ状況に置いてみてその気持ちを推測すると言うことだが、これが出来るリーダーは一流だ。

そして、経営の更なる要諦は「最悪」はどうなるかを推測することだ。「最悪」まで推測出来れば、そこに至らない方法を見つける事が出来る。「最悪」の手前で決着出来れば最終的な失敗にはならず次回を期す事が出来る。

また、経営を担うリーダーには2種類のパターンがある。一つは部下を支配して自分の利益を優先する利己的リーダーだ。今一つは部下を守り会社成長を優先する利他的リーダーだ。どちらが大切かは明らかだ。世の中で成功している企業と消え去る企業の大きな違いはそこにある。上司は部下を守り、部下は上司を助ける、そんな風土があれば企業は間違いなく老舗企業になれる筈だ。

景気とは

令和4年2月にコロナ禍が落ち着いてきたところに、ロシアの侵略が始まり、それに影響された株価の下落、そして円安、世界の物価の値上がりなどと報道は世界の景気の先行きの不安を伝えていた。

景気とは、経済活動に於ける社会全体の雰囲気や状況のことを言う。経済活動の雰囲気と言うのは人の感覚、気分のことだ。確かに3月以降、当社も売上は幾分ブレーキが掛かった状態が続いているが、決して売れていない訳ではない。

コロナの収束後を考えて、当社は令和3年2月からアウトレット店への出店を加速して、一気に売上の嵩上げを目指したことで経費を増大させたことは、確かに経営のミスであったと反省している。

大事なことは、このような経済状況にいかに対応するかである。「不況は企業改革のチャンスである」と言うのが経済成長の定石でもある。良い時には流れに乗っていれば大きな改革は不要だが、不況時には工夫改善の限りを尽くせる千載一遇のチャンスと捉える。今まで当社は不況の度に改革を重ねて来た実績がある。

先日朝礼で申し上げた2つの例え話をもう一度お伝えする。

一つは帆船のジグザグ操法だ。帆船が逆風に向かう時には、風上に向けて45度の角度に帆を維持すると、船は逆風に向かって45度の角度で風上に進むと言う。これを交互に帆を変えれば逆風でも目的地に向かってジグザグに進む事が出来ると言う例だ。

もう一つは、大水の川では大岩が川上に向かって遡ると言う話だ。大岩の後ろを支える、砂や土、小石が大水で流されると、大岩の背後が抉（えぐ）れて、大岩がガタンと後ろに落ちることになる。それが大岩が川上に遡るように見えると言う現象だ。

これらの例は、言われれば当たり前の話だが、知恵がなければ、そんな現象に気付く人はいない。商いも同じだ。景気の良い時は上昇気流に乗り、景気の悪い時は下降気流を活用するのだ。

老舗の商いとは、すなわち知恵の商いだと私は思っている。目的は企業として生き残ることだ。常に全員の知恵を集結して、日々の困難に立ち向かうことだと思っている。良い時には力を貯め、悪い時には知恵の限りを尽くすことだ。

組織の中の人間理解と究極の目的

共に働く仲間の共通心理を理解しておく事は大切だ。

・人は誰もが、「自分は特別」だと思っている。だから、誰をも尊重しよう。
・人は誰もが、「自分中心」に考える。だから、彼の考えを大切に受け止めよう。
・人は誰もが、「落ち込み」易い。だから、誰とも励まし合おう。
・人は誰もが、才能を持っている。だから、誰とも力を寄せ合おう。
・人は誰もが、良い未来を待ち望んでいる。だから、誰とも夢を語り合おう。
・人は誰もが、道に迷う。だから、誰とも教え合おう。
・人は誰もが、成功を欲している。だから、彼らが成功する手伝いをしよう。

米国自動車最大手ゼネラルモーターズのCEOルロイ・カーツは、「この業界では多くの同業者が消滅してしまった。その原因は、経営者が与えることではなく受け取ることに専念し、人材は他の資源と違って簡単に取り替えられないことを理解出来なかったからだ」と言っている。

お分かりだろうか。人間の心の本質は皆同じであるが、それぞれ多少の能力と多少の発想の違いがあるだけなのだ。それを個性と言う。

人は、自分達の利益を常に念頭においてくれる人や組織を尊重する。人びとから受け取ることよりも、与えることを心掛けるような組織を愛し尊敬する。それこそが組織が繁栄し永続する秘訣だと知ることだ。

会社の目的は働く社員を豊かにし、その上に会社の適正利益を確保することだが、その最終目的は国家に、より多くの租税を納め、国家に貢献する事でなくてはならないと当社は考えている。我が利益だけと考えている組織は、遅かれ早かれ消滅するだけだからだ。

創業への箴言（しんげん）

・自己啓発分野の第一人者のナポレオン・ヒルは「すべての成功の出発点は願望である」と言っている。自分が欲しいモノが何かを知らなければ、手に入れることは決して出来ない。

・「やる気があれば何でも出来る」と言う古くからの格言がある。成功する人は、他の人からやる気を貰うのではなく、自分自身のやる気から始めなければならない。他人を当てにした商いは必ず失敗するからだ。

・商いには常にリスクが伴う。リスクの無い商いはない。リスクを如何に処理出来るかに気付いた時に成功への道が見つかる。すなわち最悪を認識してその時の覚悟を持てるかだ。

・独創性に富んだ人の強みは、物事を創始することが出来ることだ。ただそのために多くのミスを犯すと言う弱点がある。IBMの創始者トーマス・ワトソンは「成功するための唯一の方法は、失敗の数を二倍に増やすことだ」と言っている。

・チャンスと言うモノは、向こうからやって来て「チャンスですよ」と教えてくれない。自分自身が行動を起こしてチャンスを探し求めなければ手には入らない。

・風呂に入っているときや寝て起きた無欲の時に誰もがいいアイデアを思いつく。だが凡人は風呂や寝床から出て来てそのアイデアを実行に移すことはほとんどない。一時の思い付きで終わってしまう。

・人々の協力を得ようと思うなら、彼らの心の琴線に触れなければならない。心の琴線に触れるには相手の心の思いを知らなければ出来ない。それを可能にする方法は、彼らの話に耳を傾けることだ。

・人の話に耳を傾けることには、二つの目的がある。一つは相手の考えを知ること、もう一つはそこから学ぶことだ。自分の知恵だけを当てにしていては、必ず時代の流れから取り残されるか、道に迷って終わってしまう。

・助言者を必要としないリーダーは一人もいない。もし助言者がいないのなら、助言者になってくれる人を見つけることだ。直接助言してくれる人が見つからなければ、何冊もの本を読むことだ。それが一番正しい選択だ。

・山の頂上に立つと360度の風景を見ることが出来る。いくら9合目まで登ったとしても景色は180度しか見えない。組織のトップに立つと言うことは頂上に立つことだ。ただし頂上に立たなくても、例え9合目にいたとしても裏側の180度まで水平移動すれば360度が見えることになる。8合目以下にいても同じことが言える。ただしこの知恵がその人に有るか無いかだ。

〈以上、ダイヤモンド社刊「人の上に立つ、ために本当に大切なこと」を参考に〉

ルーティンと言うこと

ルーティン(routine)とは日常の決まった行動、日常の同じ所作のことだ。習慣と言う意味を狭義に言う言葉だ。イチロー選手が打席に入る時の毎回の決まった所作が一番分かり易い例だ。

2008年の北京オリンピックの水泳で史上初の8つの金メダルを取った米国の天才競泳選手がいる。米国のマイケル・フェルプスだ。彼の試合に臨む時の特異なルーティンがある。

・当日、試合開始の二時間前になるとストレッチと800 m・600 m・400 mを泳いでウォーミングアップを終了すると、体を乾かし、イヤホンで好きな決まった音楽を聴きながらマッサージチェアに座る。その時間から試合が終了するまで誰とも口を聞かない。

・45分前になると競技用水着に着替え、用具を確認して席で待つ。
・30分前になるとウォーミングアッププールでまた600 mと800 mを泳ぐ。
・10分前に控室に入って、一人きりで椅子に座り左右の席にそれぞれ決まったタオルとゴーグルを置いて出番を待つ。

・出番のアナウンスが流れるとゆっくりとスタート台に歩いて、二度ストレッチで脚を伸ばしそして曲げる。その時も左脚がいつも先だ。そして右耳のイヤホンを外し、名前が呼ばれると左耳のイヤホンを外し、スタート台をタオルで拭いて、スタート台に左側から上る。そして手のひらで背中を叩き両腕を二回まわす。

毎回試合の時に、彼は以上のルーティンを繰り返す。本人は「習慣ですよ、ただの習慣です。ずっと前から続けてきたし、今後も変える気はありません」と言う。

更に驚くのは、夜寝る時と朝起きた時のルーティンだ。彼はそれを「ビデオを見る」と表現する。実際にビデオを見るのではなく、レースの完璧な試合をつぶさに頭の中でイメージするのだ。スタート台に立った時から、ぶっちぎりの一位でフィニッシュするまでの凡ゆる細部をリアルに思い浮かべると言うのだ。「気が向いたら行うのでは無く、毎朝毎夜必ず行う」のだ。

科学的には、同じことを繰り返して行うことによって、ニューロン(neuron/神経細胞)同士の間に新しいシナプス(synapse/結び付き)が生まれる。この結び付きは、何度も繰り返すことで更に強い完璧な結び付きとなる。要するに脳と筋肉間の情報の伝達力をとても強固にするのだ。ルーティンが確立されると行動が脳に刷り込まれ、無意識に思いの全てが完璧に再現出来るようになるのだ。

これはゴルフで言われるところの「ゾーン」に入ると言うことだ。意識せずに身体が自然に動いて、生身の人間ではあり得ない結果を無意識に出せることを言うのだ。

この「ゾーン」と言う状態を、マイケル・フィリプスは自ら人工的に作り上げたと言うことだ。中途半端なルーティンでは決して出来ないが、彼の行う徹底したルーティンではそれが可能だと言うことを教えてくれている。

人間の潜在能力には恐るべき力がある。どんなことでも方法と根気さえあれば達成可能だと言うことでもある。百歳を過ぎても若々しく生きるルーティン、健康で病気もしない生活のルーティン、習い事のルーティン、そして大切なことは仕事にもこのルーティンは応用可能だと教えてくれている。我々も日々の仕事や生活においてこのルーティンを活用してみてはどうだろうか。

水平模倣と創造模倣

模倣（真似）は良くないことだと特に日本人は思う向きがある。書道ではお手本があって、まずお手本通りに書けるように練習を重ねて、その後自分なりの独創の筆法を考案していく。絵画も音楽もスポーツも皆同じだ。模倣の積み重ねから人類の進歩は始まったのだ。

古今東西、偉大な会社のビジネスモデルは創造的模倣によって生み出されて来た。トヨタの「ジャストインタイム」の生産手法は米国のスーパーマーケットの仕入システムを参考にして作り上げた。セブンイレブンも米国のコンビニエンスストアの仕組みを導入し工夫改善したものだ。

イノベーションの象徴とされるアップル社の創業者スティーブジョブスは「素晴らしいアイデアを模倣することに我々は恥じることなど何も無い」と明言している。またニトリの社長は「発明は模倣の集積だ」とも発言している。

いずれも業界を代表するイノベーションの代表企業であるが、異国や異業種や過去の事例から巧みに模倣し成功させたものだ。ビジネスモデルとしては独創的だが、始めからゼロから生まれたものでは無いことは確かだ。

模倣には
①そのままコピーする単純な「水平模倣」
②状況に合わせて作り変える「工夫改善模倣」
③全く新しいヒントとして活用する「閃き模倣」
の3つがある。創造模倣とは②と③のことだ。

優れた知恵や技術をヒントとして、新たなモノを考案し工夫・改善するのが創造模倣だ。見た目は独創的なビジネスモデルであっても、調べてみると大なり小なりの模倣によって生まれているのが現実だ。

明治維新以来、日本では欧米文化を「和魂洋才」の掛け声のモトにこの「創造模倣」を活用して多くの文化と技術を吸収し、封建国家を数十年で先進国家に作り上げた。

この創造模倣によって社会が発展出来るのであれば、これを人類の叡智として多いに活用していくべきだと思う。

全ての思考は言葉から始まる

絨毯のタイトルを付ける時には、先に使えそうな言葉や単語を用意しておくと閃き易いと申し上げた。タイトルだけでは無く、実は「人の思考はすべて言葉から始まる」のだそうだ。

新しいデザインを考える時、また新たな事業や商品を作る時に、それらを始めにイメージする時にそれらを言葉に出来なければ人は具体的なモノを考え出せないと言う。こう言う商品があればいいな、こう言うサービスがあるといいな、と考えてもそれらを適切な言葉に出来なければ具体的なモノを作ることが出来ないのだ。

聖書に「始めに言葉があった、言葉は人を作った、言葉は神であった」と言う一節がある。我々人間は言葉によって、動物からヒトに進化して文字を作り、文明を作り、家族を作り、国を作ってきたと言える。欧米では「3分間スピーチ」と言う教育法がある。自分の意見を述べ、主張する方法を子供の時に学ぶのだ。

この「3分間スピーチ」と言う練習法だが、スピーチの時間は一回で3分以内が、ほとんどの聞く人が集中出来る時間だと言う。この時間内で、最初に突然スピーチするべき演題を出して貰って、それについて自分の意見を語り、3分以内に結論を出す、と言う練習方法だ。

これは家庭で練習するのが一番効果的だ。連れ合いに演題を出してもらって、３分間を計測してもらい終了したら手を上げてもらう。そしてスピーチの内容について論評して貰う、毎日夕飯の後に行うと楽しいひとときにもなる。子供の教育にも活用出来る。

言葉の力　その①

「どんな素晴らしいことも、偉大なことも最初は小さな行為から始まる。ひどく苦しんでいる不幸な人たちが大勢いる時に親切な行いを一人の人にしても、なんにもならない無意味なことだと諦めたくなることがある。してあげたいことが海だとして、あなたがしていることは一滴の雨粒のように感ずるだろう。でも海は、そのたった一滴の雨粒無しでは存在しないのだ」これはマザー・テレサの言葉だ。

「仏像の中には、恐ろしい顔をしている仏様がいる。なぜあのような恐ろしい顔をしているのか。あの恐ろしい顔は『悪を懲らしめる顔』だ。実は心は優しい仏様なのだ。悪人が心を改めた瞬間に、仏様は優しい顔に戻られる」これは伊達政宗の母、保春院義姫の言葉だ。

「命より大切なものはありますか?」と言う問いに答える言葉。「自由と平等を大切にする人の魂、それこそが人にとって一番大切なものだ。命はいずれ消えて無くなるものだが、魂は永遠に人の心に火を灯す」この言葉は発言者不詳だ。

我々は聖人にはなれないが、聖人から学ぶことは出来る。一滴の雨粒とは、広い人間社会の1つの組織に例えることが出来る。多くの不幸、多くの苦しみのある社会に一滴の雨粒となるのは、善い行い善い生き方をはぐくみ育てる組織のことだ。そんな一滴の雨粒になれれば、これに優る喜びはない。

言葉の力　その②

①反対の立場に立って考えてみると、これまでどうしても解けなかった難問が、不思議な程すらりと解けることがある。

②あなたのために組織があるんじゃない、組織のためにあなたがいるんだ。

③面白い仕事がある訳ではない、仕事を面白くする人間がいるだけだ。

④困難は逃げると追い掛けてくる。立ち向かえば困難が逃げて行く。

⑤今の自分に不安や疑問を感じたら、それは変化しなさいと言う心の声だ。

⑥他者からの援助は人間を弱くする。自分の力で切り開く精神こそ、その人を助け続ける。

⑦組織と言うのは、実は力のある幹部達が主役でなければ進歩しないものだ。

⑧教育は必要なモノである。しかし知る価値のあるすべてのモノは、教育では得られないことを知る

ことだ。

⑨忠告はほとんど歓迎されない。しかもそれを最も必要とする人が常にそれを敬遠する。

⑩トップが現状に満足した時から、その組織の崩壊が始まる。経営者とは、絶えざる現状否定論者でなくてはならない。

「人生を動かす 賢者の名言」より

言葉の力　その③

①ビジネスで成功する方法は、相手からいくら儲けるかでは無く、相手にどれだけの利益を与えられるかを考えることだ。

②他人の短所が目につき過ぎる人は経営者には向いていない。長所をいかに発揮させるのが自分の仕事だと考えられる人が、有能な経営者になる。

③仕事の出来ない人は2種類だ。言われたことが出来ない人と、言われたことしか出来ない人だ。

④絶対に部下に任せきりにしてはならない、嫌われるぐらいに日々或いは1週間ごとにチェックリストに目を光らせる必要がある。

⑤ビジネスで成功を収めるには、人から愛される徳と共に、人を恐れさせる欠点も併せ持たなくてはならない。

⑥百聞は一見にしかず、百見は一考にしかず　百考は一行にしかず、百行は一果にしかず

＜聞くことより見ること、見ることより考えること、考えることより行ってみること、行なってみる

ことより結果を出してみることだ〉

⑦人生は不思議なもので、同じような価値観や性格の人間が自然と集まってくる。これを類友の法則という。だからその人の付き合っている人を見ればその人が分かるのだ。

⑧賢者は、愚か者が賢者から学ぶより多くのことを愚者から学ぶ。

⑨相手を重要人物として扱い、誠意を持って協力を要請すれば、敵対者もまた友人にすることが出来る。

⑩人は二通りの生き方しかない。ひとつは奇跡など何も起こらないと思って生きること、もう一つはあらゆるものが奇跡だと思って生きることだ。

〈「人生を動かす 賢者の名言」より〉

反論に耳を傾ける

人は誰でも自分の意見に反対されると、腹が立ち頭から相手を否定したくなり、その人物を嫌いになる。人の脳には扁桃体と言う部位があり、敵から身を守るための原始的本能の一つだ。物が飛んできて咄嗟に身を屈めたり、毒蛇に遭遇したりして咄嗟に飛び跳ねるなどの行動は扁桃体の働きだ。意見を否定されたり反対されたりした時にも、自分の存在を否定され攻撃されたと感じて相手を憎悪するのも扁桃体の働きだ。

この扁桃体をコントロール出来るのは理性だ。理性とは人間だけに与えられた高次元の思考力だ。自分を客観視し、他人の心を忖度出来ることだ。

反論には耳を傾けることだ。単に妥協するためや事を収めるためではない。反論には自分が気付いていなかった何かや、新しい考え方が含まれていることがあるからだ。またその反論がどの立場から発生するのかを考えるチャンスでもある。

反論は大概発言者の立ち位置の違いで生ずる。例えば昨今のニュース番組で「悪いのはロシア政府ではなく日本政府が一番悪い」と発言した野党の議員がいた。これはロシア政府の立場に立てばそうだろうとも言えるが、普通の日本人の立場ならどう見てもおかしいと思う。それは近親者にロシア系の人がいたり、ロシア系の反米主義者だったりすればそう思うのも不思議なことではない。反論を聞くと、相手の立ち位置を見分けることが出来るし、そして反論者の能力を共有出来る。さらにこちらが知らないことを知ることも出来る。

反論に反論していては、決裂しかない。反論には冷静な質問で応えることだ。それも理論の欠陥を突くのではなく、何故そう思うのかを徹底して聞くことだ。そして最終的には、双方の立場の違いが分かれば反論を超えて仲良く出来る。意外とそんな人物が仲間になると、こちらより真っ当な考えを持っていることに気付くこともある。

知恵を持とう、知恵こそが人類に与えられた最強の道具であり武器でもある。小さな自分の考えの中で悶えていては、人として生まれ出た甲斐がない。心の器を大きく持ってあらゆる叡智に触れて見よう。そして反論にも耳を傾けよう。

人が変わるヒント

人が何かを変えるには「変える主導権（主体）は自分にある」と思えることが一番大切なことだ。これを心理学でも「主体性」と呼ぶ。

人は自分に選択権が無いように感じると、本能的に逆らいたくなるが、しかし人は逆に選択肢が多過ぎると、選びたく無くなると言う心理もある。それが以前にお伝えした「マジックスリー」の原則だ。

選択肢が多いと、思考が混乱して自分はそんなものに煩わされないと言う気持ちなり、結局自分の考えを変えることはしないと言う。

「マジックスリー」とは、人が何かを選択する時に「ベストの選択」が出来る数だと言う。人の脳が素早く、確実に選択出来ると言うのだ。２択では簡単すぎて安易すぎると感じ、４択以上は複雑ですぐには決断出来なくなる。

三段論法、三度目の正直、三本の矢、三つ巴、三つ子の魂、仏の顔も三度、三顧の礼、三種の神器などなど、三と言う数字にまつわる言葉は分かり易く、覚え易いことで昔から数多く使われている。

博報堂行動デザイン研究所ではこの「マジックスリー」について研究している。「3と言う数字は両面性があって曖昧な数であるが、中立性があって扱い易い」数だそうだ。「三日天下」「三日坊主」と聞けば短いと言う意味になり、「石の上にも三年」「苦節三年」と聞くと長いと言うイメージを抱く。

3と言う数は短くも長くも、どちらにも感じられる曖昧な数字だと言うことだが、人にはその「トントントン」と言う3拍のリズムが五感に心地良く響き覚え易いと言うこともある。

会議や説明会、セールストークにはこの「マジックスリー」を大いに活用することだ。お客様に「ポイントは3つあります」と伝えれば、説得力は増して耳を傾けてくれると言う。

商品選択時にも、価格・色彩・図柄それぞれに3つの選択肢を提示する。また絨毯を使用した時の効果も「豪華な室礼感」「重厚なお部屋の空気感」「柔らかな踏み心地」などと三つを強調することだ。選択がし易くなり、説明は納得し易くなる。この心理は人を説得するどんな場面でも応用出来る。改めてご認識頂きたいと思う。

健康を考える－プロテインの活用

英語のプロテイン(protein)とは言うまでもなくタンパク質のことだ。タンパクとは「卵の白身」のことを言う。言葉の由来はギリシャ語で「プロティオス」だが、「最も重要なモノ」「欠かせないモノ」「第一のモノ」と言う意味だ。

人の身体は、水分とタンパク質・ミネラル（無機栄養素）・脂質・糖質の五要素で出来ている。これらが組み合わさって骨・筋肉・神経・血管・毛髪・爪・皮膚など体中の全ての組織を形作っている。この内、体重の60％は水分が占めるが、タンパク質は残りの40％の約43％、体重60キロの人なら約10キロの量を占める。つまり四つの主要成分の中で最も量が多く、人体の最も主要な構成要素だ。

ちなみにビタミンと言う栄養素があるが、これは「補酵素」と言われて体内の化学反応を担うための物質で、タンパク質の働きを補助するモノだが、これも実はタンパク質で出来ている。

タンパク質は新陳代謝が盛んで、体全体のタンパク質は80日、筋肉のタンパク質は半年、骨は一年で半分が入れ替わる。それはタンパク質が活性酸素によって簡単に酸化し変性してしまい「異常タンパク質」に変わって機能しなくなるので、常に新しく作り替える必要があるからだ。

食品から摂り入れる脂質と糖質は、体内で余れば体脂肪として蓄積されるが、タンパク質だけは余っても蓄積されずに体外に排出されてしまう。だから毎日補給されなければ、タンパク質は日々減少して、身体の組織再生に支障を来たす。そして筋肉や骨が減少すると、神経が刺激されて痛みが生ずるようになる。いくら歩いたり、トレーニングをしたり、ダイエットをしても痛みが改善しないのはこのタンパク質の減少による組織の欠落が原因だからだ。

「プロテイン」とは大豆由来のタンパク質が主成分の粉末状栄養補助食品だ。粉末を水に溶いて飲むわけだが、主に若いアスリートやボディビルダーの筋肉増強のものだと思われている。しかし通常の食品で大量にタンパク質を摂ろうとすると脂質と糖質が同時に蓄積されて肥満の恐れがある。プロテインは前述の通り、糖質と脂質は含まれていないし、体内に蓄積もしないと言うことだ。

一般人や老人こそ、このプロテインを活用するべきだと言うのが最近の理論だ。また「トレーニングや運動の終わった後に飲む」と巷間で言われていることは何の根拠もないことで、小腹が空いた時や、朝食代わり、また夕飯後に飲むことも何の問題も無い。特に筋肉痛や膝痛、腰痛には人にもよるが、ひと月もあれば効果を感ずるようになる。

また脳細胞にも効果はあるので脳の活性化と老化抑制にもなる。しかも飲み過ぎれば排出されるだけで、副作用も無い。様々な健康サプリメントが宣伝されているが、最高にして最も安全なサプリだと言われ始めている。

〈文響社刊「たんぱく質プロテイン－医学部教授が教える－最高のとり方大全」上月正博著を参考〉

成功者の習慣

・「成功する人は夢を追い求め、成功しない人は現実に流される」
夢は成功の燃料であり、その夢をはっきりと認識しなければ実現の手段は見つからない。

・「人の力を借りる」
成功する人は「分かりません」と言う。成功しない人は「知っている振りをする」

・「成功する人は自ら将来を築き、成功しない人は将来を運に任せる」
成功者は決して偶然や運命に頼らない。成功者とは運を実力で掴み取る人のことだ。

・「成功者は相手の立場で物事を考え、成功しない人は自分の立場でしか考えない」
「心の知能指数」と言うものがある。すぐに感情的になったり、言い争ったりマナーを守らない人は、心の知能指数が低い人だ。

・「成功する人は確固たる信念を持ち、成功しない人は周囲に流される」
成功者はどこか普通の人たちと違うことをしている。「人と同じ」に満足せず、本当に必要なことを選択している。

・「成功する人は仕事を楽しむ、成功しない人は嫌々仕事をしている」
社員同士に笑顔が多く、会話が弾み、親切で、お互いが尊重されている職場は楽しくなる。その雰囲気は自分自らが作るものだ。人任せでは楽しくなることは無い。
・「成功する人は朝の時間を大切にする。成功しない人は朝から遅れをとる」
朝、鏡に映る自分の顔にニッコリと微笑んでみる。毎朝そうしていると人生に大きな変化が起きる
・「成功する人は過去を変えられると考え、成功しない人は過去を変えられないと考える」
過去の後悔や罪悪感に対して、自分の考えと感情を変えられるか、変えられないかだけだ。
・「成功する人は、必要が有れば休日を取るが、成功しない人は、必要がないのに休日を取る」
無駄な休みは、仕事の継続を分断し仕事の流れを断ち切ってしまうことがある。
・「成功する人は絶えず新しい何かを学び、成功しない人は過去の知識にしがみ付く」
21世紀の文盲とは読み書きの出来ない人のことではなく、過去の知識にしがみ付き学び直す意欲の無い人だ。
・「成功する人は直感や感覚、潜在意識を活用する、成功しない人は理屈だけで行動する」
直感や感覚、潜在意識とは自分の心の声だ。出来る限りの情報を集めた上で、心の声に耳を傾ける

ことだ。「何かがおかしい」「どうもしっくり来ない」「嫌な予感がする」などは心の声だ。

・「成功する人はストレスの元を断つ、成功しない人はストレスに押し潰される」
ストレスとは心に溜まるゴミのようなものだ。生きていれば誰でもストレスを感じている。毎日ゴミ箱を空にするように、朝起きるまでに洗い流すことだ。意識すれば潜在意識が解決策を見つけてくれる。

・「成功する人は周囲から好かれる、成功しない人は嫌われていることに気が付かない」
真の成功とは多くの友人に囲まれることだ。ただし、自分の信念を曲げてまで好感を持たれる必要はない。時には人から嫌われることを覚悟してでも言わなければならない事もある。それによって結果として相手から尊敬され好かれることもある。

・「成功する人はコントロール出来ることに集中し、成功しない人はコントロール出来ないことに振り回される」
自力ではどうにもならないものについて悩んでも何も変えられない。自分でコントロール出来るものだけに意識を向けるべきだ。例えば、「他人の考えや感情」「政府の政策や決定」「台風、地震などの自然災害」「病気や事故」などは、いくら考えてもコントロールすることは出来ない。

・「成功する人は永続的な愛を大切にする、成功しない人は一時的な欲望に走る」
永続的な愛とはまず自分自身を愛することだ。能力、容姿、知識を充分に持っていると自覚することだ。その上で自分を愛してくれる人を、自分以上に認め愛することだ。

・「成功する人は健康の大切さを知っている、成功しない人は健康を後回しにするリスクを知らない」
健康なら、多分幸せになれる。健康で幸せならば、それだけで人生に必要な宝物すべてを手にしていることだと知るべきだ。

・「成功する人は許すことのメリットを知っている、成功しない人は憎しみのデメリットを知らない」
人生の成功を手に入れるには、自分を傷付けたり嫌がらせをしたりした人達を許さなければならない。でもそれは相手が正しいと認めることでも、憎い仕打ちを忘れることでも無い。許すのは自分がもっと充実した前向きな人生を送れるようにするためだ。

・「成功する人は『有難うございます』と簡単に言える、成功しない人は感謝の言葉がすぐに言えない」
離婚や転職の主な理由は、単なる不和や不正では無い。相手から認められたり褒められたりしないことだ。周囲から評価され、認められ、愛されたいと思うのは、人間の基本的な欲求だ。短い感謝の言葉には、とても大きな力があることを知ることだ。

・「成功する人は歳を重ねることに価値を持ち、成功しない人は若さを失うことを嘆く」
現代社会では若さと幸せは同義だと考えられている。老いは寂しく希望の無い状態だと思われている。心が輝きを失うのは年を取るからでは無く、人生を有意義に生きていないからだ。

・「成功する人は現状を変えていく、成功しない人はぬるま湯から抜け出そうとしない」
どちらの道に進むべきか迷ったら、安全な方では無く厳しい道を選ぶ。成功は待っていても掴めない、自らが掴み取るしかない。

・「成功する人は失敗から学び、成功しない人は失敗を恐れて行動しない」
挑戦して失敗する方が、挑戦しないで後悔するよりはるかにマシだ、と昔から言われている。挑戦しない限り成功は絶対に手に出来ない。

・「成功する人は自分を客観視する、成功しない人は客観視出来ない」
自分を客観視するとは、自分の行動をもう一人の心の中の自分が他人の目で見ていることだ。自分以外の人が自分を観ていることを想像することとも言える。自慢したり利己的な行動をしたりする事が恥ずかしく思えるようになる。

・「成功する人は人の話を聞き、成功しない人は自分の話をする」

自分に興味を持たせようとする1年より、他人に興味を持って過ごす1ヶ月の方が沢山友人が出来る。

・「成功する人は『今あるモノ』に感謝し、成功しない人は『今あるモノ』の有り難みに気付かない」
今日手にしているモノに感謝出来ないのなら、明日何を手に入れても感謝は出来ない。生涯不足不平不満の人生になる。

・「成功する人は笑顔の価値を知っている、成功しない人は笑顔の価値に気付けない」
笑顔は人を惹きつける。どんな相手でも社会的な立場や言葉が違っても、笑顔は共通の連帯の言葉だ。

・「成功する人は物事をシンプルにする、成功しない人は物事を複雑にする」
シンプルにするとは、簡単に分かり易くすることだ。複雑にするとは、理解しにくくすることだ。

・「成功する人は他人のためにすることを大切にする、成功しない人は常に自分の事を優先する」
人は我が子のためには自分を犠牲に出来る。最後の食べ物でも子供に食べさせる。この寛容さを家族、友人、仲間に広げられることが、人生を豊かに成功させる秘訣だと言う。

・「成功する人は老後の生活を考える、成功しない人は老後になってから考える」
将来を予想する、将来に備える、当たり前のように思うが、予想と現実の落差に気付く人は少ない。

・「成功する人は『あと1％』をやり抜き、成功しない人はあと1％で諦める」
もうダメだ、諦めようと思う瞬間は誰にでもある。物事をやり遂げるためには、その瞬間を乗り越えなければならない。人が大きな目標に向かっているとき、必ずそれを妬む人がいる。そんな外野の声に負けてはならない。

・「成功する人は常に犠牲を払う準備をしている、そして何が起きても自分の人生は続くと心得ている」
偉人と言われる人は、等しく自己犠牲を実行した人だ。自己犠牲とは常に縁ある人を優先する心だ。我ら凡人はせめて縁ある人の心に寄り添う気持ちを尊重することだ。

〈まとめ〉
成功する人とは、ご自分の夢や目的を具体化し実現させて、ご自分の人生に納得出来た人、もしくは納得している人のことだ。人と比べて秀でることや優越的な立場に立つことを誇ることでは無い。むしろいかに人の為になる生き方が出来たか否かが、その人の真の成功のバロメーターだと私は思っている。

〈ダイヤモンド社刊「成功者がしている100の習慣」を参考〉

バンドル化 (bundle)

束にして売る、セットにして売ると言う言葉だ。単品で売ることは、アンバンドル化 (unbundle) と言う。元々「バンド」とは締める、束にすると言う英語だ。

バンドル化が支配的な業界なら、アンバンドル化すれば売れるようになる。逆にアンバンドル化が優位な業界なら、バンドル化すれば売り易くなる、と言うのが販売原則だそうだ。要するにセット販売か単品販売かと言うことだが、肝心なことは、この「セット」か「単品」か、と言うサイクルは市場では永遠に循環するものだと言うことだ。

絨毯業界では今までアンバンドル化が当たり前であり、絨毯販売のバンドル化を考えた業者はまだいない。絨毯の場合、何とバンドル化することが出来るか、と言う壁を破ることが出来なかったとも言える。せめて部屋敷と玄関マットをセットで売ると言うことは有ったと思う。

この場合の一つの方法は、レジに向かう段階でお客様に「玄関マットは要らなかったのですよね?」と念を押すようにお聞きすることが「他に何か入り用なモノはありますか?」よりもインパクトは大きく、バンドル化の効果があると言う。

お客様は「え、何かサービスがあるの?」「何か特典があるの?」と考えて、その特典なりサービスを聞きたくなると言う。「はい、実は・・・」とバンドル化に結び付けるトークが出来ると言うのだ。

また今回当社が初めて手掛ける芸術作品と絨毯の販売コラボは、業界のバンドル化第一歩だ。以前にお伝えした価格三段階表示法式がある。

①絨毯価格の表示

②芸術品価格の表示

③絨毯価格+芸術品価格=特別価格の提示

の「囁き外販作戦」の方式だ。

これも具体的な方法を試してみる価値がある。

さらにもう一つある。

「会社創業○○周年記念ノベルティ作戦」だ。

工藝品作家の小品をパンフレットに掲載して、購入金額に応じて購入客にもれなくプレゼントする作戦だ。単なる量販品ではなく、一つ一つが異なり、さらに展覧会出展作家の銘入り作品である。

従来のノベルティの枠を超えた、この時だけのプレゼントセールだ。これも試してみる価値のある手法だと思っている。

ストーリーと儀式の効果

スターバックスは今や世界60ヵ国に18,000店のショップを展開している。1970年に米国シアトルで英語教師のジェリー・ボルドウィンと作家のゴーン・バウカーとその友人ゼヴ・シーゲルの3名が深煎りコーヒーに魅せられて、コーヒー豆の焙煎・販売を始めた。

その後ハワード・シュルツ（現在の会長、CEO）がこの「スターバックス・コーヒー&ティー&スパイス」を買収し、現在のカフェスタイルに変化させ「スターバックス・コーポレーション」と社名も変更した。テイクアウトと歩き飲み可能なスタイルを「シアトルスタイル」と称してカフェブームを演出した。日本では1995年に銀座に上陸し瞬く間に全国に広がった。

スターバックスの名前の由来は、小説『白鯨』に登場するコーヒー好きの航海士の名前「スターバック」と、シアトルの南海部にあるレーニア山の鉱山採掘場「スターバ」の2つの名をとって命名したと言われている。だから「スターバックス」と複数形を使っていると言う。

スターバックスでコーヒーを頼むと、普通のコーヒーショップではサーバーに淹れておいたコーヒーをカップに注ぐだけだが、何やら見慣れない機械を使って、いくつか儀式めいた手順を経てからコーヒーが出て来る。スターバックスのコーヒーが美味しいと思う人が多いのだが、それはコーヒー豆が特別に美味しいからではなく、「儀式めいた手順」が多いために錯覚させられているに過ぎないと言う。

ミネソタ大学の「チョコレート試食実験」と言うものがある。学生を2つのグループに分けて、それぞれ同じチョコレートを試食させて評価してもらう実験だ。

第一のグループには何の説明も指図もしないで、ただ配布して食べて貰うだけだ。

第二のグループには「まず、チョコレートの包みを開ける前に、チョコを2つに割って下さい。それから包みを半分だけ開けて食べて下さい。次に残りの包みを開けて残りを食べて下さい」と指示する。

まず美味しさを評価してもらうと、第一のグループは美味しいと答えたのは50%だったが、第二のグループはほとんど全員が美味しいと答えた。

その次に幾らだったら購入しますか?と言う問いには、第一のグループは平均して34セント、第二のグループは平均して95セントと答えた。

儀式とは、言葉で話すストーリーを、行動や行為で見せることだと言う。神社でのお祓いや寺院でのお経も長い程有り難く感じたり、儀式も多い程丁寧に感じたりするものだ。

包装紙や説明書も高級品ほど丁寧で無駄なモノが多くついて来るのは、それだけ満足感と付加価値を高く感じさせるための演出だ。これは消費者心理と言うもので無駄だと知っていても、活用せざるを得ないことだと言う。藝術品の箱書きなども藝術品に箔を付けて、買ったお客様に満足感を与える演出だ。

絨毯販売にもタイトルやストーリーだけでなく、言葉や文章に頼らない、何やら有難い儀式と言う方法があることを知っておいて欲しい。それは展示の方法や包装の仕方、そして商品に付随した何らかの装飾などだ。工夫改善の大きなヒントだと思う。

逆なんです

仏教では托鉢と言う修業僧の行があります。笠を深く被ったお坊さんが手に鉢を持って家々を回りお布施を頂く修業です。

お釈迦様は托鉢に向かう修業僧にこう言ったそうです。「お金持ちの家ではなく、貧しい人たちの家を回って托鉢をして来なさい」と。

普通なら、お布施を頂くのだからお金持ちの所に行くのが常識です。しかしお釈迦様の思いは逆なんです。貧しい人がなぜ貧しいのか、それは自分の為にしかお金を使わないからだと言うのです。

托鉢行は貧しい人に、「与える喜び」を知ってもらう為の修業だと言うのです。

また神社の御神体のほとんどは鏡です。鏡に映る世界はすべて左右が逆になっています。「この世界は人の心とすべてが逆なのだ」と言うことを神様は教えてくれていると言います。神社では、お願いする人の願いが叶うのではなく、神様の願いを聞きに来てくれた人の願いが叶うのです。逆なんです。

そして神社やお寺で売られている御守りがあります。御守りに護って貰おうと願う人が護られるのではなく、この御守りの中の神様仏様を護ってあげようと思う人が護られるのです。逆なんです。

神様仏様の願いを聴きに来る人というのは、自分の願いを頼みに来るのではなく、皆の幸せを頼みに来る人のことです。

ですから神様、仏様にお祈りするのは「自分以外の全ての人が幸せでありますように、自分以外の全ての人の苦しみが少しでも癒されるように」とお頼みすることです。すると、自分以外の全ての人は逆に自分（私）の幸せと苦しみが癒されることを祈ってくれることになります。全ては自分の思いとは逆なんです。

オール・イン・ワン

スイスの時計メーカーの経営者にジャン・クロード・ビベールと言う人がいる。彼は 1981 年に「ブランパン Blancpain」と言うスイス時計の商標を二万二千フラン（約 275 万円）で購入した。

「ブランパン」はその時に、10年ほど前に経営破綻して操業を停止していた。しかしビベールは世界最古の時計ブランドとしての価値を見抜いていた。買収後の操業開始から10年後に、この「ブランパン」はスウォッチグループに 4300 万ドル（約43億円）で売却された。

その後、スウォッチグループは、彼にもう一つの高級時計「オメガ Omega」の経営を依頼した。オメガの売上はすぐに3倍の売上を記録した。

その後も「ウブロ (Hublot)」と言うブランドを任せられると3年で売上を5倍にした。彼はどのようにしてこのような成績を上げられたのだろうか。

彼の手法は、時計についての「オール・イン・ワン」だ。

「夜でも良く見える」「一秒でも狂わない」「スケルトンにして中の動きを見たい」「落としても傷がつかない」「自分の名前や記念日を刻印したい」「海外時差をすぐに知りたい」「宝石を散りばめたい」など、

あらゆるお客の個人的な要望の機能時計を具体化し発売した。価格は当然高価になったが、欲しい人には幾ら高価でもそれを手にしたい欲求があったのだ。

それを現実的にパソコンの「オール・イン・ワン」を具体化したのが、iPhone の考案者、アップルの創業者スティーブ・ジョブズだ。携帯電話にパソコンの機能を合体させ、「携帯電話とパソコンのコラボ」を創出した。iPhone によって人が必要とする機能をアプリとして装着出来るようにした。iPhone は世界の人々のあらゆるニーズを掴んで、現代史上最も便利な社会的ツールとなったのだ。

以上の事例は、我々の絨毯会社としての将来的な姿を教えてくれていると思う。

すなわち絨毯屋の「オール・イン・ワン」だ。

当社の目指す「室礼関連商品」の「オール・イン・ワン」と「ブランド化」はまだ日本には存在していない。

だからこそ当社が目指すべき道だと思っている。

人に寄り添う言葉

そこには「スピード落とせ！」「事故多発場所注意！」の看板が幾つも立てられていた。湖のある風光明媚な山岳道路。バイクのツーリングスポットで有名な場所で、昔から事故多発の危険な場所だ。

絶好なツーリングポイントで、スピードを出し過ぎてカーブを曲がり切れずに、多くのケガ人が出て死亡する事故も度々だった。ところが、ある日、「ある言葉」を書いた看板を立ててから、事故は激減した。死亡者数もそれからゼロを記録するようになった。

その看板は、「ケガをしますと病院に収容されるまで2時間かかります」と言う事故を起こしてしまった時の状況を一味違った表現で伝える言葉だ。

町からかなり離れた山岳道路、ケガをしてから救急車が来るまで1時間、救急車に乗ってから病院に着くまでまた1時間、その間痛みが続くのだ。想像するだけでもゾーッとしてドライバーはスピードを緩めるようになったと言う。

この看板効果は我々の商いにも大きなヒントになる。タイトル、一言ストーリー、商品説明、背景解説など言い方一つでお客様の心は動く。そのポイントはお客様の気持ちに寄り添ったセールストークだ。購入し、使用した時に何が起こるかを伝える言葉だ。

お客さまは思ってもいない販売員の寄り添う対応に、心地良い印象を持てば、この販売員を全面的に信頼してくれる。そこまでの販売レベルに至れば日本一の絨毯販売員と言える。それが当社の販売職の皆さんには決して不可能なことでは無いと私は思っている。

お客さまの心と一緒になって、ベストの絨毯チョイスをして上げようと言う心遣いだ。

高級ブランド店での接客には、お客さまは常に一味違った対応を求めていることを知っておくべきだ。

消費者心理学

最近アマゾンで書籍を買うと、電子書籍と紙書籍の二通りが表示される。

①電子書籍　300円
②紙書籍　　1,000円
③電子書籍＋紙書籍　1,000円

と表示すると、誰もが③の1,000円を購入する。これを「併買消費者心理」と言う。言わば付録付きセット販売のことだ。

一方で、「端数消費者心理」というものがある。端数が88円より99円の方が安く感ずると言う。絨毯や美術品の場合は桁が違うのでこの場合は、1,000万円より990万円、500万円より490万円300万円より290万円の表示だ。価格の桁が一つ上がる一歩手前の価格表示だ。但しそれには説明、理由が必要だ。催事の目玉価格、広告掲載価格、外商特別顧客価格、顧客カード払い特典などだ。

また「高価格嗜好心理」と言うものもある。同じワインを色違いの瓶に入れて飲み比べて評価すると、試飲者からはバラバラの評価が出るのだが、それが同じワインだとは誰も気が付かない。

次に同じく同じワインを試飲するのだが、今回はそれぞれの瓶に価格を表示しておくのだ。結果は高額ワインに全員が高評価を付けると言う。

当然と言えば当然だが、この時高価なワインを飲んだ時の脳波をチェックすると、「眼窩前頭皮質」(がんかぜんとうひしつ)と言う快感や満足感を感ずる脳の部位が大きく反応すると言う。

要するに、人は本来の味に反応するのでは無く、人の脳は価格やストーリーや瓶のレッテルを味わっていると言うのだ。高級レストランや高級ホテルでの食事が特段に美味しく感ずるのはそう言う心理があるのだ。

以上のような人間の心の営みを、知って対応するか、知らずに闇雲に対応するのかの結果は明らかだろう。我々はそれでお客様を騙すような事が有ってはならない。そのような心理を把握して、お客様が正しく商品を選択出来るように導くのが、当社の公正な商いの精神だと申し上げたい。

髙島屋と川島織物

明治維新の頃、それまで京都では多くの日本画家は京都の公家や有力寺院の後ろ盾で生活を成り立たせていた。しかし東京への遷都に伴い、公家は去り、寺院は廃仏毀釈の嵐に巻き込まれて画家達は生活の糧を失っていく。そんな時に画家達に救いの手を差し延べたのが京都の呉服商と織維商だった。

髙島屋は当時烏丸松原の呉服商であったが、明治維新以後輸出用に絹製の染織品の製作に乗り出していた。当時20代半ばで既に画家として認められて、後に文化勲章を受ける大物画家竹内栖鳳（たけうちせいほう）は、この髙島屋でアルバイトの画工をしていた。

そのことは1889年の髙島屋の画工達の出勤簿「勤休簿」に栖鳳の名で、2月の出勤日12日、3月は7日半と夜勤2日などと記載されている。画家達が友禅染の下絵を描くことを、栖鳳の師幸野楳嶺（こうのばいれい）は「時ノ人、皆是ヲ卑シム」（世間の人は皆これをさげすんだ）と書いている。

しかし実際のところ当時の京都ではほとんどの日本画家が、そうしたアルバイトで生活を支えていた。これらの下絵は、壁掛、屏風、衝立などの輸出品のデザインとして活用された。

一方、当時京都西陣にあった川島織物は、装飾用の豪華な綴織や緞帳や壁掛などの絹織物を制作し、多くが海外への輸出品、贈答品として重宝された。

中でも有名なものが、1891年ロシアのニコライ皇太子訪日時に、滋賀県大津市で警備の警官に皇太子が切り付けられた「大津事件」の際に、明治天皇自らが見舞って、皇太子にお詫びの品として届けられた「綴錦犬追物壁掛」（つづれにしきいぬおいものかべかけ）だ。

皇太子は事件前日に川島織物の工房を見学し、その日記に「素晴らしい絹織物や家具のために極めて美しい装飾品を生産している有名な工房を訪れて、とり分け美しいゴブラン織物が作られているのを見た」と記している。犬追物とは馬上から弓矢で犬を射る競技で、矢は鏑矢と言う音が出るが矢先が卵型になっていて犬は怪我をしないものだ。

この下絵は、現在も川島織物文化館（京都市原）に所蔵されている。またニコライ2世が所蔵していた原作品は、ロシア第二の都市、サンクトペテルブルクにあるエルミタージュ美術館に所蔵されている。その名は何と英語表記は「ドッグ・ハント・カーペット」(290 × 440cm) だ。カーペットと表記されたのは、壁掛としては大き過ぎて絨毯仕様だと思われたのだろう。

川島織物の二代目当主、川島甚兵衛は1886年に織物研究のために渡欧して綴織の技術を持ち帰った。綴織は綴錦とも言い、日本では壁掛けにした綴織をゴブラン織と呼ぶ。

我が社にとって、川島織物の織技術、デザイン力、そしてこの会社の歴史は大きな魅力だと申し上げてきた。今回の当社発の「絨毯と美術品とのコラボ販売」や、千代田緞通と言う新緞通の着想もすべて繋がったように感ずる。絨毯ビジネスに美術品を巻き込む手法は次なる当社の目標に大きく参考になることだと思っている。後の記憶のために　記録しておく次第だ。皆さんのセールストークの参考にして頂きたいと思っている。

〈以上の内容は読売新聞、令和4年2月27日（日）朝刊日曜版掲載の記事からの引用〉

自分の性格

人は自分の性格は生まれつきだと思っている。確かに生まれた家庭環境、親の考え方、兄弟姉妹の影響などによって性格はかたち作られる面はある。しかしそれは幼児期の自我が確立される迄の一時期だ、と言うことに気付く人は少ない。

物心が付いてからは、自分の性格や考え方は自分でコントロール出来ると言うことは、最近の心理学の研究で明らかになりつつある。人の性格や考え方は変えることが出来るのだが「限界期における刷り込み現象」によって、人は性格を変えられないと思い込んでしまっていると言うのだ。

「限界期」とは、人がある能力を身に付ける「最も適切な時期」のことを言う。生まれたばかりの赤ちゃんが母親を認識するのは、生まれて最初に見た生き物を母と認識することがあると言うことや、親から虐待を受けた子は、自分が親になった時にまた子供に虐待を繰り返すなどもその例だと言う。

大切なことは、性格や考え方などは生まれつきのものではなく、周囲の影響によって作られてきたものが殆どで、自分の意思によって変えることが出来ると言うことだ。これは喫煙や飲酒、ギャンブルなどの依存症や、薬物中毒などの治療はその人の「変えよう」と言う意志でしか治せないと言うことと共通する。

計画性のある人、決めたことをきちんと出来る人だけが成功するのではなく、計画性も、きちんと出来ることも、それはすべて自分がそうしようと決めてそうなった人だけが成功しただけだと言う。

いつも申し上げるが、失敗の責任を他人の所為にしている限り本当の成功は手に入らない。悪いことはすべて我が責任に、良いことは周囲の人のおかげだと思える人だけが成功を収めることが出来るのだ。

何故ならば、他者への責任転嫁では自分を変える必要が無く、その結果毎回失敗を繰り返すことになる。自分の責任だと悟れば、自分を変えなくては成功出来ないと気付けるからだ。簡単なことのようだが、それに気付く人は少ない。

ある教師の述懐

ある小学校の女性教師の体験談だ。
その先生は新学期が始まって五年生のクラスの新しい担任になった。クラスの中に一人服装が不潔でだらしのない、どうしても好きになれそうもない男子生徒がいた。ふとその少年の一年生の時からの生活記録が目に入った。

「朗らかで、友達とも仲良く人にも親切。勉強も良く出来て、将来が楽しみ」とあった。先生はこれは間違いだろう、他の子の記録の間違いだと思った。二年生の記録には「母親が病気で世話をしなければならず、時々遅刻をする」とあった。

三年生では「疲れているようで、授業中居眠りが目立つ」、三年生の後半の記録には「母親が亡くなり、悲しみふさぎ込んでいることが多い」とあり、四年生になると「父親はアルコール依存症になって生徒に暴力を振るっているようだ」とあった。

先生の胸に激しい痛みが走った。ダメな子だと決めつけていた子が、突然その子が深い悲しみを背負って生き抜いている生身の人間として立ち現れたのだ。先生は放課後少年に声をかけた。「先生は夕方まで教室でお仕事をするから、あなたも勉強していかない?分からないところは教えてあげるから。」

少年は初めて笑顔を見せた。それから毎日、少年は教室の自分の机で予習復習を熱心に続けた。授業で少年が初めて手を挙げた時、先生は大きな喜びを感じた。少年は自信を持ち始めていた。

クリスマスイブの日、放課後少年が小さな包みを先生の胸に押し付けてきた。開けてみると香水の瓶だった。亡くなったお母さんが使っていたものに違いない。先生はその一滴を付けて、夕暮れに少年の家を訪れた。雑然とした部屋で独り本を読んでいた少年は、気がつくと飛んできて先生の胸に顔を埋めて叫んだ。「あ、お母さんの匂いだ」

六年生では先生は担任ではなくなった。卒業の時少年から先生に手紙が届いた。「先生は僕のお母さんのようです。今までの先生の中で一番好きな先生です」とあった。

それから六年、手紙が届いた。「明日は高校の卒業式です。僕は五年生の時に先生に担任してもらってとても幸せでした。お陰で奨学金をもらって医学部に進学出来ました。」

それから十年後にまた手紙が届いた。先生に出会えたことへの感謝と、父に叩かれた体験があって、患者さんの痛みが分かる医者になれると書かれて、こう締めくくられていた。

「私はよく小学五年生の時を思い出します。母を亡くしてあのまま駄目になってしまう私を救って下さった先生は神様のように感じます。私の人生の最高の先生でした。」

それから一年後に届いた封書は、結婚式の招待状だった。「母の席に座って下さい」と最後に書き添えられていた。

雑誌「至知」2005年12月号に掲載された実話だ。たった1年間の担任の先生との縁によって人生が大きく変わった。人は誰でも多くの縁によって生かされている。大事なことは与えられた縁をどう生かすかだ。縁ある人への感謝と、周囲の人に対する謙虚さ、それに勝る生き方は無いと私は思っている。

「捨てる」技術

古い洋服を捨てるのは簡単ではない。いざ捨てようとすると「やっぱり勿体ない」と言う気持ちに付き纏われる。この高価だった肩パッド入りジャケット、いつか必要になったらどうしよう？

不安に感ずるのも無理はない。心理学の研究によると、人は自分が所有しているものは愛着があり実際より高く評価しがちである。手元にあったという理由で捨てられない気持ちになるのだそうだ。

そのような時には「これをまだ持っていないものだとしたら、今からお金を出して買うだろうか？」と考えてみる。買おうと思えなければ、それは必要のないものだ。

また「現状維持バイアス」という心理学用語がある。いつもやっているからと言う理由で何かをやめられない習慣のことだ。ものを捨てられないこともその一つだが、例えばパソコンで簡単に出来る経理や振込などの仕事も、昔のままで上手くいっていることなので古いままの手作業を変えようとは思わない、などがある。

大抵の人は損をするのが大嫌いだ。いつでも得をしたいと思っている。だから「これをやめたら、何か大きなものを失うのでは無いか」と不安になる。どのようにして止めることが出来るか。それは、今やっていることを試験的に止めてみて、不都合があるかどうか確かめてみることだ。

このようなテクニックを使っても、何かを止めることはそう簡単では無い。長年の習慣を変更するのはどうしても気が進まないものだ。だが、不必要なことをやり続けることは誰の得にもならない。様々な心理的バイアスに囚われずに、キッパリと止める技術を身に付ければ、人生も仕事も無駄が無くなりずっと楽になる。

ファーストクラスの乗客

アメリカの航空会社の各クラス使用の乗客の行動傾向についての調査結果に興味深いものがあった。フライト中の食事時間以外の各クラスの乗客の機内での時間の主な使い方についてのものだ。

それは以下のようなものだ。

・エコノミークラスの乗客はビデオ鑑賞、スマホゲーム
・ビジネスクラスの乗客はPCによる業務整理、書類作成など
・ファーストクラスの乗客は持込書籍の読書、睡眠だそうだ。

乗客の年齢層の違いもあると思うが、注目はファーストクラス客の読書量だ。持ち込む書籍が遠距離ほど多くなるのは当然だが、路線によっては10冊位は当たり前に持ち込むと言う。

ある調査では、年収300万円以下の人達の書籍購入量は月に平均して0.26冊、年収3,000万円以上の人達は月に9.98冊でその差は約40倍だ。

ソフトバンクの孫正義氏はガンで入院中に病院内で300冊の書籍を読んだと言われ、投資家のウォーレン・バフェット氏は90歳を越したがそれでも毎日500ページを読むと言う。またマイクロソフトの

ビルゲーツ氏は個人宅に図書館を作ってしまったとのことだ。真偽の程は分からないが、情報を味方に付けると言う意味では昔から読書は最強のものだと言われてきた。

金持ちは収入があるから読書をしているのではなく、読書は人生にも仕事にも多くのヒントを得られるものであり、自らの能力の補強の手段として活用しているのであり、結果として仕事に成功しているのだと思う。

しかしながら、最近は紙の書籍だけでなく、ネットやiPhoneでも文章を読める事を思えば書籍の冊数での評価は意味がないのかも知れない。人生は情報をいかに沢山得ることが大切だと自覚出来れば、それで良いのだろうと思っている。

売場カテゴリーの見直し

とある缶詰メーカーの話しだ。缶詰は賞味期限が長い食品なので価格競争が熾烈で利益率が極端に低い。このメーカーはそれなら味と品質で勝負するとばかり、高級魚を最高の調味料で調理して缶詰にした。価格は売れ筋商品の五倍となった。

当然結果は全く売れなかった。それならと、その缶詰を酒売場に置いてお酒のツマミとして販売してもらった。売れ始めて今では年間700万缶が売れると言う業界のベストセラーになった。既成概念を打ち破った好例だ。

手織絨毯は如何だろうか。50年前百貨店店頭では夏になると、絨毯・カーペット類は冬物として撤去させられ、その後には花茣蓙、籐莚、籐あじろなどの夏物商材を展開するのが当たり前だった。ちょうどその当時（昭和50年頃）、日本ではクーラーが普及し始めていた。

そこで私は売場担当者に、お金持ちは今クーラーを使い始めている、ウールの緞通は特にクーラーの効きと湿度調整に効果がある、と説得し夏場の緞通販売の許可を得た。夏場の緞通はお買い得ですと売りまくった思い出がある。

手織絨毯をいつまでも家具やリビング用品などの日用品として展開していては、いずれ安価な機械織絨毯にとって代わられる。

昔サッシ業者のキャッチコピーに「窓は風景を切り取る装置である」と言うものがあった。

その伝で、

「手織絨毯は床を着飾る宝飾品」

「千代田緞通は和室を彩る宝飾品」

「ジャハンの手織絨毯は美術工藝品」

「鍋島緞通は日本の誇る手織の工藝美術品」

「ジャハンは手織絨毯のブランド店」

などのキャッチコピーを活用して芸術工藝品の新分野を開拓するのが、今仕掛かり中の藝術工藝品販売構想だ。

ルーティンチェック

先日部屋に取り付けたばかりの「アレクサ」を起動させるべく、リモコンのスイッチを押したのだがテレビ画面に何の反応もない。買ったばかりで故障の筈はない。翌日改めて試してみると、何と6連コンセントのアレクサのコード差込み口のスイッチだけがオフになっていた。この程度のポカはまだ許される。

1935年米国の飛行機メーカーのボーイング社は、新型爆撃機の契約を巡り他社とシノギを削っていた。圧倒的な性能差で受注間違い無しの評判だった試験飛行でこの新型爆撃機は墜落してしまう。原因は飛行歴17年のベテランパイロット機長の操縦前の操縦桿のロック解除を忘れていたと言う単純ミスであった。命と莫大な利益を喪失してしまった。

これらを防ぐのが日々の「ルーティン・チェック」だ。持ち物、書類のチェックを何となく行うのではなく、確実に行うと言う認識だ。工事現場、作業現場では「指差し確認」と言う。
そして人生にはさらなるチェックがある。

「一日の完了チェック」
今日寝るまでに完了させる当日の行うべきことの指差し確認だ。就寝前に当日の完了を確認すると共に、翌日の予定分もチェックする。この習慣は多くの成功者のルーティンだ。

「人生の完了チェック」

人生の最後のその日までに何を残し、何を捨てるかチェックしておくことだ。いわゆる断捨離だ。人生の早い時期に備えて、未来から逆算して今何を成すべきかを考えることだ。知恵ある人には当たり前のことかも知れないが、周囲の人に迷惑をかけないと言う生き方は大切なことだ。

ジャーナルとは

ジャーナル(journal)とは日記、雑誌、仕訳帳のことで、記録するモノ(メモ帳・手帳)の意味になる。報道機関に記事を寄稿する人はジャーナリストと言うが、広義には社会の出来事を記録する人の意味だ。

人は誰もが忘れやすい生き物だ。せっかく経験したことでも片っ端から忘れていく。例えば一週間前の夕食が何だったたか、一ヶ月前の今日どんな仕事をしていたか位でも覚えている人は誰もいない。日記、メモ帳は脳のバックアップ機能だと先般のヒントで申し上げた。(いつのヒントだったたか私も忘れている)

「どれほど優れた記憶力の人でも、鉛筆一本に敵わない」と言う言葉がある。私のメモ帳は現在1983年から2021年までの38年分が手元にある。今見返すとメモをした背景をほとんど思い出すことが出来る。すごいものだ、メモを見なければいつの日の出来事だったたか一つも正確に思い出すことは出来ないのに。

また一流のジャーナリストは、取材する時にはその事実だけを記載するのではなく、その時の自分の閃きや感想も記載しておくのだと言う。なぜなら、言外の意味や見えていない現実は取材後では伝わらないからだ。

先般の朝礼でも述べた通り、メモとは単に相手の言葉をメモするだけではなく、自分の閃きなり感想も一緒にメモするものだ。話す言葉は一分間に400文字しか話せないが、聞く方は2000文字ほど聞くことが出来る。相手の話している途中でつい相手の話を遮って喋ってしまうのは、話し手と聞き手の時間の余裕の差が理由だ。

我々も情報や閃きを確実に活用するために、常にジャーナル（メモ帳・手帳）を活用して、印象や閃きを書きおくことが知恵ある方法だと思う。今日からでも気になったことや、自分の閃きをメモにして確実な記憶として残しておこう。後日それが必ず生きる時が来る。

文章作りと工夫改善

「ゼロドラフト」思考と言う、楽に文章を書く方法がある。ドラフトとは「原稿」「下書き」「設計」「選抜」などを意味する言葉だが、それにゼロが付くのは「下書き前の下書き」と言う意味で、楽な文章作りの基本を意味する。とにかく何でも書いてみて、素晴らしい文章にしようとか、人を感心させようとか考えずにただ言葉を書き連ねると言う手法だ。

そうやって書いていると、想像力や言葉が驚くほど簡単に湧き上がってくる。一つの言葉が次の言葉を呼び、言葉が連なると力になる。下らないものを作る勇気と気楽さが、インスピレーションを呼び寄せるのだそうだ。なるほどと思う。

企画や事業も最初から立派なモノはない。新企画や新事業の立ち上げが上手くいかない時、自分を責めるのではなく、そもそも自分がその立場に立っていることに喜びを持つことだ。そしてどんな立派な仕事も業績も、最初から偉大だったモノなど一つも無かったことに気付くことだ。

日々の新企画も新事業も、良い文章を作るのと同じだ。ゼロドラフトを書き連ねる積もりで、つまらぬアイデア、つまらぬヒントだと思うモノでも寄せ集め、それが一つ一つ集まって大きなヒント、偉大なアイデアに変わっていくことを知ることだ。

繰り返すが社会には始めから偉大な仕事も、立派な成功なども無い。ただ目的に向かってひたすら進み、考え、壁にぶつかり、試行錯誤して、そしてある時に光が見える。立派な文章がゼロドラフトで作られるように、試行錯誤で立派な企画や事業が誕生する。それが新たな工夫や改善を生み出す。次世代の皆さんに何ものにも囚われない、この自由な発想「ゼロドラフト」思考を是非知っておいて欲しい。

会社の危機体験

1990年は日本経済のバブル崩壊が始まった年だ。当社が創業して15年ほどの時で売上は減少に転じて経営は厳しい状況に陥った。それから10年近くが経ち、会社経営を抜本的に見直してみた。

当時どこの会社でも手形払いと銀行借入れは当たり前と思っていた時代だ。それと社員の累積退職金も2億円近くあった。また社員持株制度で社員が株の4割近くを持ってくれていた。1980年代の当社の売上のピークは33億円弱だったが、年々減少して2000年には20億円を切る程になっていた。

このままでは倒産するかも知れないと思った。その時、まず考えたのは社員の持株と退職金のことだった。自分はゼロになってもと言う覚悟はあったが、社員にまで迷惑は掛けられない。まず社員の持株を額面ですべて私が買い戻し、次に退職金制度をその年度で月払い退職金制度に変更して、今までの累積退職金約2億円をなんとか3回払いで完済した。

その次に銀行からそんなことが出来るはずが無いと言われていた手形支払いを停止し、1年近くを掛けて現金払いに変更した。社員の夏冬2回の賞与も廃止して毎月の業績手当に変更した。銀行借入れも最小限にして、無借入れを目指した。すべて考えた通りの状態を奇跡的に3年程で実現出来た。

このことは自慢話ではなく、世間一般と同じことをしていては、当社も間違いなく消滅していたと言うことだ。現に当時20社近くあった絨毯会社で、現在残っているのは当社を含めて5〜6社しかない。当社は工夫改善によって潰れない会社システムに変身出来たことで現在がある。

慣習や常識に囚われていては、新システムも工夫改善も出来ないし、新たな取り組みも出来ない。それが出来たのは、既存の会社システムに拘らないことと、常に是々非々の柔軟性が有ったからだったのではないかと今にして思える。

時代は全く変わったように見えるし、確かにIT機器の進歩で社会進化のスピードは全く変わってしまった。しかし、人の心は何も変わってはいない。それが「変えてはならないこと」と、「変えなくてはならないこと」を分別しなければならない理由だ。

伝え方で全てが変わる

先日面白く感動する話がネットに出ていたのでそれをお伝えする。
それは昔の「男はつらいよ」の映画の一場面だ。

〈親戚一同の前、寅さんと甥の満男とのやり取りだ〉
寅：俺に売ってみな。
満：この鉛筆を？
寅：そう、お前がセールスマン、俺が客だ。　さ、早く売れ。

〈満男は戸惑いながら口上を言い始める〉
満：おじさん、この鉛筆買って下さい。ほら、消しゴム付きです。
寅：要りませんよ。私は字書かないし、そんなモノ全然必要ありません、以上。
満：ああ、そうですか。
寅：そうですよ、どうしました？それだけですか？
満：だって、こんな鉛筆売りようがないじゃないですか。
〈満男は口上を止めてしまう〉

寅‥貸してみな。

〈寅さんは、じっと鉛筆を見つめてから、親戚一同をゆっくり見回す〉

寅‥俺はな、この鉛筆をみるとな、お袋のことを思い出してしまうんだ。不器用だったからね、俺は。鉛筆も満足に削れなかった。お袋が夜削ってくれたんだ。ちょうどこの辺に火鉢があってな、その前にお袋がきちんと座ってさ、白い手でスイスイと削ってくれるんだ。その削りカスが火鉢の中に入って、ぷーんといい香りがしてな。綺麗に削ってくれたその鉛筆で俺は落書きばっかりして、勉強一つもしなかった。でもこれがこのくらい短くなるとな、その分だけでも頭が良くなった気がしたもんだ。


〈満男に向き直ってこう言います〉

お客さん、ボールペンてのは便利でいいでしょう。だけど、味わいってものがない。

満‥そうですねえ。

寅‥その点、鉛筆は握り心地が一番、な、木の暖かさ、この六角形が指の間にきちんと収まる。ちょっとそこに書いてごらん、何でもいいから。

満‥うわぁ、久しぶりだなあ鉛筆で字を書くの。

寅‥どう、デパートでお願いすると1本60円する品物だ。でもちょっと削ってあるから30円だな。いやいいいや、もうタダでくれてやったつもりだ、20円、20円。

満‥え、いいの？

〈と言う顔をして、20円を支払おうとする満男。こうして満男は、まんまと寅さんのトークにのせら

れたのだ〉

ストーリーを聞くだけで、人々の反応は全く変わる。商いで成功するには言葉と、そして心だ。心は言葉にしなければ分からない。心はストーリーにして語ればお客さんに伝わる。それが、この話の要だ。タイトル、キャチコピー、キャッチフレーズ、これらを説明する時にその絨毯のストーリー、由来も語ることが出来る。それを熱く語ることによってお客さんは・・・。皆さんの演技力次第だ。

不足思考と充足思考

人は「足りないモノに目を向けていると、今手にしているモノが見えなくなって、足りないモノが更に増える」これを「不足思考」と言う。

また「充足思考」とは、「今手にしているモノに目を向けて充足感を感ずると、足りていないモノが手に入る」ようになると言うのだ。

不足思考の典型は、不平不満不足を常に口にすることだ。不平不満や不足を言っていると、さらに不足が膨らんでくる。何故なら不平不満不足の原因は他人のせいだとして、自分は常に被害者だと言う安心感が得られるからだ。

そして不足思考の怖いのは、今ある幸せが見えなくなり、負のスパイラルに陥ることだ。スパイラル(Spiral)とは、連鎖することだ。マイナスに作用するのが「負のスパイラル」、プラスに作用するのが「正のスパイラル」だ。

感謝や感動の心が日々の生活にある人は、充足思考によって正のスパイラルを生み出し、正しい思い、正しい行い、正しい知恵がとめども無く生まれ出て来る。

他人が言う反対意見にも、なるほどそう言う見方もあるのかと肯定してみる。そうすると見える景色が変わってくる。

それが知恵であり、充足思考であり、人生の成功の秘訣でもある。

志の大切さ

志とはサムライ（士）の心と書く。サムライの心とは、常に人の道を貫く覚悟のことだ。人の道とは正義を貫こうとする心だ。

ここに、身の丈も年齢も同じ身体の自分が二人いたと仮定する。一人は「楽をしたい、儲けたい、苦労はしたくない」と言う自分だ。もう一人は「人のためになりたい、縁ある人を幸せにしたい、そのための苦労は厭わない」と言う自分だ。

この二人が成人して十年が経ち、二十年が経ったとする。この二人の社会的立場にどれほどの違いが現れるだろうか。

このことは他人と比べるのは簡単だ。あいつは親が金持ちだった、いい学校を卒業している、生まれつきの運が違った、といくらでも言い訳が出来る。

これは同じ両親、同じ学歴、同じ能力の二人なのに、志の違いで、十年二十年後の社会的な立場の差や運の良し悪しは、歴然と現れるのが人の世の常だ。その言い訳は一切出来ない。このことは歳の近い兄弟や姉妹の例でも言えることだろう。確かに運もあり、人との出会いも、時代の違いもある。

しかし「運」と言うものは育ちや学歴で掴めるものではない。自らの「心」で掴むものだ。目指すものが心にあるから「運」を手にすることが出来るのだ。言ってみれば自分の心が運を呼び寄せるのだ。それが「志」だ。

そして大切なことは、今自分自身の運が良いと感じているならば、それは今までの無意識の心、持って生まれた小さな運に過ぎない、と言うことに気付かなければならない。それを生涯の運命に変えたいならば「志」を明確に持つことだ。

利己の心と利他の心を足して二つに割る。それを「己利（こり）の体得」と言う。自らの利益と他の人の利益が常に一体となる境地だ。

オイルヒーターの話

1980年代、ヨーロッパでは室内暖房では大人気のオイルヒーターを日本で売ろうとした会社があった。しかし最初は全く売れなかった。

このヒーターの特徴は、燃焼を伴わないので換気が要らない、温風が出ないので室内が乾燥しない、音も出ないので静かな環境で居られる等だ。ヨーロッパでは、ガスストーブで部屋を温めた後、その温度を一日中保つために「補助暖房」として使用するのがオイルヒーターだ。

しかし日本ではこの「補助暖房」と言う概念が全く無いので、温風も出ないし即暖かくならない物足りないヒーターとして売れなかった。　ところがこのオイルヒーターのキャッチコピーを変えたところ、爆発的に売れ始めた。

それは値段も機能も変えることなく
『寝室に置いておくと、一晩中ホテルに泊まっているような快適さ』
と言うキャッチコピーにしただけだった。実はこれは大多数の人の悩みを解決するコピーだった。今でもまだ多くの人は知らないが、真冬に欧米の伝統的なホテルに泊まるとこのことがよく分かる。風も音も匂いもなく部屋が暖かい心地良さは本当に快適だ。

今の日本では温水やガスでの床暖房が普及しているが、工事不要で置く場所も自由なこのヒーターは、サーモスタット付きで留守にした時でも安心してオンにしておける。

この事例は、
「伝え方」を変えれば見方が変わる
「伝え方」を変えれば価値が変わる
「伝え方」を変えれば売上が変わる
と言うことを教えてくれている。

絨毯も同様だ。
「手織絨毯」は敷物であり美術品
「手織絨毯」は敷物であり装飾品
「手織絨毯」は敷物であり財産
と言うキャッチコピーも有っても良い。

異業種の様々な事例からヒントを得て、我が家の日常生活にも様々な工夫改善を凝らしてみよう。
仕事のヒントを掴むコツは、日々の暮らしの中の工夫改善にこそ存在する。

新しい意味付け

ローソクはすでに過去のモノであり、一般的には停電の備えか、教会や寺院、仏壇の燈明に使用される程度だと思われている。実は現在ローソクの需要は30年前の3倍の消費量を記録している。

1969年のクリスマス、米国マサチューセッツの17歳の高校生マイク・キトリッジは母親に何かプレゼントしたいと考えたが、十分なお金がなかった。そこで自分のクレヨンを溶かしてキャンドルを作ってプレゼントした。それを見た近所の住人たちから自分にも作って欲しいと頼まれた。

これが現在ローソク業界世界第1位を誇る〝YANKEE CANDLE社〟誕生の秘話だ。1970年代には売上業界トップに躍り出る。2012年には800億円の売上を達成して、2017年には大手消費材メーカー、ジャーデン社に約2,000億円で売却する。ちなみに1830年に創業された老舗の米国ローソク会社は2001年に廃業している。

彼が作ったのは「火を見えなくするローソク」だった。瓶の中にロウソクを立て、瓶の周りを模様ラベルで包み込んでしまうと言うものだ。当然炎は見えないし暗くなる。もしローソクに明るさを求めるのであれば売れる筈はない。

いま人々がローソクを買うのは、違う動機であり異なる意味が有ったのだ。明るさではなく、部屋での居心地と心の癒やし、心地良いアロマを求めてのものだ。部屋をほのかに照らし、ちょうど良い「暗さ」を演出するためのものだ。

電気の光では味わえない暖かさと心地良さと癒しをもたらすモノに変化したのだ。これを「使用目的のイノベーション（変革）」と呼ぶ。従来の使用目的から全く違う使い方や目的を持たせると言う意味だ。「異なった意味付け」よって商品は何度でも生まれ変わることが出来ることを教えている。

それでは手織絨毯にはどんな意味付けが出来るか、単に床に敷く絨毯から

「床がキャンバスになる・・・・藝術絨毯」

「お部屋での居心地の高まる・・・・藝術絨毯」

「癒される空間の必需品・・・・・藝術絨毯」

「地上から天空へ舞い上がる・・・・手織絨毯」

「天空から地上を見おろす・・・・手織絨毯」

「人生の豊かさを味合う・・・・・手織絨毯」などのキャッチコピーは如何だろうか？

「縦情報」と「横情報」

縦情報とは同業者と業界の中での情報のことだ。同じ業界の1位、2位の会社や特異な同業者からそのノウハウを参考にすることを言う。

一方、横情報とは、異業種、他業種から発せられる情報のことだ。

トヨタの「かんばん方式」またの名称「ジャストinタイム」は、今や世界の生産会社がこぞって参考にする世界的に知られた生産方式だ。この方式をトヨタはどのようにして手に入れたのか。

当時の自動車業界では、米国のフォード、GMが強大な流れ作業によるオートメーション方式で圧倒的なシェアを握っていた。本来ならばそれを参考にして、先行する1位、2位のメーカーを追いかけるのが常道だったが、トヨタは違った。

トヨタは、実は日本のスーパーマーケットの方式を参考にしたのだ。スーパーでは必要な商品を、必要な時に、必要なだけ卸売問屋やメーカーから納品させていた。

自動車の部品調達の「前工程」を「スーパー」に見立て、部品を組み立てる「後工程」を、購入する「お客」に見立てたのだ。

要するに、組み立てる「後工程」が、必要な部品を必要な時に必要な量だけを、調達部門の「前工程」に取りに行くシステムに変えたのだ。

今までの前工程が無駄に部品を作って、後工程に溜めてしまうと言う非効率な生産性を改善したのだ。

このように全く違った異業種からヒントを掴むことを「横情報を取る」と言う。縦情報ばかりに目を向けていては、業界1位にはなれないし、大きな発展は出来ないと言うことを教えてくれている。

むしろ全く違った業界にこそ大発展のヒントがあるのだ。

藝術とは何か

江戸時代後期に活躍した浮世絵師、葛飾北斎（1760～1849年、88歳没）は生涯に3万点を超える作品を残している。代表作は「富嶽三十六景」だ。あらゆる場所から富士山を眺めてその形を描いた。

圧巻は「神奈川沖浪裏」だ。荒れ狂う巨大な波の向こうに小さく富士山が見える有名なあの絵だ。ゴッホはこの絵を絶賛し、浮世絵を幾つも模写している。作曲家ドビッシーは仕事場にこの版画を掲げて、交響詩「海」を作曲したとも伝えられている。

浮世絵は何故世界の藝術家に大きな影響を与えたのだろうか。北斎の浮世絵は、動くモノの一瞬を捉えた写生画のように見えるが、実は描かれた風景はリアルではなく、創作され、強調され、脚色された風景なのだ。しかしそれは藝術の本質を捉えていると言える。なぜならリアルな景色を単に上手に写実するのではなく、人の想いが表現されてこそが藝術と言えるからだ。

写真と言うものがない時代に、絵を描くことはそのまま目に映る景色を描くことではないとする北斎の慧眼に驚嘆する。真の藝術とは「人の五感に感動を与える何か」だと言う。見る、聴く、味わう、などの五感にそれぞれに訴える何かだ。

当社の次世代のビジネスは「農業と運送業」そして「用の藝術工藝品販売」だと申し上げている。手織り絨毯はこれからも残るものではあるが、特殊嗜好品に収斂していく可能性もある。

今当社が手にしている高額絨毯販売のノウハウを活用して、絨毯に代わる次世代ビジネスの芽を作っておきたいと願っている。その為に「藝術とは何か」と言う定義をあえて申し上げておく次第だ。

思考を巡らす

人は考えるから成長する、考えるから豊かになる、考えるから幸せになる。では何を考えるべきなのか。
それは「自分以外の人の考え」だ。

会社は自分に何を求めているのか？
同僚は自分に何を求めているのか？
また、自分が社長なら何をしたらいいか？
などを考えたことがあるだろうか。

ほとんどの人は考えていない。考えていると思っても、それは自分の思いや願いが中心で、他者の思いを考えているのではなく、自分の思い込みに過ぎないことが多い。

どのように他者の心を知るべきか？それは相手の「仕草」だ。思いは言葉だけではなく表情や態度に出る。目をそらす、口籠る、顔を背けるなど、同意しない時の相手の表情を読み取ることだ。そして弁証法では、相手のその仕草を真似てみれば、相手が今どう言う気持ちかが読み取れると言う。

心の動き、すなわち感情は表情や仕草に現れると言うのだが、人が難しいのは更に演技ができることだ。しかしそう言うややこしい人物には寄らず触らずと言うことも必要なことだ。

人間関係を様々に分析する、それが思考を巡らすと言うことだが、それに気付いた者だけが世の中を変えていけるのだ。心したいことだ。

思い込み経営の失敗

家電メーカーシャープは、2001年に開発された液晶テレビの大ヒットで翌年の売り上げは2兆円を突破し、五年後には1.5倍の三兆五千億円弱を売り上げた。

その後「亀山モデル」と言う高級ブランド名で更なる高画質の液晶テレビを発売し、他社と圧倒的な差を付けるべく広告に打って出た。それがアクオスだ。シャープの技術陣と経営陣はその液晶の技術力に全幅の自信を持っていた。事実競合他社との液晶製造技術の差は圧倒的だった。

ところがさっぱり売れない。実は液晶テレビの解像度はあるレベルを超えると、人間の目には区別はつかなくなり、普通の液晶テレビとの違いは何も感ぜられないのだ。2倍、3倍の価格で売り出された鳴り物入りの高画質テレビの価格差に何の価値もなかったのだ。

それまで80%に達するシェアを誇っていた売上があっという間に激減した。経営陣が気付いた時には既に在庫の山を築いていた。赤字転落である。

その理由を考えると、技術者や経営者の自分本位の思い込みにあった。解像度が高ければ画像が綺麗に見えてお客さんが喜ぶと自画自賛して突っ走った結果だった。今ではシャープの会社自体が台湾メーカーに買収されてしまっている。

この話を、絨毯ビジネスに当てはめて見よう。
・手織絨毯は密度が細かければ良いのか？
・色数が多くて綺麗なモノが良いのか？
・価格が単に高ければ喜ばれるのか？
・毛足が薄ければ薄いほど良いのか？
・逆に毛足が厚ければ良いのか？

お客さんの心地良いプライドと使い勝手の良さと言う期待に応えて、お客さん目線で納得して貰える品質、機能美、価格であることは当然のことだろう。それを忘れて、新しければ良い、珍しければ良い、高くても良いと、売り手が勝手な思い込みで突っ走れば、「亀山モデル」の再現となる。

上記質問の答えは以下の通りだ。

・手織絨毯は細か過ぎれば強度が落ちて長持ちしない。
・色数が多くても綺麗だとは限らない、却ってくどくなる。
・理由も無いのに高いモノは誰も買う訳がない。
・薄ければ、踏み心地が悪いし、耐久性も弱い。
・厚すぎれば手入れに手間が掛かり、夏は鬱陶しく感じる。

商品開発は仕入担当者の目線ではなく、常に使用者目線であること、奇異に走らず、伝統に固執しない、そして手織絨毯に相応しい上品さと品格とを兼ね揃えた商品開発こそが、我ら絨毯専門商社の「プライド」でなければならない。

人生のキーワードは「感動」

昆虫は卵から孵って幼虫となり、それから平均して半年なりの地中で蛹（さなぎ）としての時間を経て羽化し、成虫となり産卵して約1年前後の寿命を終える。人の百年前後の一生も宇宙の悠久の歴史から見れば、昆虫の一生とそれほどの変わりはないのだと言える。

思えば、地球の自転1回が一日、地球が太陽を公転する1回が一年だ。昆虫は1回の公転で一生を終え、人は百回前後の公転で一生を終える。一生はそんなわずかな時間だと、人が悟るのはやはり70歳を超えてからだろうか。青年、壮年の現役時代には自分が「老いる」と言う現実に気付く人は少ない。生物の本能として終わりを考えたくないのかも知れない。

でも全ての人に平等に寿命の終わりは来る。その一瞬の人生を、人はどのようにして充実させることが出来るのだろうか。

それは、感動のある生き方、または感動のある働き方の中に、人としての生き甲斐は有るのではないかと思っている。感動の心は時に死や寿命という虚しいものにも有効に作用し、それらを乗り越える力になるものだと感じている。

幸せのキーワードは「感動」だ。心の豊かさのキーワードも「感動」だ。感動を人から受けるだけではなく、感動を人に与えられることも大きな幸福感を獲得出来る。

繰り返しになるが人が生きる目的も感動であり、仕事の目的も感動だと言える。その結果として利益が、収入が付いてくる。ご自分のエネルギー源を遡れば、そんなことも自然に思えて来る筈だ。

人はそんな境地に至れなくても、そんな境地があると分かるだけでも大きな安心感がある。これからも現役社員の皆さんには、「感動する」と言うキーワードを意識して日常の生活と仕事に取り入れて頂きたいと思っている。生きるための何かが変わっていく筈だ。

書籍蒐集

当社には沢山の書籍が収集されている。美術、哲学、宗教、文学、藝術、経営、辞書類、デザイン、海外のインテリア・カーペット関連書籍等多岐にわたる。

商品開発や商品説明、人生の指針など会社経営にとって必要だと思われた書籍を出会った時に購入して読み捨てずに所蔵してきたものが、いつの間にか溜まったものだ。

書籍は図書館で見ればよいと言う意見もあるが、星の数ほどの書籍の中、その度に図書館に通っていてはとても人生の時間では読みきれない。出会った時に、買っておくことが1番効率の良い読書が出来る。何度でも見直せるし、いつでも取り出せるという安心感がある。

アメリカ建国の父と言われたベンジャミン・フランクリンは「知識への投資は最高の利息がつく」と言い、またある人は「書籍には支払った以上のリターンが必ずある」とも言う。私は「知識は力なり、知恵は富である」と考えている。

株などの投資は、損をして裏切られることがあるが、知識や知恵の投資に裏切られることはない。限りある人生の時間の中で密度の高い時間を得ることが出来る。私にとってはまさにメモと同様に、外付けのUSB記録メモリーだと思っている。

「世の中に新しきモノ無し」と言う言葉がある。自分にとっては初めて知ったことや、新発見に思えたことなどすべてが、実は既に知っていた先人がいると言うことだ。自分が知らなかっただけだと言うことを教えてくれる。書籍にはそんな事例が幾らでも見つかる。知恵の宝庫だ。

返報性と敵意帰属バイアス

人の性格には必ず返報性と言うものがある。返報性とは「報酬が相手から返ってくる」もしくは「して貰ったらお返しをする」と思う人の心のことだ。優しく接すれば、相手からも優しさが返ってくる、助けて貰った相手に御礼をすると言う類のことだ。

ところが優しくしたり謙虚に相手に接すると、相手が嵩（かさ）に懸かって、優しさどころか横柄に対応したり、馬鹿にしたり、更なる利己的な要求をしようとする人たちがいる。このような人物とはどのように付き合うかだ。まず自分を犠牲にしてまで優しくしたり思い遣ったりしてはならないと言うのが原則だ。何かを頼まれても、今は出来ないから後に対応します、などとはっきり言いなりにならないと言う自分の意志を見せることが必要だ。

一方、更に極端な症例として「敵意帰属バイアス」と言う精神病の一種がある。何事も悪意にとって好意を認めない一種の被害妄想の人間だ。優しく接したり、褒めたり評価しても何かの魂胆だとして、必ず悪意で反論してくる人だ。マトモな人は何だかヘンだと思いつつ、虫の居所が悪かったのかなどと一方的に我慢してしまうことが多い。

このような人物との対応法には次のようなものがある。

・なるべく関わらず反論せずに言い分を聞いた振りだけして聞かないこと。
・ご機嫌を取ろうとしたり、仲良くしようとしたりしないこと。
・仕事上はビジネスライクに徹して、ビジネスの付き合いだと割り切ること。

人生には、様々な理不尽、不条理があることは常々申し上げている通りだが、その原因や理由を知ることは大切なことだ。なぜなら、自分で正せる我が事と正せない他人事があり、そしてこのような攻撃的で理不尽な人への対応もしなければならないからだ。その人自身の病気であれば、その対応は社会に委ねるしか無い。

「NEW」と言うこと

新商品、新製品、新作品、新入荷等々、商いに「新」や「NEW」を使うことが沢山ある。人は新しいモノに興味を持つからだ。新しいモノなら見てみたい、試してみたい、何がニューなのかを知りたいと言う心理が動く。

商品の中身はそのままで、形や包装や名称を変えただけで売れ始めた商品は沢山ある。この例はお菓子業界では顕著だ。昔からのチョコレートやアイスクリーム等はnew ネーム、new パッケージなど。調味料はnew 容量、new 容器だ。


絨毯では何があるだろうか。

「黄金比新手織絨毯」

「絵師 TSUNAHISA の新作手織絨毯」

「新素材モダール製の新手織絨毯」

など「新」を使用するコピー文を店頭やカタログ、パンフレットで発信出来るだろう。


そして常に新商品を出せる訳ではないので、見せ方、表示、トークで新しく見せることも考えられる。新入荷、新着、またはただNEW の表示をしてトークでフォローする手法だ。虚偽はダメだが理由を明らかに出来る「新」「NEW」は使用可である。

時の経過を味方に

人は同時に確実に認識出来る物事は3つまでだ。年を取るとメモを取る様になるのは、単に忘れ易く成るからでは無い。長い経験から記憶する限界を知るようになり、記憶を確実にしておこうとする本能だ。若い時にはメモの重要性に気付かず、重要なことを見過ごしてしまうことがあった筈だ。

本や新聞で読んだことや、テレビやネット検索してこれはと思ったことを記録しておけば、人の記憶の潜在意識に深く残るはずだ。その大切なヒントをあやふやな記憶で終わらせるのは勿体ないことだ。メモを取ることは、記憶と言う生体能力に後付する記録媒体USBメモリーと同じだと思う。一日1つのメモは、一年で365個、十年で3,650個、五十年で18,250個のヒントが蓄積される。

このことは、積立預金と同じことだ。当社では毎月給与に付随して支給されている月払い退職金がある。基本給の20分の1でしか無いが、平均で1.5万円くらいだ。1年で18万円、10年で180万円、40年で720万円になる。同時に毎月同じ金額を積立てていけば二倍の1,440万円ほどになる。

時の経過を味方にすると言うことは、自己の知力と自己の財産蓄積のために時間を味方に付けると言う考え方だ。これは知恵ある者は気付き、知恵のない者は絶対に気付けない。私は常に前者でありたいと思い続けて来た。

マジック・スリー

人の脳には「マジック・スリー」と呼ばれる性質がある。物事は内容を3つに分類して認識するとメモ書き無しで覚え易いと言うのだ。

人が通常3つが覚えやすいと言う例は、まず電話番号をハイフンで3つに分解して覚えるということ、また俳句や標語は五七五の3句が、番地は何丁目何番何号と自然に覚え易い。すべて三拍子の調子だ。

さらに英語のアルファベットはA～Zまで26文字だが、語尾に必ず記号「.,;!?」が付くので使用する文字は全部で27文字となる。27は3×3×3で成立つ数だ。英語は使い易く世界共通語となっているのは、文字が3の倍数で覚え易いからだと言う。英文の国名や社名を3つのアルファベットで表現することも同様の理由による。

また「記憶のファイル化」と言う言葉もある。書類を3つに分類し、その一つをさらにまた3つ、またその一つをさらに3つと3段階の計27にまで脳の中に分類し整理することだ。これは実際の書類の分類でも有効だ。

具体的なファイル化は、「仕事／個人／その他」「至急／期限有／期限無（その他）」「重要／さ程／その他」などと分類するのだが、はっきり出来ないものが必ずあるので「その他」と言う項目を入れるのがポイントだ。

覚え易いということは、理解し易いということであり、さらにそれは判断し易いと言うことでもある。この三つの提言は、お客様への販売トークや商品説明の時にも効果は大きい。

以上の「マジック・スリー」と「記憶のファイル化」の活用法を理解すれば、物事の理解度と記憶量は劇的に増える。日々の思考に是非取り入れて貰いたい。

脳内はスッキリ、ハッキリして思考に余裕が出来る筈だ。

狼と羊

人の性格を狼と羊に喩えてみる。狼とは本性が元々攻撃的で荒々しい性格の人だ。羊とは本性が守勢的で心の優しい人のことだ。先日の朝礼で1匹の羊が率いる99頭の狼の群れと、1頭の狼が率いる羊の群れの話をした。

単純に考えれば、羊が率いた狼の群れは個々が統率されずバラバラの組織なので、狼に率いられた弱い羊でも団結することで勝利出来るとお伝えした。そう言うケースもあるかも知れないが、そうでないケースもある。

それは守勢的で温和な1匹の羊が99匹の羊を率いている場合だ。この場合に、リーダーの羊が狼の冠りモノで演技する、すなわち本心を偽って狼を演じた場合だ。戦闘を終えて平和を取り戻した時に、勝利した羊たちは、リーダーが羊か狼かどちらが安心出来るかと考えて見れば如何だろうか。

この教訓には、2つの意味がある。一つはリーダーが時に応じて勝つために演技することも重要であると言うこと。もう一つは闘いに勝利した後に、組織の中に本当の安心と平和をリーダーは提供出来なくてはならない、と言うことだ。

人の組織とは、強いが性悪のリーダーか、優しいけど戦えないリーダーか、優しいが強さを演技出来る知恵あるリーダーかの3択だと思う。私は迷わず3番目のリーダーのもとに居たいと思う。

皆さんには当社がリーダーを選ぶ基準は何かを知っておいて欲しい。闘いの作法は、日本最古の歴史書古事記にまず「言向け和せ（ことむけやわせ）」と記されている。「まず言葉で相手を説得しなさい」と言うことだ。その次に言っても分からない相手には「圧倒的な力で屈服させよ」とある。そしてひとたび屈服した相手には「人としての礼を尽くして待遇しなさい」と記されている。

脳の構造と機能

人の脳は左右2つに分かれていて、その2つの脳の間には脳梁と言われる左右の脳の連絡機能を司る部位が存在し、左右の思考を連携させる。

胎児は母親の子宮で、最初に臍の緒が作られた後、心臓、頭部、脳細胞が作られ、そして末端の器官へと進む。人は生まれつき右利きと左利きに分かれるが、それは右脳か左脳かのどちらが先に作られるかによって分かれると言われる。左脳が先に作られれば右利きに、右脳が先に作られれば左利きに生まれるそうだ。

その比率は遺伝であり、両親共に左利きなら26.1%、片親が左利きなら19.5%、両親が共に右利きなら9.5%の比率で左利きは生まれるそうだ。実際には社会での構成比率は、左利きは10%ほどだと言われている。

天才と言われる、アリストテレス、アインシュタイン、エジソン、ダーウィン、モーツァルト、ダ・ヴィンチ、ピカソ、ビル・ゲイツなどは皆左利きであったと言われている。

なぜ左利きには天才が多いのか。それは社会生活の様々な道具は90%近い右利きの人の為に作られているので、左利きに生まれた子供たちは止むを得ずに右利きと同じ行動をしなければならなくなる。
そうすると左利きの子供は必然的に左右両方の脳を活用しなければ生活しづらくなる。

右利きの子供はそのまま左脳だけで社会生活は出来るが、左利きの子供は両方の脳を活用しなければ生活出来ないと言うことだ。逆に言えば左利きの人は自然に右利きの人の脳の２倍の領域を活用することになる。それが天才を生む理由だろうと言う。

左右の脳の機能は大まかに以下の２つの分野に分かれている。
・左脳（右利き）：言語系→文字言語能力、計算能力、論理的思考能力、分析的能力、創造力を司る。
・右脳（左利き）：非言語系→五感（視覚、聴覚、味覚、嗅覚、触覚）に関する能力と、芸術的能力、直感力を司る。

また脳は難しいことや新しいことに出会うと、それを解決しようとして新たな領域を広げようとする特質がある。要するに人は不自由に直面するとそれを解決するために苦手な領域の脳も活用し始める。
そして必然的に苦手な脳の力が鍛えられ本来の得意な方の脳力と相まって、大きな力を発揮出来るようになるのだ。

左右それぞれの脳力を伸ばす脳トレと言うものがある。

基本的には、自分が苦手だと思っていたことや、今まで興味の無かったことに挑戦してみる。これこそ活用して来なかったどちらかの脳を活性化することになる。

①書籍のページを後ろから読んでみる
②毎日閃いたことを文章にする
③物事の理由を考えてみる
④その日一日を映像で再現する
⑤難解な漢字を覚える
⑥外国語の単語を覚える
⑦数学の公式や定理を覚え直す
⑧楽器に挑戦してみる
⑨見たものを絵に描いてみる
⑩文字を毛筆で書いてみる
等々

出来ないと感じたことは、実はその分野の脳を今まで使っていなかったからだ。それを敢えて鍛えれば脳は目覚めて活性化する。それによって眠っていた才能が目覚めることもある。苦手な何かに挑戦してみよう。何かのヒントが閃く筈だ。

トラクターと農業を考える

千代田AS（アグリサービス）では、今月25日にヤンマーの新車トラクターが神栖圃場に納入された。トラクター1台はその昔農民百人分の力だと言われた。当社にとっては機械化の第一歩だ。

米国自動車メーカーのフォードは、1905年6月にヘンリー・フォードによって設立された。それまで手作りで一台一台高級車として作られていた自動車を、ベルトコンベアー方式の大量生産によってそれまで高値の花であった乗用車を、安価で庶民が買えるものに変えたのだ。

その後、1917年7月には二輪駆動トラクター製造部門の「フォードソンFordson」を別会社として分離独立させる。自動車製造と同様に流れ作業による生産で1923年には全米のトラクター需要の77％のシェアを占めた。

そして競合他社であった農機具会社のIH社が1922年、PTO（パワー・ティク・オフ）装置と言う、トラクターの動力部分を後部に接続する作業機に伝える装置の開発をした事により、大発展を遂げる。

これにより出来る作業は、麦の収穫結束、砕土作業、テン菜収穫、ジャガイモ収穫、肥料散布、農薬散布など。その後更に「ファーモール（Farmall）」と言う農事百般と言うシステムを開発する。畝作り、畝寄せ、耕転、除草、撹拌などの「中耕」と呼ばれる農作業の主要作業をすべてこなす事が出来るようになった。

これら農業機械の歴史を振り返れば、全て仮説、工夫、改善、検証、開発の繰り返しであった。しかし日本国内では、夫婦2人の人力で作業可能と言われる「1反（10アール=991.74㎡）」と言われる300坪単位の明治時代以来の農業を今でも続けている。企業化も認めていない。そして食料の70％を安価という理由で輸入に頼っている。

当社子会社千代田アグリサービス（株）は、その一角を崩す礎（いしずえ）となるべく農業に挑戦し始めた。その志を良しとして社員の皆さんのご理解とご協力を改めてお願い申し上げる次第だ。

箸の長さ

箸の長さはどのように決めるのか。

それは「一咫り半（ひとあたりはん）」と言う単位で決めるそうだ。

「一咫り」とは、手の親指と人差し指を90度に開いて両指の頭と頭を結んだ三角形の斜面の長さのことで、その1.5倍が「ひとあたりはん」となる。

女性は14㎝×1.5倍で21㎝、男性は16㎝×1.5倍で24㎝、男女共用は15㎝×1.5倍で22.5㎝だ。

ちなみにコンビニの弁当に付いてくる割り箸は20㎝前後だから、ちょっと短く感ずる。

かつて社内報で述べたことだが、地獄・娑婆・天国の箸の長さの寓話だ。出てくる料理は三界とも同じだが、箸の長さが違うと言う。娑婆では上述した通りに23㎝前後だ。地獄では3尺（91㎝）の箸で、天国も同じだと言う。

ところが地獄では自分の口にだけ入れようとするから誰も料理を食べられない。だが天国ではその長い箸で、お互いに相手の口に料理を入れて上げられるので皆が十分に食べる事が出来、争いもなくなると言う仏教説話だ。

周囲の人、縁ある人を大切にする、思いやる、認める。自分のことより相手のことを少し多めに思いやる、考える。それだけで状況は一変する。誰もが天国にいるような暖かで心地良い環境に包まれる。

だから更にその環境を拡大しようと考える。それが会社と人員の拡張だ。儲けるためだけの拡張は必ず壁に突き当たる。組織人として心したいことだと思っている。

ミシュラン MICHELIN

ミシュランはフランスのタイヤメーカーで、日本のブリヂストン、米国のグッドイヤーと共に世界の3大タイヤメーカーの一つだ。

1889年、フランスの片田舎で、ある2人の兄弟が小さな会社を立ち上げた。その会社は自動車のタイヤを生産するタイヤメーカーだった。扱うタイヤは何の変哲もない「普通のタイヤ」だった。特別仕様でもなく、価格が他より安いわけでもなく、耐久性に優れている分けでもなかった。

それにも関わらず、このタイヤ会社は後に世界最大のタイヤメーカーへと成長した。現在では日本のブリヂストンを抜いて世界一位の売上を誇っている。この兄弟は何をしたのか?

彼らが、他のメーカーと違ったのは、その「売り方」だった。他のタイヤメーカーが揃って「当社のタイヤが一番」「今なら○○% OFF です」と売っている中で、何と彼らは「タイヤ」を売ろうとしなかったのだ。

その代わりに、タイヤを買いそうな人々に対して、『情報』を発信することにしたのだ。「商品を直接売るのではなく、まず情報を売った」のだ。タイヤを買う人は当然車に乗っている。そしてタイヤを頻繁に買い替える人は、遠距離を走る人だ。

そう言う人が欲しがる情報には、例えば、
・長距離ドライブで疲れた時に休憩出来るドライブインやホテルの情報
・美味しいレストランやお土産品等のお店の情報
・近くにあるガソリンスタンドの情報、等々。

そう言った情報を一冊のガイドブックにまとめて、それを提供することにした。タイヤのことは添え物程度に軽く掲載して、それよりも見込み客が欲しがる情報を提供したのだ。

そうそれがミシュランの三つ星、五つ星レストラン評価で有名な「ミシュランのガイドブック」だ。1900年のパリ万博で、自動車運転者向けに発行されたのが始まりで、上記の情報以外にも、郵便局、公衆電話、都市別の市街地図、さらには自動車の整備方法まで掲載されていて、無料で配布された。今は世界各国の情報が各国語で出版されていて書店で手に入る。

他社は「タイヤなら○○%引きの我が社のもの」
一方のミシュランは「美味しいレストラン」の情報が掲載されたガイドブック。

どちらが注目されたかは言うまでも無い。前者はタイヤを今すぐ欲しい人は見るが、それ以外の人は無視だろう。欲しくもない商品のセールスを聞きたい人はいない。後者は今すぐタイヤを欲しいと思っていない人でも、毎日使える様々な情報の掲載されたガイドブックは役に立つし、活用してくれる。

以上のミシュランが行った「売らない売り方」から我々は何を学ぶべきか。本業以外で本業に寄与することを考える、と言うことだが、当社の手掛ける農業ビジネスやITビジネスと、これから手掛ける藝術品ビジネス、配送ビジネスが将来の本業の助けになることを私は信じている。

セールスコピーのパワーと活用

メーンタイトル、サブタイトルはネーミングと言う。キャッチコピー、キャッチフレーズをセールスコピーと言う。その補完説明をストーリーと言う。

その内容が商品や作品の本質をついたものだと思われた時にお客様の購買意欲は数段高まる。

手織絨毯のネーミングも、同じデザインだから同じ名前にしなくてはならないということはない。言うまでもないが、手織り絨毯ではまったく同じものは出来ないし、色糸の多少の違いや、織りや打ち込みの強弱でサイズも微妙に変わるのだから、逆に一枚一枚にネーミングを変えることが正しい事だと言える。

また販売の現場では絨毯のタイトルとは別に、セールスコピーとしてお客さんの目を引くキャッチコピーや、この意味は何だろうと思われるようなユニークなキャッチフレーズを表示しても良いと思う。特に地方店やアウトレット店では、都心店と違って店側の許容度は大きいので多いにチャレンジするべきだと思う。これはと思うものがあれば是非使って頂きたいし、また大いに創作して頂きたいと思っている。

〈セールスコピーの一例〉

「手織絨毯は糸の宝石と言われています、高価です、手が出ません」
「店名ジャハンは日本の半分ではありません、絨毯ブランドです」
「絨毯はラッグと言います、カーペットは床材のことです、厳密には」
「千代田絨毯は千代田区にはありません、日本の絨毯の販売発信会社です」
「日本で一番古い手織絨毯は鍋島藩で作られた鍋島緞通です、織紋氈（しょくもんせん）と言いました」
「手織り絨毯は赤穂にもあります、山形にもあります、堺にもありました、明治の輸出品でした」
「絹糸は明治の輸出品の代表でした、世界に発信したのは日本でした、絹絨毯も日本から発信されました」
「ノットは否定ではなく結びのことです、多いほど結び目が細かく、柄がくっきりと綺麗になります」
等々

ユーモアに情報を混ぜ込む、情報にユーモアを混ぜ込む、どちらも記憶に残り易くなる。

理由は何か

人は物事の理由を常に求める。なぜか、理由が分かると安心出来るからだ。また理由があれば納得出来るし、人を説得するには納得させる理由を探すことだ。また逆に理由の分からない事象に人は不安を抱く。不安は疑いを招き、人間関係は不仲になる。

会社では報告・連絡・相談をすること、とよく言われる。しかしこれは目下ばかりが目上にするのではなく、目上も目下の人にしなくてはならないことだ。人間関係はすべて理由が分かれば和やかな気持ちで居られるが、分からない事に説明がなければ誰もが不安になるし、疑心が生じる。その先は不仲になる。

組織の中ではお互いにコミュニュケーションが大切だと言うが、親しい関係でも感情は日々様々に動くものだから、お互いの気持ちを確認し合えることは大切なことだろう。男女関係が壊れる原因の第一は、どちらかが秘密を持つことで不信が広がることだと言う。秘密とは理由を開示しないことだ。

当社の守秘事項は社員各人の給与額だけだ。なぜなら社員評価は個人情報であり、社長の専任事項だからだ。その他の経費は全て開示している。税務署も取引先の反面調査には来るが、当社の税務調査にはもうほとんど来ていないが理由は不正が全くないからだ。それは綺麗ごとではなく、国家あっての会社であり、そして公明正大こそ法人永続の基本だからでもある。社会人として心したい事だ。

神話から学ぶ

神話とは文字がまだ無かった時代の歴史を、言葉によって伝えられて来た最古の歴史のことだ。文字が発明されてから古文書に筆記されたもので、書かれた内容や前後の脈絡が論理的でなく、作り話しだ、架空の話しだと思われているふしもあるが、古代の人々の思いであり、伝え続けたい願いでもあったと言える。

現在の神社では、季節や時節に決められた祭祀が行われているが、これは「神話の再現」とも言えるものだ。各神社には御祭神と言われる神々が祀られているが、この神様たちは今も「生きていらっしゃる」と言う前提で神職たちは奉仕している。

伊勢神宮では、「日別朝夕大御饌祭」（ひごとあさゆうおおみけさい）と言う、一年中朝夕に毎日欠かさずにお食事をお出しする儀式が二千年以上の間続けられている。また菜種油の灯明も御神前に昼夜途絶えることなく灯し続けられている。尤も戦後に灯明は電灯に代わったが、それでも日本全国どこの神社でも日中から終日御神前を灯し続けている。

また神社の宮司とは「みやつかさ」と読み、神様の身の回りのお世話係であって、神様の代理ではない、と言うことは厳しく神職に教えられている。また「言挙げせず」と言う言葉があるが、神職は「神様や神事について知ったことを安易に語ってはならない」とも教えられている。日本の天皇は令和の天皇で126代となる。二千年以上の永きに亘って、日本の象徴として君臨している。他国の例では、デンマークの王室の約千年が最長だ。世界の国々の中で神話と歴史が今に続いている民族は日本人だけだと言える。

フランスの文化人類学者レヴィ・ストロースは、「日本がとても素晴らしいと思うのは、最新の近代国家でありながら、最も遠い過去とのつながりを今も継続していることだ。我ら西欧人も自分達の歴史を知っていても、もう繋がりを取り戻すことが出来ない」と語っている。

また、同じフランスの言語学者のデュメジルは、「もし神話を持たぬ民族があるとすれば、それはすでに生命力を失って消滅する民族だと言うべきだろう」と言っている。歴史と言う根がなければ生命の連鎖はないと言うことだ。

安産祈願、初宮参り、七五三のお祝い、二十歳のお礼参り、結婚式、祈願祭、地鎮祭、そして最後の神葬祭まで、日本人は神様（祖先神）との神話時代からの繋がりを大切にしている。素晴らしい民族であり、誇るべき国家だと私は思っている。

締切りを考える

人の寿命は、医学的に言えば細胞の再生回数の限度である125歳が限界であり、実際には110歳から120歳が人の限界寿命と言われている。ギネス記録ではフランス人のジャンヌ・カルマンと言う女性の122歳が最高齢だ。今、平均寿命は日本人女性の87歳強が世界一位、男性の81歳強は世界二位だ。

人に寿命があれば、生活のすべてに締切り（時間制限）があることを認識しなければならない。目標達成の目安、仕事完了の目処、個人生活の段取りなどすべての活動に締切りがある。「いつか出来るだろう」「いずれ成るだろう」と漫然と生きていては何の成果も結果も得られない。

未来を見通せる人間と、今だけを生きる人間の違いは物事の時間の締切りを認識出来るか否かだ。会社百年の計も人生百年の計も、すべて時間を意識して考えることだろう。

いつ迄に成し遂げる、いつ迄に完成させると言う目算を立てるから、物事は実現する。自分の結果は自分の意識の力だ。人生に偶然や奇跡などと言うものは一つも無い、全て自分の意志の力だ。それを知った人間だけが人生の成功を手にすることが出来るのだと私は思っている。期限にこだわり、締切りを常に確認しよう。

豊かさを永続させる心

「大衆は、常に間違える。お金のことに関してはさらに間違える」と言う言葉がある。多くの人々は欲に目が眩むと周囲の状況を自分に都合良く考えて見えなくなり、最後は失敗すると言うことだ。

当社の考えは「逆張り」の発想だ。コロナ禍では誰もが投資を控える。逆境は大きなチャンスだ。福岡営業所の開設、ジャハンアウトレットの出店などはその一環でもある。しかし景気は必ず反転するのが人の世の常だ。余裕を忘れた欲張りなビジネスは、いくら成功していてもいずれ必ず崩壊する。成長を停滞させることも経営の手法だ。ここしばらくは社会情勢を見極めた上で、次なる一手を打ちたいと思う。

こんな時「見切り千両」と言う考えが重要になる。かつて申し上げた「貯蓄十両、商い百両、見切り千両、利他万両」と言うビジネスの原則だ。「見切り千両」とは、損を即座に見切るだけではなく、利益も程々で見切ることを言う。

そして重要なことは「利他万両」と言う最後の言葉だ。他人を利することが利益を永続させる方法だと言うのだ。これが永続するビジネスの究極の手法だが、多くの人は利己的で自分の利益しか目に入らないものだ。

しかし利をもたらしてくれる相手を大切にしない人はいない。会社にとっては社員、スタッフそして仕入先、販売先など全ての関係者だ。また社員の家族にとっても、家族を豊かにしてくれる会社を大切にしょうと思ってくれる。これ程経営者にとって心強いことはない。

振り返れば、当社は創業以来47年の間、利益を上げられなかった年は五期だけだと記憶している。平均すれば年間凡そ3千万円の利益を出している。この3千万円を42年で掛けてみると、12億6千万円の利益になる。当社の現時点での総資産は約5億円だからその差額7億6千万円はどこに行ってしまったのか。それは国家や自治体に収めた税金だ。資産ゼロから始まった組織が47年間で5億円の税引資産を蓄積出来たと思えば有難い事だと思う。

真の永続する豊かさの秘訣はこの「利他の心」だ。縁ある人々を豊かにする心、仁と礼を重んじて利益を共有する心だ。その心がある限り企業は周囲から支持されて永続する。それが人間社会の中で豊かさを永続させる唯一の法則だが、こんな簡単な法則に気付く人はあまりいない。社会人として心したいことだ

教養とは　その①

教養とは、社会生活の中で教育や経験によって得られる洗練された振舞いや言動のことだと言う。それをどのようにして身に付けるかだ。知識を詰め込み、単なる経験を積んだだけで身に付くものでは無い。

まず歴史を学ぶことだ。人類の様々な歴史に目を通して、その事象に対して自らの見解を持つことだと思う。それは自分がその歴史の当事者であったなら、如何なる行動を取り得たかを考えることだ。それが歴史から学べる仮想体験であり真の教養だと思う。

別のヒントでも申し上げた通り、ワクチン効果とは、経験したことは次に同じような事象に遭遇した時に、人は即座に機敏に対応することが出来る。それは先人の体験を歴史を通じて自らの経験に出来れば、ワクチンと同じ体験効果があると言う事だ。これを「歴史のワクチン効果」と言う。

教養とは、一種のワクチン効果の活用だと言うことだ。初めての体験は誰にとっても大きなストレスだ。緊張する場面では誰でも平常心ではいられない。でも過去に体験したことであれば、素早い対応、すなわち臨機応変の行動を取ることが出来る。それも冷静に、間違いなく、速やかに、その行動がその人の教養の一部になると言える。

初めての事態に遭遇した時、先人は過去にどのように対処したかを想像すれば良い。そこから自分なりの対応を考え準備しておく事だ。体験するほど、速やかにやり遂げることが出来るようになる。

人生も同じだ。歴史上の偉人なり先人の行動を学んで、自分ならこう対応するなどと考えて、参考にすることだと思っている。

歴史を考察し、先人から学び、今の自分に生かすこと、それが一つの教養と言えるものだと私は思っている。

教養とは　その②

教養があるとは、「深い知識と考察によって仕事や日常生活で、適切な予測や判断が出来る」ことだと言う。要するに自らの過去の経験や考察を、有意に活用する能力のことだ。単なる学歴や知識や公的な資格が有っても教養があるとは言わない。

教養を身に付ける最も適切な行動は、「良書」を沢山読むことだ。良書とは「古典、名著、伝記」などと言われるものだが、書籍の出版は日本では現在でも一日に200冊、年間で70,000冊以上の発行がある。流行を知る為には新刊も時には必要だろうが、単にものを知るためであれば、インターネットで簡単に調べられる。

しかし良書は、歴史の風化に耐え、時代の流行にも流されずに今に残ってきたものだ。年月をかけ繰り返し読み解き折に触れてまた読み直す。毎回の読書で新たな発見がある。それが良書だ。そのほとんどは文庫版か新書版で老舗出版社から繰り返し再刊されている。著作権も消滅し安価な価格で出版されている。

ちなみに老舗大手出版社は以下の通りだ。

- 講談社は野間宏が1909年（明治42年）に設立。

・岩波書店は岩波茂が1913年（大正2年）に設立。
・中央公論社は1914年（大正3年）に設立したが、1990年経営破綻で中央公論新社に社名変更。
・文藝春秋社は1923年（大正12年）菊池寛が設立。

みな100年前後の歴史を持つ。

また良書はタイトルで買ってしまって、少し読んだが興味の持てない内容であったとしても、長い人生の間に書評など何かのきっかけで、改めて読んでみたいという気持ちになることが必ずある。文庫や新書、また気に入った書籍や名著と言われているものは無駄と思っても捨てずに所蔵しておくことだ。

書を読み、先人の知恵を吸収し、思考を広げよう。文字は後世に知恵を残し、人に知恵を広げることの出来る唯一のツールだ。良書こそ誰にとっても教師であり、知恵の宝庫だと言える。

ノブレス・オブリージュ

Noblesse Obligeとは、フランス語の英語表記で、「高貴なる者の義務」と言う意味だ。身分の高い者は、その地位に応じて果たさなければならない重い義務があると言う道徳観のことを言う。フランスの貴族の間で言い伝えられて来た言葉が、ヨーロッパ各国の貴族に伝わったものだ。

この言葉は明治時代に日本にも伝わり、武士道に繋がる道徳観として大いに喧伝されたと言う。旧制高校(当時の帝国大学に入る為の進学校)の学生達は、その貴族意識に反発して「バンカラ」と言う精神を考えリーダーたる者の「質素倹約、質実剛健」の美学を重んじた。

バンカラ(蛮殻)とは当時流行したハイカラ(洋風、高い襟=high collar→皮肉を込めて=灰殻)のアンチテーゼ(反主張)として敢えて質素、倹約、粗野、野蛮を良しとする精神を表現した言葉だ。「粗にして野だが卑ではない」と言う言葉は当時のバンカラ精神の真髄であった。

すなわち高度な学問、地位や財力を手にした者は、一般庶民の手本として率先して質素倹約の精神と共に社会的に重い義務を担うべきだと言う考えのことだ。これは社会のリーダー論として現代でもとても大切な考え方だと私は思っている。能力や財力のある者はその力を自らの為にだけ使うのではなく、自らの贅沢を戒めると共に弱者や社会国家の為に使うべき義務があると言うことだ。

実際に英国の場合、第二次世界大戦の軍人の犠牲者数の割合は、将校は7割、一般兵士は3割だったと言う記録もある。地位ある者の義務とは、最終的には自ら率先して犠牲となる覚悟を持つことである。人でしか出来ない最も崇高な精神のことでもある。

この力ある者の心こそが、人間社会の理想と発展を推進する原動力だろうと思う。出来るか出来ないかではなく、自分がその立場に立った時に、当然受け入れるべき義務として、老若男女誰であれ、リーダーであれば持つべき道徳観だと思う。

逆に言えば、この道徳観を持てぬ者はリーダーになってはならないと言うことでもある。

組織の永続

家康は秀吉の「家宝は何か」と言う下問に以下のように答えたと朝礼でお伝えした。「私どもは三河の田舎者で家宝と言える様な品はございません。しかし私に取りまして宝と言えるのは、500騎の家臣団でございます。彼らは一朝ことあれば命も捨てて家のために働いてくれる存在です」と答えたと言う。真偽の程は分からないが、15代265年もの長きに亘る安定をもたらした徳川幕府を思えば、家臣こそ宝だと言う家康の考えはあり得た話だと納得する。

日本の16代天皇は仁徳天皇だ。堺にある日本最大の古墳、仁徳天皇陵の主だ。当時新たな天皇が践祚（就任）すると皇居や都を作り変える制度があった。仁徳天皇は、この時期に庶民の竈門（かまど）から立ち昇る朝夕の煙が少ないことを見て、すべての租庸調（納税）と新皇居と都の造営を10年間禁止して庶民の窮乏を救った、と言う話しが古事記に記載されている。そして民は国の宝と言う言葉を残している。百姓を大和言葉では「おおみたから」（大御宝）と読む。

この天皇の大御心に、当時の国内すべての豪族や部族、庶民の悉くが政ろった（まつろった＝従った）と言う。日本の天皇制が実質確立されたのはこの天皇の御世からだった。ちなみに日本全国の八幡神社の御祭神は、この仁徳天皇の父である15代応神天皇だ。全国の豪族が16代仁徳天皇を神社に祀ろうとした時、父の応神天皇を御祭神にするべし、と下命したのは仁徳天皇の子としての見識だったと言われている。

国家も社会も会社組織も、すべてはそこに存在する人々の為にあるシステムだ。上に立つリーダーは下の者に寄り添い、下の者はその義務と責任を果たすことでリーダーを支える。そして仲間同士の「笑顔と承認」によって組織の永続は保たれる。歴史から学ぶことは、間違いのないお手本になる。

運命と決断

「死は運命に任せ、生き方は自分が決めよ」

少し重い課題だが、誰もがいずれ通る道なので語っておく。

死んで生き返った者はいない。だから死は苦しいものだと教えてくれた死人はいない。たまに臨死体験と言う死線をさまよって息を吹き返した者はいるが、それは本当に死んだ訳ではないから死んだ後のことはやはり分からない。

死とは現実的には肉体が永遠の眠りに就いて目覚めることのない状態だ。ただ魂と言うものがあるとすれば、この魂は火葬されたら肉体と共に燃え尽きてしまうものなのかは、さてどうだろうか。死者の霊魂はしばらく彷徨(さまよ)って3歳になった子供の肉体に降りる、と言うのは日本の神道もしくは仏教的な考え方だが、これを輪廻転生と言う。キリスト教やユダヤ教、イスラム教では霊魂は永遠に生きていると考えるから、今は違うようだがかつては遺体の火葬はしなかった。

人にとって哲学や宗教などと言うものは、死をどのように捉えて考えるかだと思われている。しかし人間にとって死は体験談を聞く事や、科学的に検証することが出来ない唯一の事象だから、余計に不可思議なことで誰もが結論を出せない。

「死に方は運命に任せ、生き方は自分が決めよ」と言う言葉がある。究極に分からないことは考えても詮無いこととして、一方自分の生き方は自分で決めることが出来ると教えてくれている。

哲学も宗教も、究極は死を語るのではなく、如何に生きるかを教えるものだ。人は人生に「自信と満足」を得た時、「死は永遠の眠り」だと言う悟りに至る。

フルネームで覚える

名刺交換の時、手渡された名刺を後から見るからと、すぐに名刺入れに入れてしまう人が多い。また相手から受け取ってから差し出す人がいるがそれはこちらが上位だと言う意味になってしまうので気を付けることだ。お互いに同時に差し出すのが礼儀だ。

また人の名前は名刺交換の時に苗字だけでなく名前までもしっかりと覚えることだ。当社の社長はそれをしっかりと実行して、相手から大きな信頼と信用を得ている。百貨店の役員室には必ず女性秘書や担当事務員がいるが、名刺交換をして彼ら彼女らのフルネームまで必ず覚えている。すばらしいことだ。

私は人の名前を覚えるのは得意ではない。取引先ではつい肩書だけで呼んでしまう。だからあまり親しくならないし、営業力は普通の人で終わってしまった。遅ればせながら、これからはしっかり人のフルネームを覚えて脳トレを兼ねることにする。

そしてもう一つある。人の話を聞く時はメモをすることだ。いい話だと思っても、いくつもあると後から忘れるからだ。私は本を読む時、なる程と思ったところには必ず鉛筆でラインを引いて折目を付ける。テレビを見る時にも鉛筆とメモを用意している。そうして人生や朝礼のヒントとして活用している。

身体の筋肉は使わなければ衰える。脳も筋肉の一つだから使わなければ思考力が衰えるのは当然のことだ。シニア世代には当然だが、X、Y、Z世代も年齢に関わらず使えば知恵も筋肉もいくらでも活性化し強靭になる。そして活性化することを意識して使うことが効果的だと言う。改めて心したいことだ。

ミレニアル世代への提案

ミレニアル世代とは西暦2000年以降に成人となった1980年以降に生まれた世代のことを言う。この世代は生まれた時からパソコンやIT機器が存在し、IT製品を当たり前に活用出来る全くの新世代だと言うことだ。

ちなみに「ジェネレーションX、Y、Z」さらに「ジェネレーションα（アルファアー）」と言う世代ごとのネーミングがあるが、以下のように区分される。

・X世代・・1965年から1980年生まれの世代
　↓IT機器を成人後に使い始めた世代のこと
・Y世代・・1981年から1995年生まれの世代
　↓パソコンネイティブ世代
・Z世代・・1996年から2010年生まれの世代
　↓デジタルネイティブ世代
・α世代・・2011年代以降生まれの世代
　↓バーチャルリアリティ、AI世代

この「GenerationX」と言う言葉を最初に使ったのは1950年代初頭に活躍したハンガリーの写真家

ロバート・キャパだった。

ちなみに1925年から1945年代生まれは、
・Traditionalist（伝統主義者世代）
　↓パソコンやIT機器を全く知らない世代
1945年から1965年代生まれは、
・Baby boomers（ベビーブーム世代）
　↓オフコン、ワープロ程度を知っている世代となる。
以上は大体15年間隔の世代で、IT機器への対応や知識のレベルが全く異なっていることを示すものだ。

そして大切なことは各世代に属する若いスタッフは、各世代の強みを活かしてその知識を発信すること、それ以前のシニアスタッフは、謙虚に恥じることなく彼らの力を活用することだ。新旧両者の融合こそが当社の目指す次世代対応作戦だ。

共に学び、共に教え合う知恵こそが未来を切り開く大きなヒントだと思う。

自制心

自制心とは「自己の欲を制する」ことだ。行いを慎み、独断専行を戒め、欲望を制することが、人生に大きな成功をもたらすと言う。

米国スタンフォード大学の心理学者ウォルター・ミシェル教授の「4歳児マシュマロ実験」と言う有名な実験がある。この時の4歳児たちはその後50年に亘って生活調査が続けられたそうだ。

幼稚園の子供たちのいる部屋にお皿に乗せたマシュマロを置く。今すぐに食べたい人は机の上のベルを鳴らせば一つだけ食べて良い。ただし先生が部屋を出て帰ってくるまで（20分）我慢した人には2つ上げます。と伝えて部屋を出る。

3分の2の子供は少し我慢するがしばらくするとベルを鳴らして1つを食べてしまう。だが3分の1の子供は食べずに先生が戻るまで我慢するそうだ。食べてしまう子はお皿の周りで匂いを嗅いだり、お皿を動かしたりして周りに纏わり付いて、最後はベルを鳴らして食べてしまう。

我慢する子は、机から離れ、お皿を見ないようにして、他のことをしたりして我慢すると言う。この両方の子達のその後の人生がどうなったかを追跡調査をしたのが、このマシュマロ実験だ。

我慢出来た子供たちは、まず学生時代には学業が優秀でほとんどの子供が有名大学に合格した。また成人して肥満や病気に罹ることがほとんどなかった。そして社会に出てからの財産の保有率も圧倒的に多いと言う結果だったと言う。

確かに、学業には我慢と根気が必要だ。肥満や病気を予防するにも克己の生活が必要だ。財産についても余計なものは買わないと言う自制心が必要なことだろう。

以上のことから自らをコントロール出来ずして社会で成功する確率は少ないと言うことが明らかだろう。それは子供の頃からの環境や習慣や躾（しつけ）に寄るところが大きいのだろうが、いくつになっても我慢する習慣、自制心を身に付けることは、成人し年を取ったとしても気付けば出来る事だ。

さて皆さんはご自分を４歳のその時に戻して、その時どちらの行動を取ったかを想像してみて頂きたい。そして今の自分を顧みることだ。何か感ずることがあるはずだ。

指桑罵槐（しそうばかい）

桑の木を指差して槐の木をののしる、と言う昔の中国のことわざだ。

槐（かい）の木は延寿（えんじゅ）の木とも呼ばれ、花言葉は「幸福、上品、出世」です。街路樹にも使われ、大きな葉が茂って高さ25メートルにもなる立派で強い樹木だ。

一方桑の木の花言葉は「すべてが好き、一緒に死ぬ」だ。咲く白い花は「知恵」、黒い花は「死」を表し可憐で嫋やかでひ弱な樹木だ。

指桑罵槐の意味は、可憐で嫋やかでひ弱い者を指差して、実は別のところにいる大きくて強い人を罵り、非難すると言う意味だ。要するに力の強い権力者に直接言えないことを、力の弱い者に向かって罵り、立場が上の相手に言い難いことを間接的に伝えることを言うのだが、それでも上位の者は大概気付かないものだ。

こんな時には、間接話法を使うことだ。「○○だと言う人がいます」「○○だと感じている人がいます」などと使うことだ。

この手法は人を誉める時にも使う「○○さんが褒めていましたが、私もそう思います」と同じ効果がある。人間同士は言う方も、言われる方もお互いに言葉の解釈力や敏感さが必要だと言うことだ。

解釈力

事実と意見を見分けることは解釈力の一つだ。地球の温暖化や、コロナワクチンの効果についての将来の様々な見解は、今はまだ事実ではなく意見の段階だ。意見を事実としてしまうことは危険なことだ。未来のことは常に意見であり、事実ではないと言うことを知った上で判断することは、どんな時代でも大切なことだ。

解釈力は、その人の見識次第で大きな差が出る。SNS 上で発信されていることはほとんどが意見であり事実ではない。新聞、テレビでは比較的に事実を報道しようとしているが、それでも意見に過ぎないことを事実として流してしまっていることが多い。

かつて朝日新聞の記者が、記事の真贋論争で、「新聞に掲載されたことだから事実だ」と言い切ってしまったことがあった。新聞記事には当然誤報と言うことがあるにも関わらず、このような断定は記者にとっては致命的な見解で、本人は新聞記者を辞める羽目になった。

また石油が枯渇する、と言う意見があった。つい20年前には、石油は後百年で枯渇すると言われていた。今はまだ 8000 年は使えると言う説が出てきているが、実はそのどちらも意見に過ぎない。化石燃料が地球温暖化の元凶であり、原子力発電はそれを補うものだが放射能の排出が危険だと、どちらにも欠点があると言うのも意見だ。

それでは我々はこれからの時代にいかに対応したら良いのかだ。意見は意見として様々なものが有っても良い。しかし人それぞれは自らの人生だから、自らの解釈力で日々を過ごさなければならない。意見を聞いて浮き足立っても何も変わりはしないのだから、自ら選んだ道を信じて進んで行くだけだ。

また例え選んだ道が失敗したとしても、失敗する道を見つけただけだとポジティブに考えることだ。そして失敗よりも成功した時に、成功の理由と原因について徹底して考えて見よう。それが解釈力であり、そのためにはやはり身近な歴史を解釈することだと思う。我が家の歴史、会社の歴史、そして成功者の歴史だ。手本があれば間違いは少ない。

「原則プラスα」を持つ

我々人類の一生は、大袈裟に言えば無から無限（0～無限）の時空を生きる。生誕から死亡まで、時間や場所を自由に使うことが出来ると言う意味だが、それには常に物理的や生体的な制約がある。その制約を自分なりに策定しておくこと、それが「原則を持つ」と言うことだ。

以前に「マジック・スリー」と言う、物事を3つに分けると覚え易い、と言うことをお伝えした。更に言えば、この3つと「プラスアルファー」または「その他」を分類に追加すれば、ほぼ何にでも応用することが出来、明確に仕分けることが出来る。

例えば、経営は「人財・商品・資金」が必要だが、プラス明確な目的とモラルが必要だ。人には「仕事・家庭・個人」の時間と、プラス全くの自由時間、余裕時間が必要だ。仕事では「販売・仕入・支払」プラス信用がある。

「マジック・スリー」に「プラスアルファー」または「その他」と言う原則を付け加えると、ほとんどの行動の原則のすべてが明確に理解出来る。原則がない言動や行動は、理由の無い言動や行動のことと同様で「あやふや」「いい加減」「出鱈目」と言うことになり何の結果も残せない。

仕事と生活、人生そのものに「原則とプラスアルファー」を持てる人間は、道を間違えない、無駄なことに気が付ける、ご自分の人生の頂上に登ることが出来る人だ。会社にとっても同様のことだと思う。

シンクロニシティ（偶然の一致）

スイスの分析心理学者グスタフ・ユングの言葉だ。
世の中の成功者と呼ばれる人の自伝や回想録の中で、最も多く使われている言葉は「たまたま」「丁度その時」「ふとしたことから」と言った「偶然の出来事」によって人生が導かれた事を語る言葉であると言う。

このことを成功者は単に「運が強い」のではなく「人生の出来事に深い意味」を感じる力とともに「自分が導かれるヒント」を感じ取る力があると言うことだ。この「共時性」とも訳されるこの現象は実は誰もが経験するものだ。

しかしながら科学的にはその現象が起こる原因は解明されておらず、「単なる偶然」「単なる思い過ごし」と解釈されてしまっている。だが多くの成功者がこの「シンクロニシティ」を感じ取り「天の声ではないか」「何かを示唆されたのではないか」と言う形で、その後の行動や選択に活かしていったことは確かなことだ。

我々が学ぶべきことは、このような現象を信ずるか信じないかではなく、成功者と言われている人たちの体験の中の「人生に於いて与えられた出逢いや出来事の意味を、一度深く考えてみる」と言う姿勢だ。

そしてひとたび我々がその感性を身に付けたなら、人生のささやかな出逢いや出来事の中にも、不思議なほど大切で大きな意味があることを感じ始めることが出来る。その時我々は一段高い「精神の成熟」を獲得することになる。

〈以上は、PHP新書 田坂広志著「深く考える力」を参考〉

誰でも自分の人生はドラマだ

テレビや映画で放映されるドラマ。感動、喜び、悲しみ、など人生の様々な場面が様々なタイトルで制作されている。

我々一人一人の人生も思い起こせば、間違いなくドラマだ。日々のトピックを繋ぎ合わせれば、誰の人生とも違う自分自身のドラマが制作出来る。主演、脚本、監督、すべて自分1人の制作だからだ。

どんな内容にするか、それは一人一人が決められることだ。思った通りにするか、思った通りにならなかったドラマにするかは自分次第だ。そんなドラマを紡いでいくのが日々の生活だ。

会社、家族、友人、仲間が出演し、誰にも恥じない人生、誰からも歓迎される人生、そして彼らに感謝出来る人生、そんな人生を作り上げてみたいと私は思っている。

皆さんも、山あり谷あり、上り坂下り坂、そして真坂の坂を味わって、自由で悔いの無い人生のドラマを紡いで貰いたい。その為には当社社員五箇条「自主自立・公明正大・奮闘向上・謙譲礼節そして感謝報恩の心」が一つの指標になる。決して難しいことでは無いと私は思っている。

侵害受容

侵害受容とは人が痛みを認識することを言う専門用語だ。すべての高等生物は痛みを認識する神経系統を持っている。このような時には血圧や脈拍の上昇、瞳孔の拡張、発汗作用などが自動的に起こる。動物が生きるためには必要な機能だ。

一方痛みを全く感じない、先天性無痛無汗症（CIPA）と言う難病がある。この病気を患う人は骨を折ったり、火傷をしたり、膝を擦りむいても、血やあざを自分の目で見るまでその怪我に気付けないのだと言う。

また身体の傷は身体に跡が残るように、心の傷も心の奥底に記憶としての傷跡が残る。身体の傷は瘡蓋になっていつか自然治癒するが、心の傷は年月を経てより深くなって行くと言う。年齢に関わらず突然死などの原因不明と言われる死因には、この心の傷が要因の一つだとも言われている。

人から受けた心の傷を消し去る方法は、以前にお伝えした通り「内観の法」によって、「原因はただ自分の足りなさに有った」と自省出来るかどうかだ。受けた傷を他人の責任にしている間は心の傷は癒されないと言う。責任は自分に有ったと納得出来た時に心の傷は癒されるのだ。

以上は、人間の身体のメカニズムに心が大きく影響を及ぼすと言うことを教えている。自分に起きたことであれば、心の病でも、例え原因不明の病でも心の正しい使い方によっては治癒することが出来ると言うことだと私は思っている。心したいことだ。

人が生きる意味

「力のある者は力を出せ、知恵ある者は知恵を出せ、何も無いと思う者は人を支えろ。ただし何も無い者など1人も居ない」と言う箴言（しんげん）がある。

身動きの出来ない年寄りが、介護される時に懸命にベッドの手摺りにつかまって身体を左右に移動して、介護人の手助けをしようとする話し。

1歳になるかならないかの赤ちゃんが這って、盲目の母におしめを手渡す話しがあった。

人が生きる意味は、自分以外の人のためになることだ。自分のためだけに生きるのは動物でも出来ることだが、「人」はこの象形文字の通りに、人を支え、人に支えられる存在だ。

子供時代に私が母から聞いた姥捨山と言う民話がある。年を取って働けなくなった親を、荷車に乗せて口減らしの為に山に捨てに行く哀しい民話だ。自分と息子で老親を乗せて山の中腹に至り、親を降ろして自分はその荷車を谷に捨てようとする。するとそれを見ていた息子が、父さんその車は捨てることはない、次に父さんを捨てる時にまた使えるからと言う。父ははっと我に帰って親を捨てずに連れ帰ったと言う話だ。

もう一つある。土地の殿様が農民に灰で作った縄が欲しい、灰で縄を編んで来た者に褒美を与えるとお触れ書きが出る。農民はそんな難しい事はできないと諦めかける。明日姥捨山に捨てられる予定の老母が病床から、そんな事は簡単だ、石の上に縄を乗せてそれをカマドで焼けば良いと教える。それを作って持参した農民に殿様は褒美に何が欲しいかと聞く。農民は「この知恵は老母が教えてくれたものです、褒美にこれからは年寄を捨てることをやめて下さい」と申し出る。それからはその国では老人を捨てる風習は無くなった、と言う民話だ。

人は命ある限り、誰もが貴重な存在だ。そして命ある限り人の為に生きようと考えなければならない。祖父母、両親、連合いと子や孫、そして仲間、縁ある人など守るべき人の輪は無限だ。ただ世の中には憎み恨み罵り嫌がらせをしたい人や国がある。それらからは知恵を持って我が心を和らげ、非礼な組織や国は憎むが、そんな国の善良な市民や国民は区別して憎まない心が大切だと思っている。

詐欺などの悪事を働く組織などは別にして、某国などの体質を思えば、怒る事も騒ぎ立てる事もなく淡々と無視する事だと知れる。それが成熟したまともな人間の対応だろうと思っている。日本人の誇りを持って、成熟した国の考え方を我々一般市民が実行していく事だろうと思っている。また当社はそう言う見識の有る会社風土で在りたいと願っている、弁証法的是々非々主義に則って。

同志と統率力

「志」と言う文字は、大地に両手を広げて立つ人すなわち「士」と言う象形文字に、心が下から支える形になっている。人の思いと言う意味の象形文字だ。この「志」の意味は「ある方向を目指す気持ちのこと」と、もう一つには「相手の為を思う気持ち」と言う意味がある。

以前のヒントにも書いたことだが「大志」とは、「個人の利益や夢だけを目標にせず、個人の利益と夢と共に周囲の利益や縁ある仲間の利益、さらに国家・社会の利益を目指すことだ」と書いた。

「人生は思った通りになる」と言う。でも思った通りになる筈がないと思う人がいる。思った通りにならないと思っていて、思った通りにならないのだから、これも思った通りになっている事だと申し上げた。禅問答のようだが、実際には「人生は思った通りになることもあるが、思った通りにならないこともある」と思うのが一般的で常識的な見方だろう。

ここに以前のヒントで書いた、アルフレッド・アドラーの個人心理学の「課題分離」と言う考え方を当て嵌めてみると、出来る、出来ないの問題が解決する。「他者の問題は解決出来ないが、自分の問題ならすべて解決することが出来る」と言う個人心理学の原則だ。自らの志、すなわち人の思いは必ず達成出来ると言うことだ。

但し、個人では成し遂げられないような課題には、志を同じくする同志と共に取り組まなければ達成できない。これが人が組織を作る本当の理由だ。組織内の個々の同志の目指すベクトル（方向）が一致すれば全ての目的は達成可能であり、ベクトルがバラバラであれは、達成は不可能だと言う事は、磁石の鉄分子の陰陽の同一方向性で説明した通りだ。

この組織のベクトルを同一方向に導くことを、リーダーの統率力、リーダーシップと言う。政治でもスポーツでも会社運営でも、団体行動での目標達成の成否はこの同一方向性の一点に尽きる。

但し自らの言動を客観視出来ないリーダーの元ではいくら強力なリーダーシップでも、組織は一枚岩になれず目的は達成されないと言うことも知っておかなければならない。

組織人として一人一人が心しておきたいことだ。

人生の成功の基礎

人生が成功する基礎、それは暗唱と蓄財だ。

江戸時代、寺子屋で教えるのは、読み・書き・そろばん（算術）だと申し上げた。その中で最初に重視されたのは素読（読み）だった。5歳になると読めもしない漢文の書物を見ながら先生の読み上げる声に合わせて、全員で声を上げて繰り返し読み上げるのだ。そしてその長文を暗唱させられる。

この暗唱については、別のヒントでも述べたように、記憶力の鍛錬としてすべての学問の基礎となるものだ。かれらは子供達に旧約聖書やタルムードと言う歴史書の一部を暗唱させると言う。日本では論語を暗唱させた。論語とは道徳の古典だ。

大切なことは、暗唱であって暗記ではないことだ。暗記とは単に記憶に残すことで、暗唱とは記憶したことを言葉に出して確認することだ。一度暗唱出来たことは、生涯記憶に残りいつでも言葉に出すことが出来る。

もう一つ大切なことは蓄財だ。お金を貯めることだが、何のために貯めるのかだ。それは自分の自由を確保するためだ。奴隷や使用人と言われるのは、お金がないために、自分の時間と労力を他人に買ってもらうことだ。人にとって1番大切なことは生きる自由を確保出来ているか否かだ。嫌な組織から逃れる自由、嫌な仕事をやめる自由、それはご自分に蓄財があればすぐに実行することが出来る。

ユダヤ人は子供の頃から、収入の10%から20%を自分の自由を確保する為に貯蓄させる習慣を持つと言う。どんなに貧しくとも、実行する。だからほとんどの人が金持ちになる。頭がよいから金持ちになるのではない。金持ちになる習慣が有るから金持ちになるのだ。

不幸自慢、責任転嫁、課題分離

自分の過去はとても辛かった、不幸だったと人に語ることがある。これを不幸自慢と言う。今の自分の不幸を両親や兄弟、他人の所為だと考える自分がいる。これを責任転嫁と言う。世の成功者は皆、何らかの不幸や困難から立ち上がり、自らの力で這い上がってきた人達だ。

人生の様々な課題にぶつかった時に、それは自分が解決するべきことなのか、他者が解決するべきことなのかを常に明確にすることが肝心だ。他者の課題を自分が解決することは出来ないからだ。これを「課題分離」と言う。自分が解決出来ない問題からは一歩身を引くということだ。

逆に自分の課題であれば、必ず解決出来る。しかしその課題を他人に委ねようとすれば、いつまでも解決することは出来ない。

また他人に責任転嫁することと同様に、「あの時決めたから」と過去の自分に責任を負わせたり、「いずれ本気を出す」「いずれ行う」と言って決断を先延ばしにしたりして、決断しないと言う目的を隠す場合もある。

すなわち我々は「今、ここ」を真剣に全力で生きるべきである。過去の理由も、未来の結果も「課題の分離」によって、解決出来る今の問題に集中することだ。それによって自分も周囲の問題も全てがシンプルで分かり易くなり、困難に思えた道があっと言う間に開けていく。

以上は、オーストリアの心理学者アルフレッド・アドラー（1870～1937年）の個人心理学の一説を紹介した著書「嫌われる勇気」（岸見一郎著）の要約だ。興味のある人は、ネットで調べて読んでみて欲しい。大変参考になる学説だ。

教育と英語

世界の大資産家上位400名の内、ユダヤ人は15%、そしてノーベル賞受賞者の内20%がユダヤ人だ。さらに世界的な天才や国際的な実業家は、イエス・キリストをはじめ、アインシュタイン、フロイト、マルクス、ロスチャイルド家、ピューリッツァ社、ロイター社、デビアス社、シェル石油、シトロエン、デルコンピューター、スピルバーグ、ソロスなどすべてユダヤ人だ。

古代から現代に至るまで、人口わずか世界の0.2%(約1,800万人)に過ぎない民族としては、圧倒的な出現率だ。この民族の優秀さの秘訣は何か?それは教育に他ならないと言う。彼らは「世界一教育熱心だ」と自負しているが、その彼らが日本人について「自分たちと同じくらいの教育レベルだ」と考え、また一番尊敬出来る民族だと思っていると言うのだ。

ユダヤ人はユダヤ教が民族全員に旧約聖書とタルムード(偉大な研究と言う意味のユダヤ人5000年の生活規範の集大成書)を読むことを義務づけていたことで、有史以来識字率はほぼ100%だ。日本人も江戸時代以来、全国に寺小屋が出来、識字率は当時で70%、明治時代以降は100%だ。ちなみに当時の覇権国家イギリス、ロンドンの識字率は25%に過ぎなかった。

そして寺小屋は、当時全国に一万五千ヶ所、運営者は武士、僧侶、神職、庄屋など、教育内容は読み書き、算術、漢文、地理、歴史に及んだと言う。

それでは日本人はユダヤ人に比べて何が足りないのか?それは英語活用力だ。ユダヤ人はほぼ100%の人が英語を使えるが、日本人では完璧な英語をこなせるのはわずか人口の3%(約400万人)に過ぎない。日本人が世界に発信出来ない理由がはっきりと分かる数字だ。

「英語を学ぶ」のではなく、様々な分野の学問を「英語で学ぶ」のだ。英語をツールとして活用することだ。世界共通語である英語を活用すれば、日本人は彼ら同様に世界を牽引する民族になれる筈だ。今は自動翻訳機も有る。我々はこれを活用して英語を日常生活に取り入れていくことだ。そして老人であろうが、素人であろうがIT用語やPC用語からも逃げずに果敢に学び吸収していくことだと思っている。

教育とは、第一に記憶だ、そして第二が活用、第三が創造だ。これを日本では「守・破・離」と表現する。「守」とは学んだことを悉く覚えること、「破」とは自分なりの活用方法を工夫すること、「離」とは自分独自のオリジナルな生き方を創り上げることだ。

以上のことを考えれば、我々は誰でも生涯学び続けていくべきだと思う。若者は今から、老人は過去に遡って学ぶ道を歩み始めることだ。人の心は時空や次元を超えて活動することが出来るのだから、もう遅いと言うことは無い。もう年だから、もう先はないからと言うのは、怠け者と愚者の言い訳だと私は思っている。

創業と守業

創業と守業とどちらが難しいかと言う議論がある。私はどちらも難しいし、同時にどちらも易しいと言えると思っている。利益を出せるシステムを作り上げられれば、どちらも易しいが、システムが作り上げられず、または時代に変化出来なければ、どちらも難しい。

システムとは、人材・商品・資金の循環システムのことだ。いわゆる人・物・金の適切な流れだ。創業でも守業でも1番大切なものは、経営する人の意識のレベルだ。何の為に、誰の為に、何を目指して会社経営を担うのかだ。

そして創業の始めに資金が潤沢な会社は、必ず失敗する、それは何故か？働く人々に危機意識が根付かないからだ。人は危機感がなければ辛いことを避けようとする。仕事は常に楽と苦の道連れで、経営陣が楽に向かった時、企業は必ず崩壊する。

今回当社は利益率の向上と委託商品現金払いのお陰で危機に対応出来た。これは良い時にも悪い時にも常に工夫改善に徹してきた経験があったからだと思っている。現在当社は千代田商会と千代田アグリサービスの自立を模索している。さらにこれからを見据えて千代田運輸と言う会社も設立してある。

かつて、呉服屋が百貨店に変身し、その後は鉄道会社がターミナル駅に百貨店を作った。八百屋や薬局や衣料品店がスーパーや専門店を作った。それならば絨毯屋は何に変身出来るかだ。モノを仕入れて販売する、すなわち流通業が我らの分野だ。そう考えれば、別分野に進出することは難しいことではない。それをやり遂げる強烈な意思と知恵があれば誰にでも出来る。

その強烈な意思と知恵は、人に教えてもらうことでは無い。周囲の意見に惑わされたり、誰かに遠慮があったりすれば決して出てこないものだ。自分と内なる自分（潜在意識）の両者の意思のぶつかり合いでしか出てこないものだと思っている。時にはワンマン、時には人の意見に耳を傾ける謙虚さ、それを是々非々に使い分けることだ。

過去に名を残した人たちは、ほとんどがこの強烈な意思と知恵を持った人たちだ。この人たちの行動から学ぶことが、内なる自分と対話することだと私は思っている。

自分とは？心はどこにあるか？

自分とは人体（肉体）そのものであると、誰でも思っている。動物は肉体と生存本能と生殖本能によって生きているが明白な意思（心・魂）は無い。人間には本能の上に心・意思すなわち知性があり、それによって人間社会に工夫、改善、進歩がもたらされて来た。

人間にとっての肉体は、心を宿す器であり、本当の自分とは心そのもののことだと感じる人は少ない。実際に手足を無くしても、生きている限り心は存在する。それでは心は肉体のどこにあるのか？それは我が肉体の1つ1つの臓器、若しくは1つ1つの細胞に存在する、としか思えない。

なぜなら、会社に例えてみれば、役員がいて、各部門のスタッフがいて、そして組織を束ねる社長がいる。その各部署の人々の思いが会社全体の意思になって、すべての結果を目指して行く。そう見れば会社組織は人の身体と変わりはない。会社の意思とは組織（会社）に在籍するすべての人の心だと言えるからだ。

そして大切なことは、人間の肉体も自分の心・意思によって改造することが出来ると言うことだ。家庭を改造し、会社を改造し、社会を改造する、これもすべて人の心が行うことだからだ。自然はあらゆる物を破壊するが、人にはあらゆるものを改造出来ると言う素晴らしい力がある。

病気、健康、仕事、そして豊かさの実現と克服は全て一人一人の心次第だ。心の目指すものを志と言う。我々は命の尽きるその日まで、人としての高い志を持たなければならない。その志の高さとは、私欲を慎み如何に他のために働くかと言う利他の心だと私は思っている。

健康で幸せな人生の秘訣

健康で幸せな人生は人として最も大切なことだと誰もが思っている。でもその秘訣はお金でも財産でも地位でもなく、それはただ一つ「良い人間関係」を作り上げることだと言う。

良い人間関係と悪い人間関係の違いは何か

(1)孤独は寿命を縮める
人との繋がりは健康を増進し、その反対の孤独は命取りになる。つまり家族や友人とのコミュニケーションが良く取れている人は幸せで健康な人生を送り、そのような繋がりの少ない人よりはるかに長生きすると言う。

(2)量より質が大切
友人や家族の数や、パートナーの有無は関係なく、大切なことは身近な人との人間関係の質だと言う。人がいても孤独感は誰にでもある。事実50代で最も良い人間関係を築いていた人は、老年期で最も健康だと言う。健康のための血圧やコレステロールの数値はほとんど関係しないそうだ。つまり、50代での人間関係の満足度が、老年期に最も大きな影響を与えるのだと言う。

(3)良い人間関係は脳細胞を守る

パートナーに頼れないと思っている人は記憶障害が早期から現れ、何かあった時に本当に頼れる人がいると思える人は記憶がはっきりしていると言う。老化による脳細胞の劣化を人間関係の安心感によって守られるからだそうだ。

以上は米国ハーバード大学医学部教授の心理学者ロバート・ウォールディンガー教授の4代75年間にわたる724人の被験者の追跡調査の結果だ。

米国の作家マーク・トウェインは、

「かくも短い人生で、争い、謝罪し、傷心し、泣き悲しむ時間など無い。助け合い、愛し合い、喜び合う時間しか無い。それが例え、一瞬に過ぎなくとも」と書き残している。


つまらない言い争い、自分だけが正しいと言う思い込み、人の欠点のみを指摘する自分、すべてそれは自分の無知をさらけ出しているに過ぎない。

人生は多様で、奥深く、広大で、一人の言説など一瞬の瞬きにしか過ぎない。それは有っても無くても誰の人生にも影響しはしない。

只々、「運命センサー」で言う、人の心を温かにする自分を心掛けることにしよう。

それが真に人生を幸福に健康に生きる秘訣だと私は思っている。

人との出会い

人生における運とは、「人との出会いだ」と申し上げた。同じ両親の元に生まれ育っても、その後の人との出会いによって人生は変わっていく。それは兄弟姉妹それぞれと、自分の人生を見比べてみれば一目瞭然だ。

人との出会いは、「朱に交われば赤くなる」の例え通り、良い方にも悪い方にも影響される。良し悪しの判断は、この人といると何となく心が明るくなる、この人といると何となく心が沈み込むと言うことが一つのバロメーターだ。これを運命センサーと言う。

但しこの運命センサーと恋愛感情は別物だ。運命センサーと恋愛感情が一致すれば良し、一致しなければ異性関係はどこかで破綻すると思った方が良い。何故か、恋愛感情は本能だが、運命センサーは人の感性だからだ。本能と感性は別物だ。

仏教説話にこんな話がある。

地獄に落ちた男が閻魔さんに愚痴る、「人生三度はチャンスがあると聞いていたが、俺の人生には一度もそんなチャンスなんぞ無かった」と。

閻魔さんは、「そうか、お前はこの地獄に来る途中に、ヨレヨレの動けないお爺さんに会わなかったか、病気で苦しんでいる皺くちゃのお婆さんに会わなかったか、お腹を空かして泣いている子供に会わなかったか？」
「この人たちにお前はすべて知らん顔でやり過ごして来た、実はあの３人は仏様が演じた姿だ、あれがお前の三度のチャンスだったのだ」と。

大切なことは、人の見目姿や立場で人物を判断してはならないと言うことだ。何の価値もなく何の力もないと思われる人こそが、実は・・・。

人との出会いで良い運を貰えると言うことだが、ご自分も出会った人に良い運を差し上げようと言う心が大切だ。

それは営業の原則「初めにギフト」の精神だ。そう言うギフトには必ずお返しがある。どちらが先に出すか、それはこの原則を知っている人から先に差し出すことだ。そこから人生の運命は変わっていく。

人生のチャンスはチャンスと思われない形で現れる。こんなものが、こんな事が、と思われたことこそが本当の人生のチャンスになるのだと言うことが閻魔さんの寓話だ。
我々は仏様にはなれないが、他を思いやる心は持つ事が出来る。有難うございます、とちょっとしたことにでも感謝する事が出来る。

過去からの視点、未来からの視点

蟻の目、鳥の目と言う言葉がある。足元の小さなものに気付くこと、また高所から大きく周囲を見渡すことだ。一方で、人はいつも今の自分の立位置でものを見ている。この視点を過去の自分から今を検証してみる、或いは未来の自分から今の自分を検証してみると言うのはどうだろうか。

あの幼かった自分、青春時代の自分、社会に出た頃の自分を改めて確認して今の自分を顧みてみる。これで良かったのか、まだ足りていないことがあるのでは、周囲の人々に迷惑を掛けたことは、感謝することがあったのではないか、など様々な過去を検証する。これを禅宗では内観の法と言う。自らの過去の心の内を悉く検証すると言うことだ。

逆に、未来の自分の立場から今の自分を観ると言う逆内観の法と言うものもある。人生の行き着く先は誰でも一か所だ。それは死である。死と言う現実を如何に早く受け入れ、その時から逆算して今を生きる、そしていかに死んでいくかを自らが決めていくことでもある。

死は簡単である。永遠に目覚めない眠りだ。ただし自死はあってはならない。何故か、我が死を悲しむ人は必ずいる。そう言う人がいる限り人は生きる義務があるからだ。不思議なことに、悲しむ人が一人もいないような人は決して自死することはない。そして死を覚悟出来た人は強い。恐れるものが何もないからだ。

十代の後半、社会に出立ての頃、社会のシステムが分からずに怯えていた自分がいた。仏教書や哲学書を読み漁った。恐怖の根源が分かった。死を恐れる自分だった。ある時死は誰もが行き着く先だと理解した。恐怖は吹き飛んだ。怖いものは無くなった。ただ周囲の人を悲しませることだけは怖かった。それはこの年になっても変わらない。

なりたいものに成る

人はなりたいものに成れる。人は思った通りになる、のだからなりたいものに成れる筈だ。医師、弁護士、税理士、弁理士、行政書士、司法書士、には試験に受かれば成れる。小説家でもタレントでも皆なろうと思った人が成っている。

ただ、なりたいものに成るにはコツが必要だ。それは、目的は上にあると見上げるのではなく、目的を下に見てどの様に選ばれるのか、選ぶ人の目線でその目的に必要なものを身に付けることだ。士業であれば過去問を徹底的に研究する。作家やタレントであれば、それを選ぶ人の目線で必要なものを身に付けると言うことだ。

要するに何を勉強し、何を身に付ければ目的のものに成れるかを先回りして考え、決める人の考えを知ることだと思う。会社の役員や役付けになるには、それを決める人の心になって行動や仕事を考えることだと思う。会社を立ち上げるには、仕入先、販売先の利益と、それを買うお客様の心を掴むことが出来れば、すぐに会社は成り立つ。

売ることだけ、儲ける事だけを考えている会社は誰も相手にしないし成り立つ筈はない。自分のことしか考えていない人も相手にされない。そんな会社や人間と付き合いたいと思う人はいない。異性関係も同じだ。愛する人を幸せにして上げたい、豊かにして上げたいと思う心が共に出合った時に、そのカップルは生涯良い関係を保てる。一方的な片思いや利己的な関係は必ず破綻する。

会社に勤めることも、同じだ。社員を幸せにして上げたい、豊かにして上げたいと思う会社と、会社を豊かにしたい、大きくしたいと願う社員の両者が遭って本物の会社になる。

プレゼントを出す、ギフトを差し出す、これは片務的なものでは無くお互いが差し出すものだ。仕事上も私生活でも共に相手を思い遣ること、その極地が「壱壺天（いちこてん）」（注）だと私は思っている。

社員一人一人がなりたいものに成って頂きたいと心から願っている。

（注）「壱壺天」‐中国の後漢書に、ある男が薬売りの老人と共に壺の中に入って別世界の安心を得たという故事。別天地、別世界のこと。

批判と批評

これは比べて判断する、比べて評価すると言うことで、何と比べるかだ。自分の考え、自分の価値観と比べるのが普通だが、ここで以前のヒントで申し上げた歎異抄の「悪人正機説」の考えが大切となる。

「正機」とは、お釈迦様の教えを受ける資格のことで、自ら悪人と言う人こそお釈迦様の教えを受ける資格がある、と言うのが「悪人正機説」である。「善人なおもて往生遂ぐ、況や悪人をや」（善人が浄土に行けるのだから、悪人は当然浄土に行ける）と言うものだ。

善人とは、自分が善人だと思い込んでいる人のことで、これは人間として正しくはない。自分は罪深く善人ではない、悪人だと思っている人こそ実は善人なのだ、と言う教えのことである。

この論理を当てはめると、正しい批判、批評のあり方が分かってくる。自分が正しい、それに照らせば他人は間違っていると思い込むことこそ間違いだ、と言うことだ。

正しい批判、批評とは人間の尊厳を踏み躙る「理不尽、不条理」についてのみ行うことだと言う。人間の尊厳とは、人間らしく生きる権利、生活する権利のことだ。

会社や仲間を批判する場合には、ご自分の考えを基準にするのではなく、人間の尊厳に関わる事象があれば行う、と言う見識を持つこと、これが組織と社員の更なる成長を促し、異次元の人間集団へと進化出来ることなのではないかと、私は思っている。

難しいことではない。仲間に不平や不満を持った時に、まず自らの立ち居振る舞いを自省してみる。その上で、こう言う考え方がありますがいかがでしょうか?と暗に反省を求めることだ。皆さんが悪人正機説を知った今では、殆どのことはそれで解決する筈だ。

ワクチンは経験

ワクチン接種とは、ウィルスに対する免疫機能の事前経験のことだと申し上げた。1700年代後半に英国のエドワード・ジェンナーが牛痘の菌から天然痘のワクチンを作り上げた。その発見の結果からパスツールの狂犬病、コッホの結核菌のワクチンなど、全てのウィルス性伝染病のワクチンが作られるようになったのだ。

電気製品で有名な米国の発明王、かのトーマス・エジソンは、白熱電球、蓄音器、映写機の三大発明を含む1,300種ほどの発明をし、その特許は2,332本にも上ったと言うが、その天才はこのように伝えている。

・天才とは1％の閃きと99％の努力だ。
・失敗など一度もない、上手くいかない1万の方法（経験）を見つけただけだ。
・決して失望はしない、何故ならどんな失敗（経験）も新たな発明、発見の第一歩になるからだ。

エジソンは、ゼネラル・エレクトリック・カンパニーを1892年に創設したが、それが現在の世界的なコングロマリット（巨大複合企業）のGE社だ。

そして彼の発明の中で、最も社会の進歩に貢献したと思われるものは、過去を記録出来る、録音機と映写機だ。

世界の文明は、文字を発明した地域から発生した。なぜなら文字によって過去の人の知恵と経験を記録することが出来るようになって文明が発展したからだ。しかし文字では伝えきれない、技術や方法がある。それを最大漏らさずに記録することが出来るのが、録音機と映写機だ。これによって20世紀は人類史上最高の科学的発展がなされた。

申し上げたいことは、人の経験は大きな知恵に繋がることだと言うことだ。自分の経験は当然だが、他人の経験も学ぶことによって自らのものにも出来る。そして現代の経験だけでなく、時空を超えて百年前、千年前の先人の経験を我が物に出来る。それが歴史を学ぶことでもある。

家族や会社の経験・歴史を次世代に残していくことは、今を生きる我々の義務だ。経験・歴史は人類にとっての知恵と進歩の源である。

経験・歴史を自分のものにする秘訣は、他者を当てにしない自主自立の精神だと私は信じている。

読んだフリと分かったフリ

難しい問題について、難しく書かれた書籍はなぜか内容も本物のように感じてしまうのが、真面目な人の盲点だ。世の中には、「読んだフリ読書」や「分かったフリ解説」と言うものがある。

「読んだフリ読書」とは、分厚く難解な著作を、さわりだけ読んで、全文を読んだフリをしてすべてを分かったように振る舞う人のことだ。また「分かったフリ解説」とは、本当は分かっていないのに、分かったように振る舞って解説する評論家や、学者のことだ。

このようなレベルの人の書いた著作やスピーチは当然全く理解することは出来ない。学者や識者の世界にもかなりいい加減な人もいると言うことだ。

実際に難解な学説や理論だけではなく、表題（タイトル）に釣られて買った本が、一体何を言いたいのか何度読んでも分からないと言うことがよくある。私は自分の理解度が低いからだと長年思い込んでいた。ところが上記の「読んだフリ読書」「分かったフリ解説」と言う言葉を知ってから、分からないのは自分の頭のレベルではなく、書いた人が分かっていないだけだったと知って納得が出来た。

その結果、私の読書力と難解な理論の理解度は深まり、難しいと思っていた理論が良く理解出来るようになった。分からない本は途中で分からないまま打ち切り、同種の他の本に切り替えることにしたからだ。

以上は仕事や実生活でも言えることだ。分かっていないことについてスピーチするのはとても出来ないが、知っていることについてスピーチすることはとても楽なことだ。

健康と研鑽

人として最も大切なことは、やはり日々健康に豊かに生活することだと思っている。そのためには日々何を考えて生活をするかだ。人の本能は放っておけば自堕落で何故か不健康な生活を好むものだ。子供でも教えられなくても悪行はすぐに身に付く。青年の喫煙、深酒、朝の惰眠、などもその悪しき例だ。

以下は私が以前から心掛けて来たことだ。

①食事‥日に2食、腹八分、よく噛む、昼食から夜8時までに食べる、野菜を主として牛豚などの哺乳類の肉はなるべく食べない

②睡眠‥夜の睡眠時間は1時間半単位で7時間半又は6時間、夜中0時前に床につく、昼寝は15分単位と決めている

③運動‥体は使わなければ衰え、使い過ぎれば痛める、ジムでのトレーニングは毎日、呼吸も運動と考える

④清潔‥熱湯洗濯、室内整理整頓、目鼻口耳喉など全ての体の孔の洗浄

⑤研鑽‥なりたいものになる為の訓練を研鑽と言う、毛筆と英語の研鑽、各種専門書の読破

会社のため家族のためになるには、心身ともに健康健全であることが前提だ。我が身をコントロール出来ずして人生をコントロールする事は出来ない。

「六正六邪の家臣」

帝王学の書として有名な「貞観政要」と言う1200年程前の唐の時代の書物がある。
この中に、「六正六邪の家臣」と言う項目がある。6種の正しい家臣と間違った家臣の種類を分類している。

六正の臣

①直臣‥上司にへつらわずに過失を述べて諫める人物
②貞臣‥賄賂を拒否し、公私の節約を常に実行する人物
③智臣‥事の正否を的確に判断して、常に災いを福に変えようとする人物
④忠臣‥上司や同僚を認め常に励まし、自ら火の粉を被って他を守ろうとする人物
⑤良臣‥仁義礼智信の道徳を実行して、上司や友の美点を伸ばそうとする人物
⑥聖臣‥将来の災いを未然に防ぎ、トップを最高の人物にしたいと努力する人物

六邪の臣

①見臣‥何もせずに見ているだけで、ただ給与のためにいるだけの人物
②諛臣ユシン‥上司、トップに阿諛追従して、ゴマをするだけの人物
③姦臣カンシン‥友を妬み、悪意や中傷で陥れ、悪巧みに長ける人物

④讒臣ザンシン：自分の主張を通して、周囲の仲間を巻き込んで他人の批判を続ける人物
⑤賊臣：自分の身を守る為に、命令を曲げて派閥を作り、反対組織を作る人物
⑥亡国の臣：組織の内情を他に漏らし、組織そのものを内部から崩壊させる人物

私は、「六正の臣」については、人はご自分の見識や道徳感でどの立場の臣にもなる事が出来ると思う。それは「志」次第、または自らの「価値観」次第だと思っている。

一方「六邪の臣」については、これはトップの見識次第で、ほとんど正すことは出来ると考えている。何故なら、組織においての不正や不道徳は、自分が「組織から認められていない」、と言う疎外感から始まることが多いからだ。

大悪人はベクトル（目標）を間違えた大善人であり、大善人がベクトル（目標）を間違えれば大悪人になる、と言う親鸞の『悪人正機説（あくにんしょうきせつ）』がある。人は誰でも動機と体験で善悪どちらの側にも落ちる可能性があるのだ。その結果は本人の道徳感と言うことに尽きる。

会社への批判は良い、反対意見も良い。但し我が利益、我が立場のためのものであってはならない。そして心から会社を愛し、仲間や上司の為になる批判でなくてはならない。但し衆を頼んでの批判は直臣にはならない。

毎朝の5つの決意

「一年の計は、元旦にあり」と目標を立てる大切さを言う言葉はある。しかし元旦に作成した目標は、正月明けの7日にはすっかり忘れていると言うのが一般人の現実だろう。

今日の忘れ物はないか、今日の仕事の予定は、今日の仕事の段取りは、と毎朝起きたときに確認することは、誰もが普通にしていることだろう。

それにならって、以下の5項目を毎朝決意する習慣を作ることだ。

①今日も良い工夫を見つけよう
②今日も全力で仕事をしよう
③今日も自分の感情をコントロールしよう
④今日も人の否定的な評価は聞き流そう
⑤今日も自分の叡知と力で立ち向かおう

これが人生に成功するための「毎朝の五つの決意」だ。この決意は、時と共に信念になり、潜在意識へと変化する。

そしてその実行により強靭な精神力が養われる。これは世界のほとんどの成功者が行なっていることだ。

さらに申し上げれば、心の中は自分だけが支配出来る自由な空間だ。それは自らの意思だけで満たすことが出来る世界だ。その心の世界を思う存分活用し、理想の自分を作り上げ、成功者はそれをリアルな世界で実現させていると言える。

日々の仕事を考えてみる

仕事には変えてはならないものと、変えなくてはならないものがあると昔から申し上げている。その線引きを考えてみた。

変えてはならないものとは、創業の精神や取引先に対する商道徳、働く仲間との連帯協調意識など、精神的な心の在り方に尽きると思う。

変えなくてはならないものとは、それ以外の全てのものだ。

周囲に流されていないか、常識に囚われていないか、表面的な形だけにこだわっていないか、流行に巻き込まれていないか、ミスを繰り返していないか、何か大切なことを忘れていないか?

それをどのように解決して行くかが本当の仕事だ。マンネリを打破し、現状を変えて行こうとする精神だ。そのヒントは、この数年の歴史を振り返り、少し先の未来を考えることによって得られる。

昨年の2月にはすでにコロナ騒動が始まり、社会はどうなるのか、会社は、仕事はと誰もが右往左往した。

当社はこの時すでに、青海、大阪、日本橋、神栖、軽井沢など直営店とは、スカイプを導入して毎朝の朝礼は実施されていた。その後夏が終わり、秋に入ってもコロナ禍は収束せず、全体朝礼は1月から開催出来ずに11月となった。

11月に入って販売職の皆さんにスカイプでの任意の朝礼参加を要請し、その後12月7日にスカイプ朝礼への全員参加をお願いした。それはわずか4ヶ月前のことだ。今振り返るとスカイプ朝礼の当社の実施は遅かったくらいだ。しかし、現在では毎朝のスカイプ朝礼はてき面の効果を発揮している。

それは双方向の情報送受信のことであり、また仕事面での具体的な指示の発信のスピード、そして地方担当販売職の時間、費用、疲労などの出張負担も軽減した。

「瓢箪から駒」のような思い掛けない効果ではあったが、今振り返ればリモート朝礼の実施は、コロナ禍が無くても出来た筈なのに、それに事前に気付ける人は誰もいなかった。

商いとはそのように「ちょっとした過去と、ちょっと先の未来」を考えるだけで、大きなヒントを見つけることが出来ると知ることだ。

学ぶこと

ギフテッド (Gifted) と言う言葉がある。IQ 130 以上の特別な学術的な才能を持つ人のことを言う。天才は 180 前後のIQを持つ人だから天才までは行かないが、高知能指数の持ち主のことだ。

またタレンテッド (Talented) と言う言葉もある。同じくIQ 130 以上の特別な芸術的な才能を持つ人のことだ。音楽、技術、美術などの芸術分野に特別な才能を持つことだが、基本的には特殊能力と言う意味でギフテッドと同じ意味だ。

一方で、彼ら天才、ギフテッド、タレンテッドと言えど人は誰でも、「人の一生は物事を学び続ける果てしない旅」だ、と言える。なぜ人は学び続けるのか？

それは楽しいからに他ならない。

それではなぜ学ぶことは楽しいのか？

学ぶとは知恵・知識の領域を広げることだ。人間の脳内の領土を拡張することだ。

領土が増えることは財産が増える事だ。そして脳と心が豊かになる。言ってみれば自分が富豪になるようなものだ。

こんなに楽しいこと、こんなに嬉しいこと、こんなに幸せなことはない。誰にも邪魔されず、だれからも反対もされない、そして誰からも干渉もされない、すべて思いのままだ。これを富豪と言わずして何と言うのか。

彼らの行動定義は3つだ。

①平均以上の行動力
②高い目標達成意欲
③高い未来創造力

これは我々誰もが待っている力だが、そのレベルがやや高いと言うことだ。その力は学ぶことで高めることが出来る。IQ 130 は学ぶ努力によって獲得可能だ。

書を読め、文を書け、心を感動させよ、そして汗を流せ、涙を流せ。そうすれば今ある自分への感謝が湧き出る。感謝は全てのエネルギーになり、学ぶ意欲、生きる意欲が湧き出る。それが人生成功の秘訣だ。

ダイヤモンドの話し

日本で婚約時または結婚式にダイヤモンドの指輪を贈ると言う習慣が根付いたのは戦後のことである。ではなぜ本来西欧のキリスト教国の習慣であった結婚指輪が日本で根付いたのか。

1945年の終戦前後、英国の宝石業者はダイヤモンドが売れずに困っていた。指輪は装飾品であり、腕時計やカメラ、電機製品などの実用品とは違い不況時には売上げは激減する。

販売に苦慮していた中、更に合成ダイヤが開発され天然ダイヤは大幅に値を下げて益々売れなくなっていた。業界を取り仕切っていた英国のデビアス・ダイヤモンド社（創業1888年）は、この苦境を乗り越えようと一つのキャッチコピーを考え出した。

それは、ダイヤモンドの硬さと透明度を恋人同士の「永遠の愛」に結び付けたのだ。

『ダイヤモンドは永遠に』

『究極の愛のメッセージ』

と言うキャッチコピーを考え出したのだ。

さらに日本では「収入の3倍のダイヤを」と価格までPRした。

瞬く間に、欧米の結婚を控えた若者に広まり、戦後の日本でも流行し今ではそれが慣習になった。現在世界のダイヤモンドの販売量は全宝石販売の50％以上を締めていると言う。驚くべきはダイヤモンドと言う宝石は昔から売れていたのではなく、ダイヤモンド会社のこの一言のPRによって瞬く間に世界に広まったと言うことだ。

このストーリーから私は以下のキャッチコピーを考えた。

－結婚式－
『母に贈る永遠の感謝極上の手織絨毯を両家の母に』

「ペルシアでは、結婚を控えた娘は一枚の絨毯を織り上げ、嫁ぐその日に母に捧げて家を出る、一人前になった娘の姿を涙と共に見送る母に。母は全ての子にとって最愛の人なのだ。」

また、「両家には、同サイズ・同柄・色違い、又は房色違いのペアの手織絨毯を贈る」と言うストーリーも有りだ。

結婚式のクライマックスは、両家の母に新郎新婦が花束を贈ることだが、更にその心を永遠のものとして・・・。

世界の哲学者が考えていること

哲学とは何か、英語でフィロソフィー、ギリシア語でフィロソフィア、日本語では「知を愛する」という意味だ。簡単に言えば「科学では解明出来ない事柄、例えば生命とか神とか宇宙、未来のことなど人類が未だ結論を出せない問題について考える学問」だ。

別の言葉では「形而上学」とも言うが、これは人間の五感（視覚、聴覚、触覚、味覚、臭覚）では知ることが出来ない事柄について考える学問と言う意味だ。

この学問は紀元前500年頃に生きたギリシアのソクラテスが始祖と言われる。

そして逆に自然の現象は全て人間の五感によって認識できる（形而下と言う）筈だと言う「唯物歴史観」（唯物史観）という考え方があるが、それも哲学の範疇だ。

そして現代の哲学者が考えている課題は、以下の五つに要約出来る。

①IT革命、AI誕生の行き着く先、その中で人間は如何に生きるのか

②遺伝子組換えの行き着く先、人間の健康への影響はいかなるものか

③資本主義と共産主義の行き着く先、共産主義とは封建主義への祖先帰りであり、資本主義はどうなるのか

④宗教の行き着く先、果たして科学文明の発展する未来に、宗教の存在意義はあるのか

⑤地球の自然環境破壊の行き着く先、人は地球の自然環境を守れるのかなどである。

数学の最高峰である微積分は計数によって将来の予測を数値的にするものと申し上げたが、哲学も将来の事象を論理（言葉）によって予測する学問だ。

未来は、様々な条件設定によってその予測は変化する。その未来変化を如何に正確に推測するかが、哲学者の役割だ。

哲学を「論理による未来予測学」だと解釈すれば、それほど難解な学問ではないことが分かる。

平凡な我々の人生でも、人類の未来について哲学することも必要なことだと思っている。

〈「いま、世界の哲学者が考えていること」岡本祐一朗著、ダイヤモンド社刊を参考にして〉

気遣い

フレンチレストランで、ブルゴーニュワインを注文して「このワイン、デキャンティングして」と言うお客さん、またシャブリワインを注文して「赤にして」と言うお客さん。

普通ブルゴーニュはデキャンティングをしない（テースティングはする）し、シャブリは日本では白ワインしか輸入していない。デキャンティングとはワインをデキャンタに入れ換えて酸化させ味をまろやかにすることだ。

こんな時ソムリエは、「あっ、ブルゴーニュは原則デキャンティングをしないことになっています。そのまま召し上がって頂ければと思います、有難うございます。」

また「あっ、シャブリの赤は日本には輸入されていません、宜しければシャブリ近辺のブドウを使用した赤がございます、いかがでしょうか、有難うございます。」と切り返すそうだ。

身近では年寄り特有の物忘れがある。同じことを繰り返して話す時や、また名刺を同じ人に何度も出してしまうことがある。

「あっ、そのお話は以前お教え頂きました、有難うございました。」

「あっ、以前にお名刺は頂戴いたしました。有難うございます。」と対応する。

この、「あっ、」と言う間をとることと、「有難うございます／有難うございました」と語尾を締めると、思いやりの言葉に転換出来る。心地よくその場が収まる。

是非試して見て欲しい。

また相手の間違いをあからさまに指摘してはならないが、ゴルフなどで空振りをしたりすると、周囲は見ていなかった振りをする人が多い。こんな時は「力みましたね」「顔が上がりましたね」と反応して上げることだ。見ないフリで無視されるよりよっぽどスマートだし、本人も笑ってごまかせる。

日常の些細な人のミスに、素早くスマートに対応出来ることが、その人の人格であり品格になる。ビジネスの場だけでなく、プライベートでも心したいことだ。

知は力なり

16世紀の英国の哲学者フランシス・ベーコン(1561～1626年)は、「知恵は力だ」と言った。
確かに、知恵は他の動物には無い人間だけに与えられた力である。

そしてこのように言っている。
・読むことは人を豊かにする
・話すことは人を機敏にする
・聴くことは人を忍耐強くする
・書くことは人を確かにする

読むことで知恵が付き、話すことで反応が素早くなり、聴くことで忍耐を知り、書くことで頭の中の思考が整理され、きちんと行動の出来る人になれる、と言っているのだ。

この中で特に重要なことは、「書くこと」だろう。読んで聞いてヒントを受けても、すぐに自分の知恵にはならない。

それを自分の言葉で書いてみて、初めて思考が整理されて行動の出来る人になると言うのだ。

人生のヒントを読み、そのヒントをさらに言葉で聞くだけでは本当のヒントにはならない。聞いたことについて、自ら文章にしてみて、初めて内容が腑に落ちる。それが自分の記憶に刻まれて知恵に変わる。

リーバイス501

1848年のサンフランシスコ、今ではシリコンバレーで有名なこの大都市は当時一万人に満たない小さな開拓村だった。

しかしある時、「金が見つかったぞ」「金鉱を見つけたら大金持ちになれる」と、ゴールド・ラッシュが始まった。この村の人口は10年で5万、10万、30万人へと膨らんだ。

ドイツから一人の24歳の若者もこの地にやって来た。彼は金を掘るつもりだったが、採掘場で働く労働者を観察していてある決断をする。金は見つかれば良いが、見つからなければゼロだ、それより彼らが必要なものを売ろうと決断する。

それから170年、彼の始めた小さな会社は今や世界百カ国以上に展開する売上額6兆円、年間生産量30億本に上る世界的企業に成長する。その人の名は「リーバイ・ストラウス」。

彼はゴールドラッシュに殺到する労働者に破れにくいGパンを販売した。この商品は後に「リーバイス501」となりジーンズ業界の大ヒット商品になり、今でもブランドとして他の追随を許さない人気商品だ。

また、ツルハシ(英語でPick-Axe)やシャベル、テント、手袋、ヘルメットなどの鉱山用具を売って財を成した人達も沢山いたと言う。

これは時代の、目に見えるトレンドに飛び付くか、その「トレンドの力」を活用するかで、事業の結果は大きく変える事が出来るという言う事例を申し述べたかった。

ビジネスヒントとは、このように大きなトレンド（流れ）から派生する小さな渦巻のような、人が見落とすような小さなチャンスを見つけることだと思っている。

大岩が大水の時に上流に逆登って行く事実、逆風にも目的地に向かえるヨットの操縦法など、「人の行かぬ道にあり花の山」の格言通りの道を見つけること、それが人生のヒントであり人生の面白さだとつくづく思う。

指導者は必要か

「松下電気が設立されて今日までの50年の過程で、我々は誰からもこう経営しなさい、ああしなさいと教えては貰わなかった。

けれども競争の場で得意先からのいろいろな苦情なり、期待なり、注意を頂いているうちに、いかに経営するべきか、いかに製造するべきかを自らの工夫によって修得し今日の姿がある。

現在、活動しているいかなる会社も、そこにいろいろな工夫と言うものを重ね、会社自らの力によって修得し成長している。そのことを怠り、当を得なければ脱落することになる。これは社員の皆さん個人についても言えることだと私は思う。

会社は社員の皆さんを育てると言うことにだけに集中することは出来ない。職場と仕事を割り当て、そして使命を伝える。その範囲において皆さんがいかに使命を成すかを考えなくてはならない。そしてその職場には、適切な指導者がいなくてはならないのだが、そうでない場合が多いと私は思う。

その時どうするか?上手く自分を育ててくれる指導者がいれば苦労はないが、私はむしろそう言う適切な指導者がいない場所にこそ、自ら工夫改善をしてやっていくことが出来る場所となり、本当の修練が出来ると思っている。

すなわち適切な指導者がいれば良し、いなければそれもまた良し。自ら工夫改善してやっていくことこそ本当の仕事なのだ。」

＜松下幸之助著　PHP 研究所刊「人生と仕事について知っておいて欲しいこと」より抜粋＞

発想の転換

「楽しいから笑うのではない、笑うから楽しくなるのだ」「悲しいから泣くのではない、泣くから悲しくなるのだ」と言う「抹消起源説」と言う常識の逆説がある。1880年代米国の心理学者ジェームズ・Wとデンマークの心理学者ランゲ・Cの2人の名前を取ってこれを「ジェームズ・ランド説」と言う。

またついでに「恋の吊り橋理論」と言うものもある。カナダの心理学者ダットンとアロンによって1974年に唱えられた。異性の感情は、普通は「この人は」と、「ときめいた時」に心臓はドキドキする。異性2人で吊り橋を渡って、その吊り橋が揺れてドキドキすると、そのドキドキがときめきのドキドキとお互いに勘違いして、相手を好きになると言う理論だ。これは眉唾だが、人間関係はそんな不思議でいい加減なものなのかも知れない。

お客さんと販売員の関係もそんなものだろう。

販売員が、売れない百貨店だ、お客の来ない売場だ、貧乏人ばかりだ、手織絨毯など売れる店ではない、などと思っている売場の販売員は、決して予算を達成する事は出来ない。売れないことを前提に考えているからだが、これでは売れない。

一般には百貨店とはどの地域でも、スーパー、路面店、専門店とは違って、一段高いレベルの高級店だと言う思い込みはある。食料品や日用品は近所のスーパーで済ませても、一生ものやブランド品はスーパーや路面店で買おうとは思わない。

その心理を知れば、対応の仕方はある。

お金持ちが来た、
・お金持ちは綺麗な格好では来ない、普通の格好で来るのが本物だ。
・お金持ちは欲しいから買うのではない、感動するものがあれば買うのだ。
・お金持ちは安いから買うのではない、夢のあるものがあれば買うのだ。
・お金待ちは、安いね良いねとは言わない、高いね似合わないねと言う。
・お金持ちは、値引きはしなくても良いと言う振りをする、でも言わなくても値引きをしてくれると
ちょっと嬉しくなる。


その心の波動が、お客様に伝播し、「人が少ないからじっくり品選びが出来る」「だれも来ない売場だからコロナの心配はない」「売れずに困っている筈だから安くなる」と思う筈だ。

販売員は「お客は1人で良し、2人で行幸、3人で最高、4人で奇跡」と思ったら毎日が楽しくなる。お客が来ないことが楽しくなるし、来るお客が皆大金持ちに見える。

そう考えれば、売れない売場など一つも無い。人間の生活も仕事も心一つだ、全てが宝の山だ。

売り込むものは何か

ある町のショッピングセンターで、元から有ったA社店舗の近くにC社の絨毯ショップがオープンした。A社とC社は当然売上競争に走る。販売力も店舗の利便さも大きな差はない。しかし1年後には、C社の売上がA社の6倍になった。

A社は個人営業の店で、家族総出で必死に防戦に出て、強引な姿勢で売込みに出た。ところがC社の社長は、販売員に「商品より会社を売り込め」と毎日檄を飛ばした。

店舗に入ったお客様に

「初めてのご来店ですね?では店内のご案内をさせて頂きます」と、店内に入りながら商品案内の前に、店のコンセプトから始まり、会社の考え、他店と違う点、直輸入のシステム、絨毯についての知識、知識の豊富な店で買う利点・・・、などを質問も交えながら説明し、決して無理売りしない姿勢で臨んだ。

これが実はブランドを作る「ブランディング」と言う営業手法だ。

それから一年の歳月が経った。C社の売上は6倍を記録した。A社の売店は売上不振で撤退が決まった。

この事例は、私の作り話ではなく米国の地方都市のショッピングセンターでの家具屋同士の実話だ。

学問とは

学ぶとは、難しいことを解くことではない。また長い時間机に向かっていることでもない。学校での勉強とは「集中する訓練」だ。15分間刻みで書物を集中して読み、その内容を覚えていく訓練だ。集中出来ると、読んだ内容や聞いた言葉が腑に落ちる。本物の記憶になるのだ。

そして、成績の良い者は、回答だけを考えるのではなく、解答から遡って「問題そのもの」を考える。キーポイントが分かれば、それを答えとする問題を作ることは容易に出来る。学問とは「問いを学ぶ」すなわち「疑問を解明する」ことだから。

そして社会人になってからの勉強は、疑問を解明する本当の勉強だ。それは「何故だ?」と言う問いから始まる。どうしてそうなるのかと言う疑問を解くこと、それが知恵ある人の人生そのものであり、そしてそれが真の学問だ。

申し上げたいことは、学問は生涯重ねることだ。いくら歳を重ねても「何故?」と言う疑問はいくらでも出てくる。そして自分の人生では、いつも自分が主人公なのだから、何事も自分が知らなければならないと言うことに気付かなければならない。

人との会話

人との会話中に相手の心を読む方法は、対面している相手の表情と同じ表情を自らすることによって、相手の気持ちを同機することが出来ると申し上げた。そしてその気持ちを読むだけではなく、その対話時に自らが如何に対応するべきかを考えた。

・「話のうまい人」とは、一方通行の話し手ではなく、「聞き上手な人」のことだ。話すのは相手が7割、こちらが3割で、人は自分の言い分を多く聞いてくれたと感じて、その人に好印象を抱く。相手の「話のキーワード」を上手にすくい上げ、相手に多くを発言させる人は自分に「安心」を与えてくれる人だからだ。

・「ウィンザー効果」と呼ばれるものがある。「○○さんが、あなたのことを大変信頼出来る人と評価していましたよ」などと他人の口を借りて褒めることだ。伝聞で告げられると、お世辞やゴマスリに聞こえずに信憑性が増すものだ。相手は評価してくれた人にも、それを伝えてくれた人にも好感を持つようになる。

・男性が好む「褒め言葉」

「男らしい」「頼もしい」「たくましい」「堂々としている」「色々ご存知ですね」「勉強になります」「さ

すがですね」「ご立派です」「お人柄ですね」など

・女性が好む「褒め言葉」
「品がありますね」「華があります」「○○が似合っています」「笑顔がさわやかです」「素敵な○○ですね」「素晴らしい感性ですね」「オシャレですね」など

・「お世辞返し」
お世辞とは「ウソの褒め」のことだが、ウソでも人を嬉しくさせるのだから、使わない手はない。お世辞を言われたら「そんなことはない」などと否定するのは野暮だ。「有難うございます」と相手を肯定し「○○さんこそ、○○でしょう」と言うのが「お世辞返し」だ。その方が相手の言葉への否定も失礼もなくて、お互いがスマートに感ずる。

・「感謝の言葉」は一言で良い人になる
感謝されることは自分が肯定され、存在が認められたことで安心し、好感が芽生え相手を良い人だと認識する。

また簡単なことにでも「有難う」と短く伝えるだけで好印象が得られる。何の利益もないと思われる百貨店の掃除のおじさんやおばさんにでも、「ご苦労様」「有難うございます」、と声掛けするだけで、彼らは必ずファンになってくれる。

・「他人の欠点」はすぐに目に着くのに、長所はなぜ気付けないのか？
他の欠点は、時として自分に「脅威」をもたらす危険なものかも知れないし、また他人の弱点は、時としてその相手を攻撃する時に役立つものかも知れないと瞬時に悟るのが動物の本能だ。だから相手の欠点弱点はすぐに見つけられる。逆に相手の長所は自分が不利になるものなので、知りたくないと言う心理が働くと言う。動物の本能というものは正直なものだ。しかし人間はそうであってはならない。

今回は、対面販売の場でのお客様の気持ちや、取引先との交渉時や、会社内での良い人間関係を築くための例を上げてみた。まだまだ沢山あると思うが、皆さんには必要なことだと思えたものを活用して貰えば良いと思っている。

色彩を考える

無色の光が実は色光線の束であり、虹の色は7色で成り立っていることを科学的に解明したのはかの万有引力で有名な英国の物理学者であるアイザック・ニュートンだ。太陽光をプリズムにより屈折させて可視光線7色を特定した。

虹（可視光線）の7色とは、外から内に向かって「赤・橙・黄・緑・青・藍・紫」の順だ。〈この色の覚え方は「セキ・トウ・オウ・リョク、セイ・ラン・シ」と言葉にする〉

元々色は、三原色3色を混ぜ合わせて全ての色は作られる。光の三原色とは、赤・黄・青だ。この3色すべてを混ぜると透明の光線になる。一方、顔料や塗料やインクの三原色は、赤・緑・青だ。この3色すべてを混ぜると黒になる。またカラー印刷に使うインクは、マゼンタ（赤・青→紫）、シアン（青・緑→藍）、イエロー（赤・緑→黄）とブラック（黒→灰）の4種で、すべての色味を創り出せる。

ただ人間が見分けられる色味は約200色だと言われている。また色彩は目で感ずるだけではなく、目を閉じていても、人間の皮膚を通じて身体に様々な影響を与えていることが、最近の研究で分かってきた。それは前回のヒントで述べた量子論にも通ずることだが、光子は量子の一種であり、粒または波長として人間の目だけではなく肌でも受信しているからだ。

それにより室内空間の色調は、人の「時間」と「空間」と「温度」の感覚を変えてしまうことも最近の研究で分かってきた。

従って、部屋の壁紙・カーテンや床材・絨毯など、目に入る面積の比較的に大きなものを選択する時には、部屋の用途によって暖色系か寒色系かの色合を考える必要があると言う。

①時間感覚の錯覚‥暖色系の部屋では経過時間が長く感じられる。1時間経ったかなと時計を見ると30分しか経っていないことがあり、寒色系では逆に1時間経ったかなと思ったが、すでに2時間経っていたというように時間を短く感じる。これは会議室の室礼に応用出来る。

②空間感覚の錯覚‥色には前方に飛び出して見える進出色と、後方に下がって見える後退色がある。進出色とは膨張色のことで赤・橙・黄の暖色系で、部屋は小さく見える。後退色とは収縮色のことで青・緑・紫の寒色系で、逆に部屋は大きく見える。

③体感温度の錯覚‥言うまでもなく、暖色系は暖かく、寒色系は寒く感ずる訳だが、東・南向きの温かな部屋には、青色系の涼し気な色合で中和出来るし、西・北向きの涼しい部屋には、赤色系の温かな色合で中和することが出来ると言うことだ。

天の時・地の利・人の和

・天の時とは、社会現象や自然現象などの人の意思を超えた状況で行動するタイミングのことだ。今回のコロナ騒動の社会の激動がまさにその一例だ。

・地の利とは、天の時の起きる寸前の彼我の立ち位置、すなわち人の配置や拠点の有る無しの偶然の有利さのことだ。どこに拠点があってそれがどのように有利に働くかと言うことだ。

・人の和とは、仲間の人間関係や取引先との関係ほぼ全てが自分に有利な状況にあることだ。関係者が一丸となって目的に向かって行ける状況にあることと言える。

人の行いの成功はこの三つ「天地人」が揃った時にのみ達成されると言う。しかしこの天・地・人の三才を単なる自然現象とか運とか偶然で見てはならない。この3つが揃う大もとは人の意思があると言うことだ。3つが揃ってから行動するのではなく、行動するタイミングがいつ来ても良いように準備しておくと言うことだ。

当社が業界1位の座につくには、努力だけでなく、我々の意思がなければ絶対に成れない。また業界1位になったとしても、それが永続しなければ意味がない。いかに永続させるかも意思の力だ。

お客様と取引先から有って欲しい、有って良かったと思われる会社でなければならない。当社はそう言う企業を目指してここまで来た。99メートルの崖で手を離せば0メートル地点に落ちて0点となる、99点はないと言うことだ。100メートル以上登りきってやっと合格点だ。0点か100点以上か、必要か必要でないかそれが企業の評価だ。

以前のヒントに書いた業界で消えていった企業は、99点までで留まったが故に不要となって消えていったのだ。

皆さん全員がその微妙なニュアンスに気付いて頂きたい。最後の1点とは何かを考えて欲しいと思う。

商品力・販売力・営業力

商品力とは、従来の商品に新しい要素・工夫を加えることだと思う。デザインを変える、色彩を変える、素材を変える、サイズを変える、品名を変える、など様々な方法があると思う。業界があっと思うような斬新な商品を出すことが商品力だ。

先日ラジオを聴いていたら、シリカゲルと言う乾燥剤を練り込んだ繊維で作った敷布・掛布をPRしていた。ダニやカビを排除し、汗も乾きやすく、洗濯しても直ぐに乾くというものだ。製糸会社の工夫・改善の結果だろう。いずれ絨毯にも応用されるかも知れない。

そして販売力は、手本が無くては何も始まらない。とにかく先輩社員や他社販売員のトークを参考にすることだ。そして、当社発行の書籍の前書・後書を読んで絨毯知識を身に付け、また市販の対面セールス等の手引書も読み込んで自分のカタチを作ることだ。

最後に営業力だが、これは個人の人間力に他ならない。真似のしようもないぶっつけ本番だ。いかに取引先や新規店の役職者や担当者に好感を持ってもらえるかだ。いくら良い企画書を持っていっても、こちら側の印象次第と言うこともあり、仮に印象が良ければ企画書を好意的に書き直す指示を出してくれるものだ。

常に、工夫・改善だ、試行錯誤だ、そして自分の真の力量が見えた時、販売と営業がいかに楽しく、面白いかが分かる。そうなれば体力のある限り、何歳になっても定年はなくなる。周囲からも重宝され期待される。仕事を楽しもう、豊かさを満喫しよう、そして人生を謳歌しよう。

歴史を知ると何が見えるか

国家、会社、個人にはすべて歴史があり、その歴史から行いと結果が分かる。それを更に読み込めば、当時の人がどのような思いで行動し、どのような結果を目指したのかが見える。

このような視点で見れば、良い結果であれ悪い結果であれ歴史には成功のヒントが散りばめられている。会社などは老舗であっても三代百年と言われている。当社は今丁度その半分に差し掛かり、大きな転機を迎えようとしている。大切なことは、我が会社はどこに向かっているのか、何を目指しているのかを、常に羅針盤を見るように認識し続けなくてはならないことだ。

三越は百五十年以上前の明治維新と言う新国家の樹立に当たり、それまでに商いで蓄えた三十万両と言う大金を維新側に軍用金として供出した。（今の貨幣に換算すれば三百億円程だろうと推測する）

国家あっての企業であり、国家あっての商いだと言う武士の信念を貫いたのだ。維新側が負ければ全てを失うことになるのに信念を貫き通し、その後は太平洋戦争の壊滅的な破壊すら乗り越えて、戦後も小売業界の雄として君臨した。

しかし、この様な歴史を知らぬ戦後生まれの経営陣はいとも簡単に伊勢丹の軍門に降った。日本の小売業の手本と言われた三越なら、どこの銀行でも資金を提供した筈なのに、当時のメーンバンクの三井銀行が自らの生き残りの為に三越に融資を渋った結果だった。

量販店や専門店やコンビニ店が流行り始まったのはわずか50年前だ。それに連動して百貨店業界が不振となっていった。百貨店が見栄を張ることなく、それらに参入することはいとも簡単だった筈だ。当時ほとんどの著名メーカーや卸売業は百貨店との取引があったからだ。しかし、百貨店は過去の繁栄の呪縛から逃れられずに今も衰退し続けている。

文化催事や美術品展などと、私企業が担うべきでないような分野にまで集客と称して開催し、本来の役割を逸脱した結果だと私は思う。百貨店の役割はあくまで、衣・食・住商品の提供だ。地下の食品売場は、即日スーパーの食品売場を凌げる品揃えが出来る筈だ。衣類は得意分野だ。生活用品はさらにお手の物だろう。ただし「良いものを安価に」を忘れてしまっている。

翻って我ら絨毯業界を見てみると、このわずか50年間の変化は百貨店の比ではない。四分の3の業者が消えていった。まさに絶滅危惧種だ。絨毯と言う床材用具としての機能はこれからも無くなることはないが、しかし高額絨毯所有は、かつての高級自動車所有のようなステータス観は無くなりつつある。

レーヨンであっても機械織りであっても、デザイン性と機能性に優れていれば、高価な絹や手織の絨毯の必要性はない、と言うのが次世代の絨毯観だ。衣服も同様で高額衣料が全く売れなくなり、ご存知の通りアパレル業界は今壊滅的な状況に陥っている。

時代を見抜くには過去から学ぶしかない、だからと言って全てが歴史通りになるわけではない。ここに経営者の見識と歴史観がものを言うことになる。

最終目標と一里塚

人生の旅は百年になりつつある。縄文弥生の狩猟時代は15歳で成人して子を作り30歳で人生は終わった。現代日本の女性は88歳、男性は82歳が平均寿命だ。百歳まで生きてももう珍しい時代ではない。

旅の目的はある場所に行って、何かの体験や用事をすることだ。旅の途中には様々な見聞があり体験がある。そして昔の街道には一里(3.927㎞)ごとに一里塚という塚の上に距離の目安として石の標識が立っていた。昔の人は時速6㎞で歩いたそうだ。軍隊の行軍歩速と同じだ。

目的地に着くまでは、途中の経由地を常に確認して歩かなければならない。人生も同じだ。一足飛びに最終目的地には行けない。一里塚の如く次の目標を目指して進んで行く。歩んで行くうちに最終目標は変わることもある。また寄り道もあるだろう。

それでも最終の目的地、終焉の地に向かって歩いていくのが人生だ。このように考えると、人間の営みの虚しさをしみじみと感ずるが、人生は有限なるが故に崇高で価値があるのだ。日々の活動や行動がもの凄く貴重な事のように思えてくる。

日々を漫然と生きるのではなく、日々に新たな目標を持ち、そしてそれを達成したなら、また新たな目標を作って進んで行く。90歳になってもそれは可能なことだ。百歳ではもう仙人の境地になるのだろう。

結論は、いくつになっても夢を持ち、目標を掲げ、日々努力を惜しまず、我が家族、我が友、そして社会のためになることは何かを考えて進むことだ。人として生まれ出てきた意味も分かる筈だ。プラス発想の潔い人生には感動がある。そんな人生を共に目指したいと思っている。

祖先供養と中今（なかいま）

神は居るか居ないかは誰も分からない。仏とは人が死んだ後、永遠の霊魂になったと信ずることだ。今生きてここに居る自分の命は、初代である祖から一代も途絶えることなく連綿と繋がっていることは誰もが納得する事実だ。

祖先を祀る（まつる）ことは自分の存在を感謝し、自分の命の今あることを認識することに他ならない。その視点で見れば父母は直近の祖先であり、自分はその命を繋ぐ中今の存在であることを忘れてはならない。「中今」とは過去の祖先から未来の子孫へとつながる中間に存在する今の自分のことだ。

人生は誰もが平等に有限の時を持つ。命の終わりがあると言うことだ。だから日々を全力で生きるべきだと私は思う。私生活と仕事を分けて考える人がいるが、仕事に重点を置くべきときと、私生活に重点を置かなければならない時があると知れば、どちらかを優先して考えるものではないと言うことが分かる。

自分が得た知恵や能力は、周囲の人に伝え活用して貰ってこそ価値がある。会社や組織の存在価値はその事だろうと思う。知恵ある者は知恵を出し、力のある者は力を出し合うことが、優秀な組織・会社になっていく理由だと思う。個人一人の力は知れている。

考えよう、発信しよう、そして受け取ろう、優れた知恵と発想を。それが衆知を集め皆が豊かに健康に生きるコツだと思う。

お盆の日に先人を思い、次の時代の後輩の行く末を考え、今自分に出来る最善のことをやり遂げたいと思っている。

共に中今として有意義な人生をやり遂げよう。

価値観とは

発展している組織の大本は、人々が共通の価値観を持っていることだ。家庭も会社も国家も組織であれば皆同じだと思う。家庭では夫と妻と子供が、会社では管理職と従業員が、国家では与党と野党が共通の価値観を持てないと内部対立が生じて組織が機能しなくなる。

今世界では民主国家と全体主義国家の2勢力がせめぎ合い、民主国家では与党と野党が対立する構図となっている。全体主義や独裁国家では反対派は抹殺されるので表面上は現れないが、自由を求める反政府の人たちは少なからずいる。

特に民主国家では、自由と国民の意思による選挙制度が保証されているにもかかわらず、常に何でも反対する反対勢力が存在する。私見ではあるが、社会の在り方に相反する考え方の人の存在は、人生を「自主自立」する人（利他的な人）と、「他者依存」する人（利己的な人）がいるからだと私は考えている。

簡単に例えれば、開拓地を目の前にして、生きる為に如何に自分の力と知恵で切り開いていこうと考える人と、この開拓地は自分がするのではなく誰かが開拓するべきだと考える人がいると言うことだと思っている。人生の当事者になる覚悟を持つか持たないかの違いだと言うことだ。

どちらが良いか悪いかではなく、これらが価値観の違いだと言える。価値観が違えばどれほど議論しても平行線を辿るし、理解し合うのは難しい。これにより反目と対立が生まれる。家族は離別し、会社は分裂か倒産となり、国家は国力を削がれ崩壊する。

ただ、人間は建前と本音を使い分けることが出来るので一見では「自主自立」の人と、「他者依存」の人を見分けることは出来ない。人間は都合に合わせて表面を繕うことが出来るからだ。それではどのように見分けるのか。

日頃の生活の中での言動を観察することで分かる場合がある。自らが愚痴・泣言・言い訳と、他者に対する根拠のない悪口・非難を日頃重ねている人物は「他者依存」の傾向が強い。こう言う人は選挙では自分の立場を決して明らかにせずに、常に不平不満意識の強い政党を支持する。

社会に生きる人間として大切なことは、国を愛し、会社を愛し、家庭を愛することだと思う。愛するが故に意見や批判をすることと、嫌うが故に意見や批判をすることは、同じ意見や批判でも全く違う結果を招く。

価値観の違いとは以上のようなことだと私は考えている。不仲や分断の理由をしっかりと理解すれば、自らの行動に迷いはなくなる。このことは社会人として深く心に刻むべきことだと思っている。

烏合の衆、そして人の心

二人以上の人の集団に必要なものはリーダーだ。野球・サッカー・ラグビーなどの集団スポーツには必ず監督がいる。オーケストラにも指揮者がいる。会社での社長、部長、課長もその集団のリーダーと言う意味で長という名が付いている。

このことは人が集団で行動する時には、リーダーが居なくては統率が取れずに、目的達成が出来ないと言うことだ。「烏合の衆」とはリーダーがいない集団のことだ。

他社の集団行動を見ていると、まさに「烏合の衆」だ。連携行動がない、現場の指揮者がいない、全員の目標が明確でない、一人一人が勝手に動いている。だから当社は彼らから見れば強い組織に見えるし、百貨店から見れば統率の取れた会社だと思ってもらえる。

そして組織にはもう一つ重要なファクターがある。人の心だ。心は言葉を発しなければ他人には通じないと皆が思っているが、人の心は、思いであり、願いであり、信念であり、そして最近ではそれがエネルギーであり、超微粒子が受発信されていると言われ始めている。思いとは光速で飛ぶ超微粒子であり、人の心と心に直接送受信していると言うのだ。

脳波が科学的に測定されるようになり、それなら心の動きも測定出来るだろうとなったのだ。人の感動や愛情などの感情は、相手の心に直接発信され、それにより受信する人は相手に対して微妙な好悪が湧き上がると言うのだ。これが事実なら、他人からの虫の知らせや、自らの第六感と言う閃きの現象を科学的に理解することが出来る。

特にトップや幹部社員の心遣いは大切だ。目に見えない心の波動が、受信能力に優れた社員やお客様には言葉がなくても直接心に発信されると言うことだ。

この考え方は、対取引先や対お客様にも使えることだ。接客前に自らの心から良い波動を発信しておけば、相手は好意を持ってくれる。人は好意を持たれれば好意で返したくなるのが人の気持ちだからだ。

人間にはまだ分からない自然現象は沢山あるが、科学的に理解可能なことは積極的に受け入れるべきだと私は思っている。

それが人生を実り豊かなものにする一つの手段だとも思っている。是非とも日常の行動の参考にして頂きたいことだ。

認める能力

部下として優秀な人は、リーダーになっても優秀な人だ。優秀な人は特に人を認める能力に秀でている。

人を褒める言葉は、「すごい」「さすがだ」「すばらしい」「さわやか」「さいこう」「スマート」などサ行の言葉が多い。

さらに、目上の人や他社の人には「お人柄ですね」「ご立派ですね」「同感です」「仰る通りです」などを使う。

褒められて気分を害する人はいないが、ただ仕事上の意見として、反論しなければならない場合がある。この場合は言葉遣いと言い回しに気を付けることだ。まず相手の意見を肯定し受け入れることだ。

その後に、相手に「違った意見もありますが、発言して宜しいですか？」と確認する。最初の発言者を尊重する気配りが周囲に穏やかな雰囲気をつくり出し、様々な意見が出る切っ掛けになる。また会社と仕事を愛する者だけが、会社と仕事についての意見や反論を述べる権利があると私は思っている。

またリーダーだけでなく社員にとって最も避けなければならないことは、自分の思い込みだ。独り善がりのことだ。自分が正しいと考えた事であっても是々非々の見方は必要だ。また誤謬は誰にでもある。リーダーは自分の意見を押し通すことではなく、部下全員を納得させ共に目的に向かわせることが一番の仕事だ。

一度自分以外の立場になって考えて見る。同僚・部下の立場、上司・経営の立場、販売先・仕入先の立場、そしてお客さんの立場だ。このことは当たり前のように思っているが、意外と自分の立場でしか考えていないのが凡夫の悲しさだ。

以前にも記したが、自分を外から客観的に見えているもう一人の自分を作っておくことだ。それが独り善がりの自分に気付ける方法だ。

事業継続のヒント

老舗企業倒産の理由を見てみると、時代の流れについていけなくなったからだと言うのが大半だ。では時代の流れとは何か。それは生活様式や社会の風潮の変化だ。時代によって変えなければならない事と、変えてはならない事を見抜けずに時代感覚がズレて行くことだ。この時代の変化は徐々に時間をかけて変わる場合と、ある時突然に変わる場合がある。

逆に、継続する老舗企業は、まず扱い商品にこだわらずに新しいモノを取り入れて行く。絨毯屋がその収益を使って、インテリア商品業や外商販売業や農業生産業に進出して企業化するのは間違ってはいない。それらも時代に合わせた変身と言える。

絨毯業を時代の変化の中維持していく秘訣は、絨毯に関連する新柄・色彩・形態・素材・染色・手織のこだわり・産地のこだわりなどに関連する新たな知識やストーリーを常に市場に発信し続けることだ。

絨毯の新しい知識やストーリーの発信は、絨毯に新しい生命、新しい魅力を注ぎ続けることになる。常に商品の新しい魅力が発信され続ければ、需要は継続していくことになる。その努力を怠った企業は老舗と言えど消えて無くなる。

大切なことは、次世代の若者が何に魅力を感じ、どのような価値観を持つのかを常に受信し、その流行と不易を見抜いていくことだ。それが出来るのはベテラン社員の経験と若い社員の感性を共に受け入れられる組織である事が必要だ。

今から50年前の団塊世代の夢は自家用車とマイホームの所有であった。今の若者はそんなものは夢にならない。またファッションについても我々の時代は流行のまま同じような格好をするのが常識だったが、今はそんな若者はいない。流行は毎年変わる。そして若者言葉は今の大人には理解不能になっている。

しかし、友人関係や男女の恋愛感情、組織内のモラルや家族関係などの人間の基本的感情やモラルは変わることはない。これは絶対に変わらないものの一つだと思う。このように社会には変えてはならないものと、変えても良いもの、変えなくてはならないものの3つがあるのだ。

我々は、過去から学び、未来を見据え、今を最善に生きる知恵を持ちたいと思う。そのためには、個人の多様性を尊重すると共に、組織の一体化による集団の持つ力をさらに磨き上げていくべきだと思っている。

磐石の経営

成功している会社には共通する３つの原則がある。

①社員間に自由平等、公平の認識がある

②社員間に自立共助の自覚がある

③経営者に合理的な思考、決断力と、公私混同をしない見識がある

これは社員と経営者の心のあり方を伝えている。人間関係において理不尽・不条理は誰にとっても不愉快で、そんなことが当たり前の組織で長く勤務しようとは誰も思わない。

私が19歳から26歳まで勤務した会社は、乳製品卸会社、商品仲買商社、その子会社の出版社、果物輸入会社、そして中国緞通輸入商社だ。50年経たずしてどの会社も消えて無くなってしまった。働く人への心の原則が無かったからだ。

思い起こせば、50年近く理想の会社作りを夢見て、追い続けて来られたことは有難い事だったと思う。振り返ればそれに賛同して昔も今も懸命に努力している社員の皆さんのお陰だと心から思っている。「利益は人に付いてくる」と言う言葉があるが、そのことを社員の皆さんを見ていてひしひしと感じる。

そして当社の目指す経営の特徴を改めて確認しておく。

①手形支払いでなく、すべて現金払い

②隠れ負債である社員退職金は前払として、未来に負債を残さない

③隠れ資産である委託仕入は信用のあかしだが、それだけに頼ってはならない

④商品開発と販売先選択は常に怠ってはならない

⑤学歴や年齢にこだわらない実力本位の人事を心掛けて、当社に平社員は要らないと言う考えを貫く

(注)現在の社員規定

〈3ヶ月から3年の試用期間が過ぎたら皆主任に就任する。65歳の年金受給までは皆現役、それ以降は参与、顧問、相談役として、健康であり働く意思さえあれば定年は無い〉

このように、過去と現在を検証し、次なる将来に社長を中心とした強固な組織を作り上げる意思を、会社全体で共有して頂きたい。

この組織がいずれ社会や国家に大きく寄与出来ることを最終目標として、全員が突き進んで頂きたいと願っている。

人の出発点

人の記憶は3歳からと言われている。日本古来の言い伝えでは、3歳前に死亡した子供には戒名は付けなかったと言う。3歳の誕生日前後に人としての魂が宿り、七五三で3歳は男女ともに人になったお祝いだった。その後男の子は5歳、女の子は7歳に改めて完全な人となったお祝いをする。(本当は男女の年齢は逆ではないかと私は思うが)

人の魂とは何か。辞書には「人間の性格を決定づける感情と行動の基本原理」とある。要するに魂とは心の架空の器である。記憶する、考えると言う心の作用を育み、3歳となった幼児に芽生えると言うのだ。「三つ子の魂、百までも」と言う諺もあるように、その魂すなわち心の器は生涯変わらないと言うことだ。

人としての行動と言動の出発点は心だ。心の持ち方如何(いかん)で自分の人生はすべて変わる。健康、仕事、財産、勉強のすべては人任せにしてはならない。自ら考え、工夫し、改善して、行動するべきだ。人任せの悪い点は、良ければ自分の力、悪ければ他人の責任にしてしまうことだ。

「すべての結果責任は我に有り」と言う気概が大切だ。成功すれば周囲のお陰であり祖先の余徳だ。失敗すれば我が不徳の致すところ、すべて自分の責任とすることだ。

以上のことは、リーダーにも部下にも言えること、すなわち誰もが「責任は我に有り」と考えるなら、その個人も組織も間違いなく一流になる。我が心のあり方こそすべての成功の基本だ。悔いることも悩むことも無くなる。正々堂々と問題と課題に挑むことが出来るようになる。

事業拡大と永続の秘訣

セブンイレブンは1969年にイトーヨーカドーの子会社として設立された。富士通は1935年に富士電機の電話部門の子会社として設立された。
電通は1901年に時事通信社が子会社日本広告社を設立し、戦後1955年にこれを電通と改名して以後、親会社を凌ぐ大企業にのし上がった。

彼らは、それぞれに日本を代表するコンビニ会社、コンピューター会社、広告会社として、親会社の人材、取引先、商材の一切を利用して業界一位となり大会社に上り詰めた。
彼らに共通するのは、何もないところから始めたのではなく、例えて言えば小さく流れる小川の流れを、工夫改善の力によって大河の流れに変えていったと言うことだ。

また、これらの創業者の考えを要約すれば
・時代が要求する、今までに無い新たな事業領域を子会社に託した
・親会社では出来なかった「顧客の願望を叶える事業」を見つけて特化した
すなわち時代の流れを読んで親会社と取引会社の顧客の「願望を叶える事業」に取り組んだことが成功の秘訣だ。

絨毯屋が絨毯を単に仕入れて販売するビジネスモデルはいずれ限界が来るように思う。しかし絨毯に生活の夢や豊かさへの憧れ、使用感の満足と言うお客さんの願望を満たしていく絨毯ストーリーがあれば、世代を超えて使われ続ける筈だ。

そして大切なことは、この絨毯業のノウハウをベースにした新たな顧客願望ビジネスを手掛けることだと思う。何度も言うがそれが千代田商会・千代田ラグス・千代田アグリサービス・千代田運輸と言う子会社設立の理由だ。

何も無い無人の荒野にビルを建てるのは困難だが、作り掛けた土台と材料と経験が有れば、工夫改善次第でビルを完成させることは出来る。大志ある社員は行動あるのみだ。そしてその人材を発掘し育て上げるのが役員・幹部の使命だ。

衰退の理由

1960年代、アメリカではそれまで一時代を築き上げて来た鉄道会社が衰退を始めた。当時のアメリカでは近代産業が発展し、自動車や飛行機などの移動手段や、電話までもが急激に普及し始めた。

誰もが、鉄道会社が衰退していくのは時代の流れであり当然だと考えた。自動車が普及して鉄道に乗らなくなった、飛行機の方が早いので鉄道を使わなくなった、電話で済ませられるのでそもそも移動せずに用が足せるようになった、だから鉄道は衰退するのが当然だ、と思った。

そもそも鉄道は「遠いところに居る誰かに、会いたい」と言う人々の願望を叶える手段だった。鉄道会社は、言わば当時の人々の願望を叶える事業だったのだ。しかし、現実には「自分たち鉄道会社は、ビジネスとして単に鉄道を提供することだ」と考えて、鉄道事業に固執してしまった。

もし彼ら鉄道会社が「我々の役割は顧客の願望を叶える事業だ」と考えていたら、自動車や飛行機や電話を使った事業にも進出し、発展していた筈だ。

もしあなたの会社の仕事は何か、と問われたら私たちは何と答えるか。絨毯を売っています、百貨店に卸しています、絨毯を輸入していますと答えたなら、そこで進歩は終わってしまうだろう。

我々の仕事は百貨店を通して、お客様の願望を叶える事業をしているのだ。絨毯を買いにシルクロードに、ましてペルシアにまで絨毯を買いに行ける人はいないし、買い付ける方法すら知る人はいないだろう。また世界の絨毯事情や価格の相場を知っている人もいないだろう。

そして百貨店が我々に望むことは、百貨店問屋と言う黒子である我々が、彼らの顧客の願望を叶える手伝いをすることだろう。

そしてさらに言えば、我が国の人々は今何を願望しているかを考えることだ。農業の衰退を正し、自給率を高め、健康に良い農産物の確保などがあるだろう。

そう考えたら、当社の目指そうとしているこれからの道が理解出来ると思う。社会や国家のためにたった1社でも挑戦していくこと、これが本物の大志だと思う。

前回のヒントの「大志を抱け」でお伝えした「Boys, be ambitious」だが、本当はその後に「・・like this old man.」と続くそうだ。すなわち「Boys, be ambitious like this old man」と。「少年達よ大志を抱け、年老いたこの男達のように・・・」

能動と受動

能動とは自らの意思で行動すること、受動とは受身のことで他者からの指示で行動することだ。人生で重要なことは、常に自らの意思で行動することだ。

誰がするのか(who)?
なぜするのか(why)?
どの様にするのか(how)?
何をするのか(what)?
いつするのか(when)?
どこでするのか(where)?
いわゆる、5つのWと1つのHだ。

英国人がかつての大航海時代に世界の七つの海を支配出来たのは、常に自ら明確な理由を細かく具体的に考えて行動して来たからだ。物事をあやふやにせず、自ら考え、自らの責任で、能動的に活動した結果だと思う。

曖昧模糊とした夢や希望は叶うことはない。いつまでに、何を、誰が、どこで、なぜ、どの様にしたいのか、それを明確にして行動することが能動であり、夢や希望を叶える方法なのだ。

人間の進歩と文化の歴史は、先人達の夢と希望の実現の歴史でもある。我々は過去と未来を繋ぐ中今としてその責任を果たす義務がある。

当社は小さな業界の小さな部門で、さらに小さな企業ではあるが、「山椒は小粒でも・・」の例えもある。一粒であっても輝くことは出来る。夢と希望と目的を明確にして、一人一人の社員の皆さんが全力でこの使命をやり遂げられることを心より願っている。

連帯意識－寄り添う心

共通の組織そして共通の目的を持つ者にとって一番大切なことは、仲間との連帯意識だ。目的に向かって共に戦っていると言う意識は、挫けそうになった時に心を奮い立たせる力になる。

人生は思った通りにならない事が沢山ある。悲観することも多々有るが、自分だけではなく皆も苦しみ悩みながら頑張っている、と思った時に心はフッと軽くなる。そしてその苦しみが心の肥料になり、人物を磨き、心の器を大きくする。

日本の天皇の本来の役割とは、国民一人一人の「心に寄り添うこと」だと言う。「寄り添う」とは、国民一人一人に物質的な支援や具体的な救援は出来ないが、天皇はあなたの心を支え、助けたいといつも願っていますよ、と言うことだ。

そして、陛下は具体的には日々国家の安寧と国民の幸せを祈念して、質素な生活を心掛けられている。そして災害時には被災者を慰問し、悲しみに打ちひしがれている人々を励まし続けている。このことを思うと我々日本人は幸せな国に生まれついたと思う。

組織の連帯意識も、お互いの仲間の心に寄り添い合うと言う意味で、陛下の心と同じだと思う。具体的な手助けは出来なくても、何かの時は手を差し伸べる思いは持っていると言うことだ。

「一遇を照らすを以て国宝と成す」と言う伝教大師の言葉がある。

小さくても、たかが知れた会社でも、我々の心一つで社会の一隅を輝かすことは出来る。そんな組織が我々の目指す組織だ。

人は何が一番嬉しいか

人には様々な喜びがある。食べる喜び、学ぶ喜び、愛する喜び、欲しいものを手にする喜び、しかしこれらは自分だけが満足する喜びに過ぎない。言ってみれば小さな喜びだ。

人の究極の喜びは「人を喜ばせる」ことだ。中には一人でいること、一人で好きなことをしているのが一番楽しい、と言う人がいるが、楽しいと喜びは異質のものだ。単なる楽しいは自己満足であり、真の大人に成り切っていない人の感情だ。

人の笑顔を見たり人から感謝されたりすることは、集団生活を営む人間にとっての最高の喜びであり、そしてその究極の喜びは感動である。感動は全ての憎悪や悲しみの感情を払拭し、生きる勇気を与えてくれる。

以上のことから我々は学ぶべき事がある。人の行為に喜びや感動を感じた時、その思いを素直に周囲に表明することだ。言わば感動のお返しだ。感動の増幅はお互いに、更に大きな幸福感を与えることが出来る。

何気ない一言、気遣い、思い遣りが、その人の人生を変えることもある。その感受性こそが神性とも言える人間に与えられた最上の能力だ。一粒の存在でも、共に光輝く一粒になろうではありませんか。

自業自得論

2004年に公開されたドイツ・イタリア・オーストリア共同制作「ヒトラー最期の12日間」と言う映画がある。ドイツ敗戦までの12日間を描いた作品だ。

ソ連軍に包囲されつつあったベルリン市民を戦場外に脱出させようとするドイツ軍司令官とナチスの最高指揮官であるゲッペルスとの対話の場面だ。

ドイツの司令官は、「武器も経験もない市民は戦っても犬死にしかない、今のうちに市民を脱出させるべきだ・・・」

それに対して、ゲッペルスは「彼らに同情など必要ない、彼らが選んだ運命だ、驚くかも知れないが、我々はこの戦争を国民に強制はしてはいない、彼らが選挙で我々ナチスに政治を委ねた結果だ、この結果は自業自得だろう」と言い放つ。

自業自得だと言い放つゲッペルスは、とんでもない人間だと誰しもが思う。しかし1933年ドイツが国際連盟脱退の是非を国民投票に委ね、ドイツ国民はナチス政党が世界の覇権を握ると言う選挙公約を受け入れて、選挙と言う民主的手法で選択したことは事実であった。国民の意思によって国家と国民の破綻の道を選んだのだ、とゲッペルスは言ったのだ。

このナチスの自業自得論は、世界覇権に突き進む今の全体主義国家中国の姿と瓜二つだと思う。1989年ソビエト連邦が崩壊し、共産主義はこれで地上から消えてなくなると世界中が安堵した時、中国の人たちは極貧の中にいた。他国はこの国も豊かになれば民主主義の国になると、米国をはじめすべての民主主義国家はそれを信じ、支援し、援助し、技術を移転して豊かになる手伝いをした。その結果、利己的で異形な国家を作り上げてしまった。

しかしこの国の人たちは共産主義と言う独裁国家であったから短時間でこれほど豊かになれたと信じ込んでいる。

実際には、この国の人件費の安さを利用して利益を得ようとした民主主義国家の強欲資本家たちが、この国を利用しようとして、逆に共産党に利用された結果なのだ。しかし彼らは国の発展は自分たちの力だ、共産党の力だとあくまで信じ込んでいるのだ。この結果は明らかだが、彼らはその結末の悲惨さを考えていない。

このように歴史を振り返った時、その時代の人々の思い込みや、知恵に溺れた判断の誤りが、後日の国家や社会を歪め、更なる不幸を招来してしまうことに気付くべきだと思う。

このような自業自得論は身近な我々の生活の中にも起こり得ることだ。人類は知恵あるが故に知恵に溺れる生き物だとつくづく思う。

目先の利益や一時の平和や少数意見に引きずられて決断したことが、いずれ自業自得となって、将来の若者たちを苦しめ、国の危機を招くことになると私は思っている。特に政治家や指導的立場にある者は心しなければならないことだとしみじみ感ずる。

会社においても経営とは、次世代を見据えて今を整える見識を持つことだと、改めて思っている。

自己犠牲

自己犠牲とは自分を犠牲にして他人を救うことだ。自己犠牲を実践した人物を、聖人または偉人と言う。この道徳を実践出来る人間は稀であるが、特別の人でしか実践出来ないと言うことではない。

30年ほど前、ニューヨークのポトマック川に旅客機が墜落して多くの乗客が真冬の川に投げ出された事故があった。空港が直ぐ近くだったので、救難ヘリがすぐに飛び立って何人もの乗客をロープで助け上げて陸地に運んだ。

ヘリからの映像に残っていたのだが、一人の高齢男性がロープを手で掴んだ、助け上げられようとした時、その男性は側に浮いていた女性の手を取ってそのロープを握らせ、早く上げるようにヘリに合図をした。ヘリは飛び立ち、数分後にすぐに元の場所に戻ったのだが、その男性を見つけることが出来なかった。これは映像に残った実話であり感動する話だ。

身動きがほぼ出来ない老人が病院のベッドに寝ていた。毎朝看護士さんが身体を拭き、シーツとカバーを替えに来てくれる。その老人は、毎回ベッドの手すりに掴まって必死に身体を左右に動かそうとするのだった。少しでも看護士さんに重い思いをさせないようにとする心遣いだった。

一歳になるかならない赤ちゃんがいた。その子の母親は盲目だった。赤ちゃんが泣くと母親は手探りで赤ちゃんを抱きしめ、オムツが濡れていると、手探りでオムツを探しオムツ替えをしていた。ある時、赤ちゃんは泣くことなく、オムツを掴んで這いずって母親の手に触らせて、自分のオムツ替えを教えるようになったと言う。この2つも米国での実話だ。

身体の動かなくなった年寄りでも、一歳の這いずり始めた幼子でも、思いやりの心を持って人を助けようとすることが出来るのだ。人間の心はなんと偉大なことだろうか。自分の命を引き換えに人助けをすることは中々出来ないことだろう。しかしほんの少しでも人を助けようとする試みは、例外はあるかも知れないが、人間でしか出来ないことだと思う。

我々はこの偉大な人と言う動物に生まれついた。その自覚を心に留め、自分がこの世に生を受けた意味を少し考えたいと思っている。自分は他の人の為に何が出来るかをだ。

人生の美学

美学とは、簡単に言えば「人からどのように自分が見られることが自分の喜びになるか」と言うことだ。

異性によく見られたいと言う程度は美学ではなく、それは単なる動物の本能に過ぎない。

異性にも同性からも、また先輩からも同輩・後輩からも「いいね」と思われるような所作や雰囲気のことを言う。しかしそれは人それぞれの感性であり個性であるから、こうしなければならない、と言うようなことではない。

私は人として一番大切な美学は「粗にして野だが卑ではない」と言う精神だと思う。

粗とは、粗末のことだが質素の素でもある。「質素」とは自分には使わずに他人の為には使うことだ。

ちなみに、「ケチ」とは自分には使うが他人には使わないこと、「吝嗇（りんしょく）」とは自分にも他人にも使わないケチの極地のことだ。「使わない」とはお金だけではなく思い遣りや気遣いのことも言う。

野とは野蛮のことで、礼儀作法を知らないことだ。食事の作法、お茶の作法、接待の作法やお見送りの作法、文章や会話の作法などもある。これらの作法の全てに通ずることは誰も出来ない。どうしたら良いか？

知ったかぶりをしないで、知らないことは素直に「不調法（ぶちょうほう）で、作法を知りません、もし作法があればお教え下さい」とその場で伝えることだ。決して、知らないことは恥ずべきことではないと知ることだ。

知らないことは知らない、出来ないことは出来ない、ないものはない、と見栄を張らずに礼節を持って素直にありのままを伝える、これが最高の美学「卑しくない」ことだと私は思っている。

まだある、お金で買えるものを自慢しない、自分の過去を自慢しない、自分の考えや主義・信念を主張しない、なども「卑しくない」範疇だろう。

美学の究極は、「周囲の誰にでも気を遣い、何の利益にならない人だと思っても無視をしない」ことだと思う。

これらは中々実行出来ないことだが、せめてその気持ちを心の片隅に常に忘れずに置いておくこと、それを美学としたい。私はそう考えている。

経験則と言うこと

コロナ感染者が増え続けている。地方テレビのインタビューに「マスクを付け、消毒液で手洗いもし、当地の繁華街にもほとんど人も歩いていないのになぜ感染者が増えているのでしょうか？」と話している人がいた。

科学的にも医学的にも証明はされていないし、医者も効果は無いと断定していることでも、経験的に効果はあると昔から思われていることは種々ある。それが経験則だ。

例えば梅干しの食欲増進と殺菌効果、生姜の冷え性効果、ニッキ（シナモン）の体温を上げる発汗作用、ハッカ（ペパーミント）の湿布効果などは昔から効果について民間では流布されていたが、医学的に証明されたのは近年のことだ。

ウガイはどうだろうか。当社創業当初、冬になると私はいつも鼻水が出て、風邪の症状で寝込むことがあった。ところがある社員が、絨毯の搬出搬入の後に必ず手を洗いながら大音量でウガイを何度もする姿を見た。君それ何の効果があるのか、と私は尋ねた。

「自分は扁桃腺が弱いので、ホコリの多い所に行った時は必ずウガイをするように親に言われています」とのことだった。

確かに絨毯は、日中の陽射しの下で開梱作業をすると、絨毯に巻き込まれている防虫剤の匂いと共に大量のホコリが立ち昇るのが見える。これは絶対に身体に良くないのは明らかだと気付いた。

それからしばらく私なりに試行錯誤をした結果、丁度良いウガイの回数は三回だと結論付けた。一度にウガイを四回以上してしまうと唾液が流されて消化に差し障り、二回では喉の奥まで洗浄されないと感じたからだ。また一日に行うウガイは何度でも良いことも分かった。

ただし一般にはウガイとはノドを一回ガラガラとすることやウガイ薬ですすぐだけと思われているが、私の言うウガイは「口と喉と鼻の三箇所」の洗浄のことだ。

正式には、まず口を普通に二回すすぎ、次にノドを三度ガラガラと洗浄し、最後に左右の片鼻を指で押さえて、コップから ぬるま湯を鼻が痛くならない程度に吸込み、放出する。これを左右二回ずつして完了だ。これをフルウガイと言っている。

当社に入社した社員に私は最初に会った時に必ずこのフルウガイをすることを伝える。

しかしこのことを聞いて「はい」と返事はするが真剣に実行する人はいない。幼稚園の子供に言うようなことを言って、と言う顔をする。

そして間違いなく冬場で一ヶ月もすると必ず風邪を引いていた。「ウガイしていないね」と聞くと、していませんと答える。それからウガイをするようになり、風邪で休む社員はいなくなった。

以上の予防法はいずれ、医学的に証明する研究者が出てくると思うが、全くお金にならない予防法なので医療関係者は必ず「ウガイは迷信です」と例外なく否定するだろう。

私の言うウガイ予防法は、古来の先人の経験則による予防法だと言うことを知っておいて欲しい。

ニューヨーク靴屋創業ストーリー

1982年にニューヨークで「ケネス・コール」と言う靴屋のブランドが立ち上がった。わずか30年で世界70ヵ国に店舗を持つファッション雑貨ブランドにのし上がった。

アメリカの靴業界では、毎年世界中のバイヤーが集まる展示イベントがニューヨークのヒルトンホテルで開催される。ホテルの展示スペースはもちろん、ホテル周辺には靴メーカーのショールームが常設されている。

ここに来年のトレンドは何かと、世界のバイヤーや著名人、マスコミが集まり、そこで特集が組まれたりニュースになったりすれば、一気に売れ始めるそうだ。

創業者のケネス・コールは、当時実は資金も無い、コネも無い、人脈も無い。当然ショールームも展示スペースも確保することは出来なかった。多くの人はここで諦めるのが普通だが、彼は来年を待つこともしなかった。「自分には選択肢は無かったが、アイデアはあった」と述懐している。

彼は知り合いの運送会社の友人に「実はニューヨークのど真ん中でトレーラーを置いて、商品の宣伝をしたいんだ。トレーラーを一台貸してくれないか？」

友人は「いいよ、でも、ニューヨークのど真ん中に駐車許可を取るなんてとても大変だぞ」と答えた。

ケネスはニューヨーク市に連絡をした。「トレーラーを一台マンハッタンのミッドタウンに駐車したいのだが、どうやって許可を取ればいいいんだ？」

市役所の職員は「トレーラーの駐車は認められません。認められるのは、公共の事業と映画撮影の時だけです」と答えた。

彼は「靴会社の創業」と言う映画を作ることにして、会社名を「ケネス・コール プロダクション」と社名変更までしてしまった。一台のトレーラーの内装を飾り、撮影用のカメラと照明、さらに俳優まで用意して実際に会期中に映画を制作してしまった。

この展示会の期間中、ほとんどのバイヤーとマスコミは連日このトレーラーに群がり、報道合戦の様相だったと言う。一気に「ケネス・コール プロダクション」は一大ブランドとして認知されてしまったと言うことだ。今も靴ブランドから時計、ファッションまで扱うブランドとして君臨しているそうだ。

この逸話は当社のブランド化の大きなヒントになるのではと思っている。

日本人のミニ思考

日本人の発明したミニ商品や縮み文化は沢山ある。

・ステッキ兼用の洋傘を折畳傘に
・室内のステレオをウォークマンに
・大きなコンピューターをパソコンに
・大自然の風景を縮めた日本庭園
・大きな木を縮めた盆栽
・四畳半の茶室
・テーブルの和食を縮めた幕の内弁当
・ご飯を携帯用に縮めたおにぎり
・詩を十七文字に縮めた俳句

など日本人がミニ化したものはまだまだ沢山ある。

この物をミニ化してしまう国民性は日本人特有のものだと言う。なぜ日本人は物をミニ化するのが得意なのかについて、なるほどと思う学説があった。

まず日本の地形の特徴だ。山あい、谷あいに町や村が点在し、さらに大小の河川がある。一方、アジア、ヨーロッパのユーラシア大陸諸国は大平原や砂漠が主で、河川や山脈は国境となり行き来は少なかった。

そのような地形の中、かつて時代を一世風靡したローマ帝国、トルコ帝国、ペルシア帝国、モンゴル帝国などでは騎馬と馬車が発達し、馬や牛やラクダに荷車を引かせる文化が中心となった。

日本では起伏の多い土地を移動するには、人の足で歩く方が大変だったが手っ取り早く合理的であった。

江戸時代の大名行列では足軽と呼ばれる下級武士であり歩兵でもある人たちが、行列の荷物全てを背に担いで歩いていく。

そこには、荷物を運ぶ馬や牛はいないし荷車も無い。大名行列だけではない。当時旅する全ての人は自分の荷物は自分で担ぎ、夜明けから日が暮れるまで歩き続けた。一日の歩行距離は十里から十二里、40㎞から50㎞と言われる。一里は一里塚の間の距離で、3.93㎞のことだ。今でもその間隔で宿場町が有る。

その歩く日本人たちには、ある重要な価値観が生まれていった。「いかに荷物を小さく、軽くするか」であった。余分なものを持たないのは当たり前で、どうしても必要なものでも、1センチでも小さく、1グラムでも軽くしたいと考えていった。

一方でユーラシア大陸の人間は、移動する時には、馬や牛やラクダに荷物を乗せてしまう。彼らには物を小さくしよう、軽くしようとする発想は湧かない。むしろ荷物が大きく重い方がステイタスであった。

日本の起伏の激しい地形を、自ら荷物を背負い、自分の足で長時間歩き続ける人たちにとって、物を小さく軽くしようと言う気持ちに追い込まれていくのは必然だった。それが自らの命や身体を守ることに繋がったからだ。

そして日本人は物を小さく軽くするように競って工夫改善を加えた。

その方法を見つけた者は、人々から絶賛を浴び、一瞬の英雄であった。そしてその縮めたものは、あっと言う間に日本中に広まっていった。

しかし物を小さく縮める方法を見つけた者は、絶賛は浴びてもその名が歴史に残ることはなかった。その知恵は荷物を担ぎ歩く者全員の財産であり、お互いに助け合える沢山の工夫の一つだったからだ。

日本人にとっては、物を縮め、小さくし、軽くすることは、何物にも代え難い価値となっていった。細工し、細かくし、凝縮し、小さく詰め込む。細工しないものは「不細工」と非難し、詰め込まないものは「詰まらないもの」と馬鹿にした。

この日本人の「ミニ志向」は、美意識になり道徳にまでなっていった。ミニロケットやミニ衛星、エコな電気器具、エコな自動車、エコな住宅、エコな生活環境等、未来の人間にとって実はいちばん大切なヒントがそこには隠されている。

我々の21世紀は、地球規模で環境は激変し、エネルギー資源は枯渇していく。この未来社会にはエネルギーを最小にし、資源を節約する工夫改善の構築は不可避なことだ。

日本人は「可愛い」と言っては小さなものを愛する。「かわいい」ものを作るために細工して詰め込み、縮める技術を工夫してきた。この縮める技術こそがエネルギーを最小にして持続可能な社会を実現する有力な方法だ。

21世紀の人間の羅針盤は、この小さなものを愛する日本文化に行き着く。我々はこの日本文化を作ってきた風土と、先人の知恵と努力に心から感謝し、更なる日本人の美学と精神を発展させる責務がある。

全体主義の恐怖

英国人作家ジョージ・オーウェルが1949年に発表した「1984年」と言う小説がある。近未来の全体主義の超監視社会国家の恐怖を描いた大作だ。

日本では翻訳本が2009年に発行され、現在45刷が早川書房から発売されている。72年前にオーウェルがSFとして発表した小説が、現在の全体主義国家の実態を正しく予測していたことに注目が集まっているのだ。

少し重い課題だが、今の日本の現状をどう認識するべきか考えるヒントとしてお伝えする。

それは、国家は全体主義に染まった時、あらゆる手段で国民を監視し洗脳し、それに全く逆らえない状況を作り出してしまうことを詳細に描いたものだ。まだIT技術もない時代に国家が国民一人一人の一挙手一投足を管理する恐怖を描いたものだ。

例えば、国家の統治システムの官庁の役割を以下のように作り上げると言うのだ。

- 真理省：歴史を捏造し、国民を洗脳する部署
- 平和省：計画的に戦争を行うために国民の意識を煽動する部署
- 潤沢省：食物から嗜好品までコントロールして全てを都合良く生産調整する部署

・愛情省‥反抗的な国民を拷問し、殺害し国民を監視する部署

これらの架空の全体主義国家の実情が、男女と数人の登場人物の体験を通しストーリーが語られていくのだが、内容が余りにリアルで、まるで現代と未来の全体主義国家を忠実に描いたのではないかと思われるほどで、背筋が凍るような思いがする。気の弱い人は読まない方が良いかも知れない。

我々は民主主義こそ最良のシステムだと刷り込まれているが、民主主義にも「良い民主主義」と「悪い民主主義」があり、政治を司る全ての人間が、性悪か性善かによって民主主義は善悪どちらにも転ぶ恐れがある。そして「悪い民主主義」の行き着く先はこの「悪い独裁」だ。

さらにこの全体主義国家は「二重思考」と言う、人の脳には納得不可能な理不尽・不条理を強制的に人々に認識させようとする。

「戦争は平和なり」

「自由は隷従なり」

「無知は力なり」

矛盾する2つの項目を、そのまま正しいこととして受け入れさせようと言うのだ。それは矛盾を正しいことだと洗脳する試みだ。

21世紀の今でも、全体主義国家は世界の210余ヵ国の国家の内、半数近く存在すると言う。正しい民主主義国家は、天から自然に与えられたものではなく、先人の努力によって得られて来たものだ。我々は今の統治体制について、常に検討を怠らず、今の公平で平和で豊かな社会体制に感謝し、その永続に心を砕かなければならないのだ。

そのことを、先人は見抜いていたことに只々驚くばかりだ。
以上人間の想像力に感嘆し、人類への警鐘の書を紹介する次第だ。

脳を鍛える

「一万時間の法則」と言うものがある。誰でもどんな分野でも一万時間の練習と努力をすれば、普通の人には出来ないプロのレベルになれる、と言う法則だ。一万時間とは一日4時間の訓練で、約7年弱（2,500日）で達成することになる。

大切なことは、実は1万時間の練習時間ではなく「目的意識」を持った練習、何のためにしている練習なのかを常に意識することだと言う。

筋肉トレーニングを例に取ろう。ただ重いものを上げ下げしていてもそれほど筋肉は付かない。ただ重さに慣れて楽になるだけだ。今どの筋肉を使っているのか、どの筋肉を増やしたいのかと意識することで筋肉のつき方は圧倒的に変わると言う。

脳も一種の筋肉だ。脳を鍛えることも出来る筈だ。物事を、どうしてだろう？　なぜだろう？　何のために？　と問い掛けることだ。そしてその疑問の答えを導き出す努力をすること、それが脳トレだ。

テレビを見続けている老人はボケが早いと言う。一方的に情報を受け取るだけで、自ら考えることがなくなり、疑問を持つこともなくなるからだ。

ラジオは言葉だけで、新聞は文字だけで情報を発信する。これらを読み聞きしている人は具体的イメージを自分の脳で再構築する必要があるので、脳トレをしていることになる。それによって年寄りのボケを遅らせることが出来る。若い人には尚更脳トレになる筈だ。

実際に私の伯母は104歳まで生きたが、毎日日経新聞に目を通して、興味のある記事を切り抜いていた。何年ぶりの見舞いの時に、我々甥・姪の名前をすぐに思い出した。

知能指数（IQ）と言うものがある。知能指数が高い人は記憶力が良いと言うのではなく、脳の空間把握領域や数学把握領域が平常人より大きいことが特徴だ。逆に、時間概念や言語組立能力や感情表現に欠陥が出ることもあると言うが、しかし、彼らの天才能力の発揮はやはり、なぜ、どうして、何のために、と言う疑問からはじまるのだ。

我々は天才にはなれないにしても、少なくとも脳のトレーニングは肉体のトレーニングとともに生涯続けていくべきだと思っている。肉体も脳力も鍛えなければ衰えていくと言う簡単な道理も、人は心に染みなければ鍛えようとは思わない。人間は放っておけば怠惰に流れる生き物だからだ。

文様は方と円で成り立つ

様々な文様がある。自然の造形は地球の引力と日々の風雨の力で作られるが、人の手で作られる文様は、方と円の組み合わせで作られる。「方と円」とは「直線と曲線」のことだ。

日本では昔から「紋章上繪師（もんしょううわえし）」と言う、着物に家紋を描く職業がある。小さなもので直径2.1㎝の円の中に、どんなに複雑な曲線も大小の円の一部を巧みに繋ぎ合わせて描き上げる。

「毛一本」と呼ばれる最小の筆で描く線の巾（はば）は0.08㎜ほどだ。彼らは墨の濃さ、墨の量、描くスピードを一定に保って描き上げる。これに使われる道具は、「分回し」と呼ばれる和製竹コンパスで円を、また「溝引き定規」と「硝子棒」を使って直線を、それぞれ筆と墨だけで描き上げる。大変な熟練作業だ。

この描き方が生まれたのは室町時代だが、江戸時代後期に活躍した天才絵師葛飾北斎が著した「略画早指南（りゃくがはやおしえ）」と言う浮世絵の教本に、このデッサン法が記されている。そして北斎は、「万物はつまるところ方と円に尽きる」と述べている。

どんなに複雑に構成されているように見える図柄も、分解していけば最終的には「方（四角、即ち直線）」と「円（曲線）」が残る。森羅万象を極限まで追求し、多くの傑作を書き残した天才北斎ならではの究極の言葉だ。

当社の追求するデザイン（絨毯繪）は、そのような日本人の伝統的な美学と感性を元に作図してある。

・どこかで見たことがある…ジャポニスムの風景
・何か郷愁を感ずる…シルクロードの景色
・側に置くと心が落ち着く…アール・ヌーヴォーの植物曲線美

など、我々が美しく感ずるものはすべて伝統と文化と風土による影響だ。民族によって異なる文様が描かれる理由はそこにある。

形も同様にそれぞれ縦・横の比率の美しさを元に、当社は定型の美を追求している。

当社が考える各長方形の美しさの理由を再度確認しておく。

・黄金長方形…縦長の図柄長方形の一番美しく見える長方形（1:1.618）→網膜に縦に映る一番心地の良い縦横の比率

・大和長方形‥横長の図柄長方形の一番美しく見える長方形(1.414:1=√2:1)→網膜の横に映る一番心地の良い比率

・神座‥前後より左右がやや長い真四角に近い長方形(4:4.1)→実はその比率が人の眼には正方形に映る

・絨毯長方形‥床に敷いた時に、縦柄横柄に関わらずに一番美しく見える長方形(1:1.516)

以上の文様と形状の組み合わせこそが絨毯の美学だ。この基本に注意しながら、絨毯の美学をお客様に語ることだ。必ず納得し購入意欲が刺激される筈だ。

理屈に納得出来れば、即ち正当な理由があれば人は高額品でも購入すると言う原理でもある。共に認識しておきたい絨毯屋ならではの理屈だ。

脳力と能力、そしてIQについて

「脳力」とは記憶力、判断力、想像力などの脳の力のことであり、「能力」とは、物事を成し遂げる力のことだ。

「記憶力」は過去にこだわる思考のこと、「判断力」は現在に関わる思考のこと、「想像力」は未来を捉える思考のことだ。

すべての動物には記憶力と判断力は多少あるが、未来を捉える想像力は人にだけ与えられた特殊脳力だ。

人間が地球を征服した力は、この想像力によるものだ。特に数学などの理解に必要な空想力、抽象力は目に見えないものを理解する力であり、この力によって科学技術や医学や哲学などの文化が生まれてきたのである。

人の脳力はIQと呼ばれる数値で表す。IQとは、Intelligence Quotient（知能指標）のことで、「精神年齢÷生活年齢×100」で計算する。

100を規準として、90より低ければ物足りなく、90～110が標準、110～130が高知能、130以上は天才と言われる。ちなみにアインシュタインは180だったそうだ。

このIQの高さは、記憶力や判断力が高いのではなく、未来を捉える発想力や想像力が高く、数学能力や空間把握能力などの空想力、抽象把握能力の分野における高さを示すもので、物事の発明分野や開発分野に寄与する能力だ。

前々回、筋肉の発達のヒントは意識することだと申し上げた。

未来を見据える発想力や想像力も筋肉と同様に意識すれば鍛えることは出来る。会社や自分の人生の将来を見据えて今をどう生きるか、それを考え想像することがIQを高める秘訣だ。

過去と現在と未来、そのすべての空間を自由自在に行き来出来る想像力、それが人間に与えられた最高の叡智だ。仮説↓工夫↓改善↓検証と言うサイクルを繰り返すことは、すなわち過去と現在と未来を、居ながらにして思い巡らすことに他ならない。

決意

昭和初期、岩波英和辞典を編纂し英語学者として名を成した田中菊雄と言う人がいた。学歴は高等小学校（今の中学二年）中退、国鉄の客車給仕係をしながら18歳で小学校の代用教員（明治時代教員不足を補うための、師範学校を出ていない臨時の小学校教師）となり、その後中学校と高等学校の教員資格を取り、最終的には山形大学の教授となった人だ。

その著書「知的人生に贈る」にこんな記述がある。
「私は小学校を中退してすぐに鉄道の列車給仕になった。辞令を貰って帰って、神棚に捧げた時の気持ちは、嬉しくて今でも忘れられない。そしてその辞令は今でも大切にしまっている。友人は親から費用を出して貰って学校に通えた。しかし、私は明日から働いて父母の生活の重荷の一端をになわして貰える。私の働いたお金で父母を助け、また私の学問の為の本も買える。私は本当の社会と言う大学に幼くして入学を許された。ありがたいことだ。本当によい給仕として働こう。こう思うと熱い涙がこぼれ落ちた。」

ほんの13歳になるかの少年が初めて仕事に就いた時、心に誓った決意である。
なんと立派な決意だろうか。少年期より人生に誓うものを持つことによって、氏は自らを奮い立たせて修養し、大志を持って自らの人生を構築し大成した。

思えば叶う。大志とは社会のため、国家のために自らを働かせることだ。せめて我々は家族と仲間とそして取引先に喜ばれる仕事を成し遂げようではありませんか。

どれほどの困難があろうとも。

〈「心に響く小さな5つの物語Ⅲ」致知出版刊、を参考〉

一念

その少女の足に突然の激痛が走ったのは三歳の冬であった。診断は突発性脱疽。肉が焼け、骨が腐る難病で、切断しないと命が危ないと言う。それから間もなく、少女の左手が5本の指をつけたまま手首からポロッともげ落ちた。

悲嘆の底で両親は手術を決意する。少女は両腕を肘の関節から、両足を膝の関節から切り落とされた。少女はダルマ娘と言われるようになった。七歳の時に父は死亡し、そして九歳になった頃、大切に可愛がってくれていた母が一変する。

猛烈な訓練を始めたのだった。手足のない少女に着物を与え、「ほどいてみよ」「ハサミの使い方を考えよ」「針に糸を通してみよ」、出来ないとご飯を食べさせて貰えない。少女は必死に努力した。

小刀を口にくわえて鉛筆を削る。口で字を書く。歯と唇を動かして肘から先がない腕に挟んだ針に糸を通す。その糸を舌でクルッと回して玉結びにする。文字通りの血が滲む努力。それが出来るようになったのは十二歳の終わり頃だった。

近所の幼友達に人形の着物を縫って上げた。その着物は唾でベトベトだった。それでも幼友達は大喜びしたが、その母親は「汚い」と言って川に放り投げた。それを聞いた少女は「いつか濡れていない着物を縫ってみせる」と奮い立った。

少女が濡れていない単衣一枚を仕立て上げたのは十五歳の時であった。この一念が、その後の少女の人生を拓くのだった。その人の名は中村久子。

口で裁縫をし字を書く芸を売りに見世物興業界に入って人気を博し、やがて著作「こころの手足」「私の超えて来た道」などが認められ、作家の地位を確立する。

後年、彼女はこう述べている。

「両手両足を切り落とされたこの体こそが、人間としてどう生きるかを教えてくれた、私には最大最高の教師であった」

そうしてこう断言する。

「人生に絶望なし。いかなる人生にも決して絶望はない」

さまざまな苦労、苦しみがあるのが人生だ。そのことごとくが、我が身の教師になると言うことの極限の手本を我々に示している。

書きながらティシュの箱が全て空になった。

両手両足、五体満足な身体を貰った私たちは余りにも安楽な生活に浸り切っていると反省する。我々はこの感動を大きなエネルギーに変えなくてはならない。

〈「心に響く小さな5つの物語Ⅲ」致知出版刊から引用〉

見えないものを見る

〝人の目は不思議な目だ
見ようと言う心がなかったら
見ていても見えない
人の耳は不思議な耳だ
聞こうと言う心がなかったら
聞いていても聞こえない〟
〈東井義雄作「心のスイッチ」より〉
と言う詩がある。

見ていても見えないこともあるのに、見えないものも見てしまうのが人間の脳だ。

人が進歩するのは、この見えないものを見る力だ。人の心を読む、見たことのない宇宙を見る、見えるはずのないミクロの世界を見る、遠い過去と未来をも見通してしまう。これが人が地球を征服した理由だ。

人生も経営も、見えないものを見る力が成功のカギだ。見えないものを見るとは想像力のことだ。こんなものが有ったらいいな、こんなことが出来たらいいな、と想像したことを人はすべて実現させる。

企業も同じだ。こうなったらいいな、こう出来たらいいな、と思ったなら、どうしたら出来るのか、どう工夫したら可能なのかと考えてみる。想像力のない経営者はとても不可能だとしてそこで止まる。

コンビニを見てみると、食料品、日用品は元より、レンジ、トイレ、宅配、ATM、かつては郵便ポストまであった。「あったら便利」を全て工夫改善で取り入れた。

絨毯業に関しても、何でも出来る絨毯屋こそが次世代に生き残る道だと思う。

そのためには、見えるものはその見えない裏まで見る、見えないものは工夫改善して見る。

そうすると、あり得ない豊かな道が見えるようになる。その道は誰も行かない道でもある。

良い会社とは

会社とは志を同じくする人々が、利潤と成長を目指して日々努力する組織だと申し上げた。会長・社長といえども、組織の役割の一つであるが、そのリーダーシップには大きな責任がある。

組織の隅々まで気持ちを行き届かせ、働く仲間の一人一人の人生に寄り添いながら、常に一つの変わらぬ目標に向かって工夫・改善が出来る、そういうことを淡々とこなすのが真のリーダーだ。

良い会社とは、儲かる会社、資本の大きな会社、社員の多い会社、資産を沢山持っている会社ではない。働く社員に、やり甲斐と働きに応じた適切な給与と、そして理不尽・不条理を感じさせない会社こそが良い会社だと言える。

やり甲斐とは、社員の行なっている仕事をしっかり会社が評価することだ。適切な給与とは、生活が出来、必要なものを手に入れられるが、それで自分の小遣いがちょっと足りない、と言う給与のことだ。強欲は決して幸せなことにはならないと言うことも知らなくてはならない。

そして「必要なものが、必要な時に、必要なだけ手に入ること」それが真の豊かさだと改めて知ることだ。

更に、理不尽・不条理とは、字のごとく理屈に合わないこと、道理に合わないことだが、要は人の心に納得出来ない事柄のことだ。これを改善せずに放置する組織は必ず崩壊する。そうならない為には小さな理不尽・不条理を見つけたら即座に改善する意思が必要だ。

難しいことはない、自分がされて良かったことを人に返し、されて嫌だったことは人にしない、ただそれだけのことだ。

それを守り切れる会社が百年、二百年の老舗になる。

難しいことを考えてみる

―ニュートン力学・相対論・量子論―

目に見えるものを観察し計測することは、理解は容易だ。しかし目に見えないものを推測し計測することは人間にとっては困難なことだ。しかし天才と言われる人達はそれらを考え、ヒントを掴み、そしてそれを明らかにして活用してしまう。

19世紀には英国の物理学者アイザック・ニュートンが、自然界について、現象は見えているが、理由は分からなかったものを観察し、それを理論化し「ニュートン力学」として示した。それによって物理学上の数々の法則や公式が明らかにされ、地球上の様々な不思議や、自然界の法則が明らかにされ、特に有名なものが、物質には全て引き合う力が有ると言う「万有引力の法則」が発見された。

20世紀に入ると、アルベルト・アインシュタインが相対性理論を発表し、それからやや遅れて数人の物理学者によって量子力学が発表される。これは物理学の二大理論として20世紀後半にはその応用により、さらなる自然界の不思議が解明され、今21世紀にはそれが応用されつつある。

相対論とは、宇宙・天体と言う極大の世界の物理的な原理原則を、数学・数式によって明らかにする理論で、時間・空間・物質間の具体的内容と関係性を説明してくれるものだ。

①時間は相対的な存在で、宇宙の場所によって変化し絶対的なものではないこと。
②空間は、立体的な広がりだけではなく、宇宙では歪んでいる場所もあること。
（宇宙の宇と言う字は上下四方の空間のこと、宙とは往古来今即ち時間を意味する）
③光速は秒速30万㎞弱でどんな条件下でもその速度は変わらないこと（光速不変の法則）と、そして光束は星の引力によって曲げられてしまうこと。
④宇宙の全ての物質は、エネルギーに変換することが可能で、E=mc ^2（エネルギー＝質量×光速の二乗）の公式で計算出来ると言うこと。

などが代表的な理論で、それ以外には宇宙の年齢や太陽の核融合の仕組み、ブラックホールの存在などが解き明かされている。

一方で最新の物理理論である量子論という力学だが、これは極小ミクロの世界の物理的な原理原則を説明する理論で、21世紀にはこの理論で科学は更に驚異的な進歩を遂げると言われている。シンギュラリティ（特異点）の出現だ。AI（人工知能）が人の知能を超える時点と言うことだ。

また量子とは、原子・分子などの物質を構成する最小の物質であり、この物質の機能は三次元の我々人間の感覚では理解不可能なものだと言われている。

この最小物質は、条件が変われば粒にも波にもなり、観測すれば粒だが、観測していない時には波の性質と言う不可思議な性質を持つ。この粒子を二つに割って片方に情報（熱や電気）を与えると、もう一方はどれほど離れていても同時に同じ情報を得ることが出来ると言う。

これもまことに不思議な現象だが実験で明らかにされている。テレポーテーション（瞬間移動）と呼ばれる現象だが、この機能を使って、量子コンピューターが開発されつつある。演算速度が現在のスーパーコンピューターの1億倍のスピードになると言われている。

ちなみに、量子は人の心や言葉からも発信されていて、量子そのものが意思を持っている可能性すらあると考えられている。

何を言っているのか、あり得ない話しだと思われるが、科学者はあり得ると考えている。

英国の科学者スティーブン・ホーキングは、「宇宙の現象は人が考えると、現れる、人が考える前には無かったものだ。あり得ないと思うが、これは事実だ」と証言している。

その後に「この事実は、研究室内だけに留め、研究室を出たら触れてはいけない」とも述べていたそうだ。

我々、三次元の世界で生きる人間にとっては、人間の五感で感ずること以外を考え理解することは難しいことだが、それを異次元の世界として、存在し得ると考える必要はあると思う。行き着く先は私には全く分からないが、人がどこまで進化し、宇宙の此処彼処（ここかしこ）に進出して行くのかを考えると、今の地球と言う小さな星で陣取り合戦をしている人間達は、日本や世界の千年前の世界と変わる事は無いと、しみじみと思うのである。

以上、考えるヒントとして、理解不能なことだと思われている事を考えてみた。全てのことに、それが例え理解不能なことであっても、もう一歩踏み込んで考えて見ること、それが工夫・改善に繋がるのだと思う。なぜ分からないかが分かれば、少しだけ分かったことになると私は思っている。

知らないことを知る雑学・実学

①体温計の表示温度は42℃までの理由

人間の生存出来る上限の体温は42℃だ。科学的根拠はある。体内の骨・筋肉・血液に含まれるタンパク質は42℃以上で卵のように凝固してしまう。だから体温の計測にはそれ以上の測定は意味がなく、43℃以上の熱いお湯は身体には危険だと言うことが分かる。

②78対22の比の不思議

地球上の海と陸の比率は、78対22
空気の窒素と酸素等の比率は、78対22
人間の身体の水分と物質の比率、78対22
正方形の内接円と四隅面の比率は、78対22
銀行に預ける人と借りる人の比率は、78対22
これらの比率の偶然の一致の理由は未だに解明されていない。これはまさに自然界のミステリーだ。

③コピー用紙のサイズ

現在使用されているコピー用紙のA版もB版も大和比＝白銀比(1:√2=1:1.414)だ。

このA版サイズは、ドイツのノーベル化学賞受賞のオストヴァルト(1853～1932)が考案して国際規格となったものだ。紙の面積1平米を、縦横の比率を1:√2とした1平米の長方形を考案した。この比率は長辺を半分にカットすると、同じ比率の長方形が2枚できる。その後も同様の比率がどこまでも繰り返されるのだ。無駄な部分が一切なく断裁出来る。

一方B版サイズは、日本で古くから使われてきた日本だけの美濃紙の定型サイズだ。これも縦横1:√2のサイズで、職人の感覚が全紙(B0版)を裁断しても全く無駄の出ないサイズを生み出したものだ。日本人の知恵、恐るべしだ。日本人が国際規格より先に考案していたと言うことだ。

④再度「神の比率」黄金長方形について

パリ、ルーブル美術館に所蔵される「ミロのヴィーナス」は美しい女性像の代名詞だ。

☆A版全紙

A0=1189 × 841cm

A1=841 × 594cm

A2=594 × 420cm

A3=420 × 292cm

A4=292 × 210cm

☆B版全紙

B0=1456 × 1030cm

B1=1030 × 728cm

B2=728 × 515cm

B3=515 × 364cm

B4=364 × 257cm

この像を調べると、ヴィーナスのヘソから足元までの長さを1とすると、その身長は1.618のサイズになる。また顔の幅を1とすると、顔の長さは1.618のサイズになる。この比率は、紀元前300年頃のアレクサンドリアの数学者ユークリッドの著書に記載されている。

ギリシヤ・アテネのパルテノン神殿、イタリア・フィレンツェの大聖堂、レオナルド・ダ・ヴィンチの「モナ・リザ」などにもこの比率は使われている。

まだある、

⑤1mの長さはどうして決められたか
⑥IQは大人を測るのではなく子供を測る
⑦役者の「二枚目」、「三枚目」とは
⑧得意芸を言う「十八番 おはこ」とは
⑨村八分とは
⑩和食器のセット「5客」、洋食器は「6客」の理由

など、意味を知らずに使っている言葉は沢山ある。知っていれば少し楽しい気持ちになる。自然の深淵さと、先人の知恵とユーモアに心が和む。そこから工夫・改善が閃くと私は思う。

〈日本博学倶楽部刊「数字の雑学」より引用〉

ゾーンに入るヒント

当社の経営の次元を変えようと申し上げている。次元を変えると言うことは、会社として目標を苦しまず楽しく達成できる方法を共有し、社員全員が豊で幸せな人生を手にすることを目指したいと言うことだ。

ゾーンとは、当社に入社した皆さんが販売経験を積んで商品知識を身につけた頃、突然高額な帖物繊毯を売る体験をすることがある。これが「ゾーン」体験だ。この時の心理状況を皆さんに確認してみると、一様に「接客に集中してお客さんの顔しか見えなかった、ほかのことは何も考えないし見えなかった」と言います。

これがまさにゾーンを体験したと言うことで、ゾーンとは一心不乱の領域、もしくは目標に向けた無我夢中の心理状態のことだ。

このことは私は偶然に無意識状態で実現されることだと思い込んでいたが、最近意識して出来ることだとある書物を読んで知った。まさに私が探し求めている究極の接客販売法と言えるものだ。

今回そのポイントを纏めてみた。最善の手法をさらに工夫して見たいと思う。

(1) ゾーンに入る準備

①ゾーンに入るためにはある法則と方法があり、それは誰にでも出来ることだと知ることだ

②集中力の科学と言うものがある、心と頭脳が今この瞬間に集中すること、この人(お客さん)の為になろうと思えるのが基本だ

③今までの説明中心の売り方とゾーンでの売り方の違いは、お客さんの決断時の気持ちの違いだ、それはお客さんは商品の真の価値を買うのであり、販売員の売ろうとする熱意を買うのではないと言うことだ

④日常生活でゾーン体験を味わうことが出来る、連れ合い、友人、両親、子供との会話で徹底して質問による感動と集中(ゾーン)を実行すると、ミニゾーンと言うようなミニ体験が味わえ、容易にゾーンに入り込めるようになる

(2) ゾーンへの入り方

①紋感とそのメンテナンス、仕入れシステムなど、取組会社の苦労や担当者の努力を徹底的に理解し、ストーリーとして常に語れるように準備しておく

②そして相手の心を開くことだが、お店に来るお客さんを会話を通して、この人はいい人だなと信頼の心を持てれば、お客さんも信頼してくれる。「人は自分の内側が外側に出る - 心は外に出る」

と言われる、自分の日常の見方や感じ方、考え方がお客さんに伝わり、信頼されると言う

③実は生まれつき人は他人に対して愛情のある見方をしているが、種々な経験体験により年と共に陰りが出てくる、それを防ぐために自分自身に人を信頼するという肯定的な言葉 - 自己暗示をかけ続ける必要がある

④お客さんとの会話が中ほどまで来たら「ところで」と言う言葉を使って、自分が知りたい個人的なことや考え方をさらに質問していく、それらが聴けたら次に「そういう中で」と言う言葉を使って、今後の希望や思いをさらに聞いていく

⑤お客さんから「また後で」とか「そのうちに』と言わせない為に、現状と課題について直視するような質問を続ける、「そう言う中で、現状はどのような感じですか」「そう言う中での課題は何でしょうか」、お客さんの目をしっかり見て逃がさないように、ただし言葉はそれと裏腹に柔らかく、やさしく言うことだそして、相手の最後の決断の言葉を待って、数分間沈黙を貫く

(3)ゾーンの更なる効果

①販売員とは、絨毯専門アドバイザーであり、絨毯専門コンサルタントだ、単なる売り子やマネキンではないと自らが考え直す

②営業・販売とは圧倒的な説得力で相手をねじ伏せる戦場ではなく、絨毯について何も知らないお

客さんに、本当の情報をお知らせして、満足と豊かさをお届けする仕事だと心得ることだ、
③日本における絨毯業とは、世界で作られている絨毯を通じて世界の美と快適生活を案内し、お客さんの代わりにその絨毯を選品輸入する役割業と心得ることと誇りを持つこと

以上の詳しい個々の内容説明は後日会議にてお知らせするが、その前に以上を参考に、それぞれのお立場で更なる工夫改善を加えて、この「ゾーン販売』を千代田グループの独特な販売法として完成させたいと願っている。皆さんのご協力をお願いする。

(4)日常会話でゾーン体験をする

販売の現場でのゾーンは、「極度の集中状態で、自分の思考や感情を忘れて、お客さんのことに没頭する」と言うのは頭で理解しても、実際に体験してみないと感覚として難しいところがある。いきなり販売の現場でこのゾーン状態を演ずるのはハードルが高いということだ。そこでまず普段の生活の中でミニゾーンを体験して、その後に、実際の販売に取り入れればスムーズに出来るようになる。

どんな人でも皆、自分の人生を良くしたいと一所懸命に生きている。周囲に気付かれないところで喜んだり、落ち込んだりしながら、前を向いて生きて来たのだ。自分の周囲の人々の話を具体的に聞い

て見れば、こんな身近な人々の中に、こんなにも素晴らしいドラマがあったのかと感動さえする。
連れ合い、両親、祖父母、先輩に改めて親しみと尊敬の念を感じ、こんな素晴らしい人と自分は人生を共にしていたと気付くはずだ。

①両親や祖父母の昔話を聞いてみる

君が生まれていない時代や、君が幼くてまだ記憶にない時代を知っているのは、君の両親や祖父母だ。

「へー、そんな事があったんだ」

「すごいね、そんな時代を生きて来たんだ」と家族の過去の話を聞いてみるとそんな感動さえ受けることがある。彼らの体験談は何よりもリアルだ。そんな話を聞いていると、改めてそんな時代を経て、両親が知り合い、自分と言う子供が生まれて、今ここに存在している事の不思議さを感ずるものだ。そんな中で、一所懸命に自分たちを育ててくれた両親、祖父母に感謝せずにはいられなくなる筈だ。

こんな日常の家族の話を聞くだけで、感謝や人生のドラマを感じることが出来る。その時君の心はミニゾーンの中に入って感動と喜びの中にいることを感ずる筈だ。

②連れ合いの話に耳を傾ける

君は結婚前の妻や夫の人生をじっくりと聞き、味わった事があるか。聞いた積もりで聞いていないのが、長年連れ添っているパートナーのことだ。結婚当初はお互いを知り合うためにいろいろと聞いていた筈だ。

ところが時間と共にそれも遠い昔の話になってしまう。

「ところで、君は子供時代はどんな子だった?」

「お母さん、お父さんはどんな人だったの?」

「兄弟はどんなだった?」

「その時どう思ったの?」

何となく気恥ずかしいと思いながらも2人の過去を思い出してみる。

「日常の物の考え方や行動の仕方は、この子どもの頃からのものなのか」

「子供のころ、こんな苦労をしていたのか」

「こんな気持ちで育ち、生きて来たんだ」

知らなかったことが分かって来ると、今までの関係も変わってきて、感謝と尊敬の気持ちが湧いてくる。今まで空気みたい、しょっ中ケンカ、と思っていたこの人が、素晴らしい伴侶だったと浮き彫りになる。それがミニゾーン体験の効用だ。

③仕事上の仲間や上司に個人の人生を聞く

一度だけでも彼らから、生い立ちから、子供時代、学生時代、社会に出てからの経緯などを、映画を見るように聞いてみる。

「この口うるさい上司はなぜこのように？」

「この無口な部下はなぜこの会社にいるの？」

「この仕事の出来る同僚はなぜこのようになったのか？」

このすべてが掴めるのが、ミニゾーンだ。

その人がそのような仕事のスタイルを確立させ、仕事の哲学を持っているのはすべて理由がある。

「子供のころはどんなだった？」とこんな一言でミニゾーンに入れる。小さい頃の育ち、経験したスポーツ、学んだことなど、そんな歴史を知るだけで不思議に親しみが湧いてくる。

部下を育て、付き合うにも、その人の思考パターンを知り、プロファイルと共に歴史を聞くことだ。

(5)自分一人でミニゾーンに入る方法

①自分に質問して答えていくうちに自分の人生を省みてミニゾーンに入っていく方法もある。それは以下の質問に対して、その自分なりの答えを紙に記述していく方法だ。

1. 君はいつどこで生まれましたか？

2. 君の両親はどんな人で、どのように育てられましたか？

3. 生まれていつ頃から記憶があり、どんな記憶ですか？
4. 小学生の頃どんな子供で、何が楽しかったですか？
5. 中学生時代は何を思い、どんな人を好きになりましたか？
6. 高校生時代はどんな事に夢中になり、どんな思い出がありますか？
7. 大学時代、もしくは社会に出てからどんな友と出会い、何を語っていましたか？
8. 社会に出てどんな仕事に就き、今までどんな事を目指して来ましたか？

これらの質問の答えを考え、書き出して行くと、その時代にタイムスリップして、その時の様々な経験を味わうことになる。自分自身の無我夢中の姿や、その時代の苦しみ悲しみや喜びを思い出して、自分をいとしく思うことが出来る。それにより自分自身の存在や、その考え方、生き方に感動し、自分の生き方を認められるようになる。思い出せば思い出すほど記憶は鮮明になり、書くことが進み、さらにより深い考えが湧き出てくる。それはミニゾーンに入って、その時の気持や考えを無意識の中から探し出すことが出来るからだ。

②さらに過去を振り返る方法とこれからの未来を想像してみるという、ミニゾーンに入る別の２つの方法がある。

昨日、先週、先月（過去）にあった事を振り返ってみて、一番印象に残った場面を思い出してみる。

「誰と会って、どんな話をしたか？」

「それについてあなたはどのように感じたか？」

「その話から今後どのようにしようと思っているか？」

その場面を思い出し、そこで感じたこと、話したことを書き出してみる。

大事なことは、そこでどのように感じ、どのようにしようかと思ったかだ。それによってその時の場面に入り込むことでミニゾーン体験を味わうことが出来る。


もう一つは、これから行うことをシミュレーションして、ミニゾーンに入る方法だ。

「これから会う人とは何の目的でどのように話をするのか？」

「これから行うことに対して、なにを目的にしているのか？」

事前にシミュレーションして、その対応を明確にしておく、そうすれば自信を持って事に臨める。

これもイメージによるミニゾーン体験だ。常に集中力を持ってイメージし状況を把握してしまうのだ。

☆以上様々な方法を申し上げたが、必要なことは自分が感動し、その感動をお客様に伝えられるかだ。
そのためにご自分の心を、例え些細な事にでも感動出来るような柔軟な心を持つ、と言うことだと思う。感動は人を動かし、困難と思われる物事も成し遂げる力がある。

心身共に姿勢を正す

これは「行いを正す」と言う心の内面を意味する場合と、言葉通り「姿勢を良くする」と言う見た目の外面を意味する場合がある。

胸を張れ、背筋を伸ばせ、姿勢を正せ、悪いことはするな、と子供の頃言われた思い出は誰にもあると思う。それは姿勢が乱れるとだらしなく気持ちにやる気がないように見え、悪事を働くような姿に見えるから教師や親は注意したのだろう。

社会人になると誰もそんな事を注意してくれることはなくなる。まして歳を取るといよいよ背が丸まって、不健康で歳より老けて弱々しく見えるのだが、本人はそんな周囲の視線に気付くことはない。

（私もそのようだった）

それは喫煙や体臭口臭や不潔な身だしなみと同じように、周囲は注意したくても言われる本人がかわいそうだろうと思って誰も注意しない。

今まで会社は、社員のサラ金借り入れ禁止、上司へのお歳暮とお中元の禁止、社員同士の年賀状と暑中見舞いの儀礼廃止、喫煙の禁止、公私混同の厳禁など、様々な注意事項を発信してきた。これはすべて経営者として社員の皆さんの健康的な生活と無駄な負担を取り除き、また会社の為の仕事に集中するための合理的判断に基づいた発信だったと思っている。

また取引先とお客様への敬意を表す形として男子社員のポケットチーフの常時着用も義務付けた。このことと共に、今回当社の社員全員に「心身共に姿勢を正す」と言うことを提案したいと思う。

具体的には社員同士はお互いに、相手の姿勢の悪さを感じたら注意し合うと言うことだ。その時の声掛けは「○○さん、背中が」だけでいい。悪いとか丸いとかジジ臭いなどと言ってはならない。また体臭や口臭についても同じように注意し合おう。「○○さん、口が」「○○さん、匂いが」などと注意し合い、経理上では「伝票を書き直して」などと暗に公私混同を注意することだ。

直せることを注意するのは、その人の為を思う親切心だ。直せないことを言い募るのは単なるイジメということになる。

以上のことをキモに銘じて、会長、社長・役員にでも、明日からお互いに「心身共に姿勢を正す」ことを注意し合うようにしよう。

これにより一年もすると、姿勢の悪い人や喫煙の悪臭を発するような社員、また公私混同するような社員は当社から居なくなる筈だ。

工夫改善について

「日のもとに新しきもの無し」と言う言葉がある。長い人類の歴史の中で、新しい知恵だ、発明だと思っても先人は既にそれらに気付いていていたが、どのように具体化するかが分からなかっただけだと言うのだ。物事のヒントは世間には満ち溢れていると言うことだ。

知恵工夫に至るには、まずそこに至るヒントを掴み取ることだ。自分が見聞きしたこと、体験したこと、読書や会話の中から、「ん、これは」と思う様なことを記憶しておく、またはメモしておく。それが熟成されてある時「これだ」、と閃くのだ。これが知恵工夫にいたるプロセスで、どんな天才でもいきなり工夫や発明が閃くのではない。その前段階のヒントが必ずあると言うことだ。

また、工夫改善は人から貰うものでもない。「自分に起きている問題は、自分でしか解決出来ない」と言うことと「自分に起きた問題は必ず自分で解決出来る」と言う人生の二大原則がある。この原則に照らせば、他人の工夫改善は一度自分の心の中に入れて熟成させる必要がある。熟成させて改めて自らがそのことに閃けば、それは自分の工夫改善になる。

「あっ、そうか」「あっ、こうすればいいのか」と言うような簡単なことを「閃き」と言うのだ。誰もが日常に行っていることだが、意識すればさらに多くの閃き、工夫改善が出来るようになる。是非意識して考えてみて欲しい。

進化を遂げる

「進化を遂げる」とは、時代の変化に適応して自分自身と会社自身を変えていかなければならない、と言うことだ。

地球上の全ての生物は、160年も昔に唱えられたダーウィンの進化論で説明されている通りに、進化に進化を重ねて今に生き延びてきている。進化論では環境の変化に適応出来た種だけが生き残り、適応出来なかった種は全て絶滅してきたと言う歴史を科学的に説明している。

それでは人はどうすれば進化することが出来るかと言うことだ。それは人が誰でも持つ力、「心の力」「意思の力」「信念の力」と言うものを、意識して活用することだ、と私は思っている。しかし誰もが持っている力なのに、それを自覚し実際に活用出来ている人は稀だというのである。

金鉱脈が、自分の所有する圃場の中にあるとする。これを知っても、掘る技術がなければ得られないが、それ以前にそれを手にしようと言う意思がなければ何も始まらないのだ。これが私の言う「心の力」「意志の力」「信念の力」である。

失敗への対応

私は不条理、理不尽に出会った時、「これは社会の仕組みであり、必要であり必然であり、これを乗り越えることで自分を成長させることが出来る筈だ」と考えるようにした。

また経営していれば、社員が悪い、取引先が悪い、商品が悪いと、悪い理由を他に転嫁したくなるが、それはすべてトップである自分のやり方が悪いからだと考えるようにした。そして上手く出来た時は社員が良かった、取引先が良かった、自分は運が良かっただけだと考えるようになった。

そうなると、良い社員ばかりが残るようになり、取引先の信用もいつの間にか大きなものに変わっていった。信用とは約束を必ず守ることであり、特に金銭の約束期日は厳守するようにしたことは大きかったと思う。

失敗に際しては先ず「言葉を変える」ことだ。「どうしてだ」「何が悪いのだ」「でも、しかし」とネガティブな言葉の替わりに、「分かりました」「有難うございました」「私の責任です」と言ったポジティブな言葉に変えることに気付いた。

次には、「行動を変える」ことだ。意識的に胸を張り、顔を上げて、大股に歩くようにする。要するに下向きになった心を奮い立たせ戦いモードに切り替えることだ。

最初から強い心を持った人はいない。誰もが理不尽、不条理なことで不安を持ったり落ち込んだりして、経験を積んでいく。すると少しずつ、心が鍛えられ、前向きに物事を考えられるようになる。人の体験を聞いたり書物を読んだりして知識を得たら、それを実践してみることだ。その繰り返しが自分の成長に繋がるのだ。失敗をすることを恐れずに、繰り返すことを恐れる。

失敗は絶対に二度繰り返さない、と言う覚悟を持つことだ。

感動と言うこと

涙は、生理的に流れるものと、情動によって流れるものの2つがあるが、情動で流れる場合もさらに2つある。「悲しみの涙」と「感動の涙」である。

日本人は伝統的に、男は泣いてはいけない、人前で泣くのはみっともないと言う思いがある。それはそれで立派なマナーだが、人知れずに流す情動の涙は人間の心には大切な体験だと思っている。この悲しみや感動の涙は人の心の成長に大きな影響を与える。

古語に「惻隠の情・忠恕の心」と言う言葉がある。惻隠（そくいん）とは、人の痛みを理解し何かをしてあげたいと思う同情のことだ。忠恕（ちゅうじょ）とは誠実に人を思いやる心のことだ。古代から人類はこの気持ちのゆえに友人家族を大切にし、共に力を合わせることで現在の繁栄を築き上げることが出来たと言える。情動の深い人は助け合いの心が強い人だと言える。

情動の心の内、とくに「感動の心」は不可能を可能に変える大きな力がある。書物を読んだり、映画やドラマを見たりし多いに感動を味わうことは、自分の人間力を高めることに大いに繋がる。感動により得た人間力は、さらに周囲の人の感動を呼び起こす大きな力となり、人類の成長の大もとになる。

これからのAI・IT化によって機械化される未来社会に最も必要な考え方は、この情動の心だと私は思っている。この心のある限り人は進化し、成長出来るものと思っている。それは会社組織も同じだと思う。

「惻隠の情、忠恕の心」今更ながら私も大いに感動を味わい、大いに涙を流し、さらに人間として一段上の次元を皆さんと共に共有したいと願っている。

壁にぶつかれ

人生には難問、困難、無理、不可能と思われる問題がいつも存在する。出来ない壁にぶつかると言うことだが、そんな時に普通の人は逃げる、避ける、見て見ぬふりでやり過ごすのだが、時に勇気ある者は自ら壁にぶつかって解決していく。人は壁にぶつかってはじめて新たな次元に進化を遂げることが出来るとも言える。

不可能と思われることに挑戦してその解答を見つけ出すことは、工夫改善の閃きの能力に特別に長けた人物だとも言えるし、常に仕事や私生活の工夫改善を究めようと考えている人こそ組織にとって最も必要な人材でもある。

①手織絨毯業には次のような有利性と特異性がある。多品種少量販売である↓大資本大会社は参入出来ない
②対面販売でしか売れない↓特殊な販売技術の体得で売ることが可能になる
③歴史のある商品で、手織り絨毯には知る人は知る知名度がある↓百貨店の伝統と信用にマッチしている
④藝術的要素がある
⑤資本主義の拡大成長主義に合わない商品だ↓「伝統継承主義の古典的商い」の特徴は時代に流されない

利点は以上の項目につきるが「伝統継承主義の古典的商い」とは、商う商品の精神的価値に重きを置

いて、その精神性を脈々と伝えて常に百年先の存在意義を考えていくことだと思う。

我々は大いに壁にぶつかり、それを解決する勇気を持って、更なる進歩を遂げると言う伝統を今一度全社員で共有したいと願っている。

逆風に進む

経済は人間社会の雰囲気であり、順風、逆風、暴風、無風と様々な状況がある。風が順風の時は、誰もが良い経営が出来ると思われるが、すべての人に同時に順風や逆風が吹く訳ではない。業種や業態や会社規模によって同じ風が吹いても受ける風は変わる。

風は実は自らが作り出すものだと私は思っている。逆風を順風に変える方法は、例えば帆船の走行法にある。その昔は帆船は順風が吹くまで港で風待ちすることは当たり前だった。しかし英国人は逆風でも帆船が目的地に向かえる航法を編み出した。

それが帆船のジグザグ走法だ。帆の角度を斜めにして逆風を受ければ、船は斜め前方に進むことが出来る。それを左右交互にジグザグに進むようにすれば目的地に向かえると工夫したのだ。この工夫によって英国は七つの海を支配することが出来たとも言う。

ちょっとした工夫が人生そのもの、社会そのものを変えていく重要な例えだ。

セブンイレブンの話もある。鈴木敏文はスーパーイトーヨーカ堂の社員だった。社用での米国の流通業界の視察で一通り見学して、町外れをバスで通過する車窓に、日本で言うよろず屋のような店が目に入った。Seven-Eleven と看板にあり、朝7時から夜11時までの地域に根付く食品の便利店だと直ぐに理解した。

次の時代はこれだと一瞬にして閃いた。ヨーカ堂の伊藤社長はセブンの創業は反対で、やるなら資本金の半分は自分で出せと言われた。それでも鈴木敏文はその道を選んだ。1974年豊洲に1号店を開店した。その後の成功は誰もが知っている。

しかし、彼の商いの手段は難しいものではなく、今現実にあるものを徹底して組み合わせて活用したに過ぎない。最初は日々の生活にすぐに必要な食品類を集めて本当のよろず屋を作った。それから冷凍食品、レンジ、即席麺、湯沸ポット、日用品、文房具、珈琲抽出器、宅急便、ATM等日用に使うあらゆるサービスを用意したのだ。銀行ATMなどは皆から不可能と言われたが、セブン銀行まで作ってしまった。一種の工夫改善の天才だったと言える。勤務したスーパーの成功から、独特の工夫改善でコンビニショップと言う大成功を引き出したのだ。

これからの千代田グループ発展のヒントは以上の話からたくさん導けると思う。かつて小売の王様であった百貨店から我々は何を学び生かすかと言う事だろう。

①絨毯業界の全てをこなせるワンストップ絨毯業を目指す↓輸入・制作・作画・生産・染色・修理・洗濯・展示・装飾・販売・話法・IT化など絨毯に関わる全てを当社単独でこなせる組織を作る

②中小会社の模範運営を目指す
↓社員は仁と礼によってお互いに尊重し合うこと
↓社員は各部門の経営者であり共に戦う戦友でもあること
↓無借金と現金支払に徹し、仕入先・販売先・当社と三方良しの関係を保つこと
③三越のお帳場制度という外商特殊販売の再構築↓IT・AI時代になっても変わらないフェースtoフェースの対面接客販売をさらに極めること

戦いの現実

人間がいくら理性と知性を磨いたからと言って、人間社会から戦いが無くなることはない。戦いは生命を持つ動物の本能であり、生物の遺伝子に組み込まれた絶対的な摂理だからである。

しかし、人間は争いに恐怖を持つ。それは死に対する本能的な恐怖の故だと言う。人の最終の争いは死と隣り合わせだからだ。しかしそれは死と言うものの本質を知ろうとせずに、避けているから怖いと感ずるだけだ。

電気製品、特に電球の点灯を例に取れば分かり易い。電球はスイッチを切れば消える、入れれば点く。この状態は人で言うと気絶し、その後息を吹き返すと言うことだ。

死は大元の電源が不可逆的に突然切れることで、再点灯（再生）が無いと言う状態だと私は理解している。痛いも苦しいもない、ただすべての感覚が突然の消灯のように忽然と無くなることで、これを亡くなる？と言うことだと思っている。

「人との戦い」はこのように人の心理を理解していれば、恐れるものは何も無い。西郷隆盛は勝海舟との江戸無血開城の談判の後、勝海舟についてこのように語っている。「名誉も地位も金も要らぬ、そして命さえ要らぬ男ほど怖い者は居ない」と。

こんな大袈裟なことではないが、プロパーのA社、F社との2マン、3マンの売場では、毎日が一種の戦争である。売るか売られるかの毎日である。本物の販売員、一流の販売員はどんな状況にあっても必ず一番売る。それには他社の販売員をどう操るかである。

①下策‥口も聞かずに毎日喧嘩腰で戦う
　勝ったり負けたり五分五分だ。
②中策‥相手を手なづけて、仲良く装う
　すなわち油断させ隙をつく
③上策‥相手と組んで売上の歩合を渡して
　味方に取り込む、仲間にする

話は変わるが、千代田絨毯を立ち上げた時、三越の取引口座を貰うために、人の紹介で当時の三越本店長に会うことが出来た。本店長は仕入課長を呼び付けて、千代田絨毯に口座を出しなさいと言ってくれた。ところがこの仕入課長が、こんな小さなゴミのような会社に三越の口座は出せないと私の前で反対した。

私は反論した。「私の会社は、今は確かに小さい会社だ、それではこの三越は元々こんな大きな会社だったのか、元は番頭丁稚でわずか20名の呉服屋にすぎなかった、始めから大きな会社は無い」と大声で反論した。課長は黙ってしまった。本店長は2人の言い分は分かった、千代田絨毯に口座を下ろせと命じてくれた。

当社にはこんな歴史があって今がある。

危機はチャンス

新型コロナウィルスの流行は全世界に及ぶ状況だ。人・物・金の流れが世界的に止まると言う状況で、このまま長引けば世界的な大不況到来となる。この流れを止めるには、感染防止薬若しくは治療薬の発見しかない。その取組にどの国が先んずるかである。

こんな時にも運良く儲けられる業界もある。製薬会社や医療機器メーカーは勿論、ゲーム機やテレビ業界など室内で過ごすための用具や日用品業界は品薄で在庫一掃の状況で食品も買いだめでフル生産だ。傷病保険会社からも案内状が配られている。風が吹けば桶屋が儲かる状況だと言うことだ。

我々一般は身を潜めてこの流行をやり過ごすのが第一だが、大切なことは状況が収束した後の販売対応ということだ。

大多数の人は室内に閉じこもってやり過ごしている。その時自宅内の室礼やインテリアに改めて気が付き、この騒ぎが収束した後には飾り直そうと思う人が必ず出てくる。

人間の心理はそんなものだ。何かの切っ掛けで考え直したり、新しく閃いたりするものだ。絨毯には室内のホコリや花粉や細菌類を絨毯内に留める作用があることは知られている。当然新規購入や取り替えの需要が出てくる。流行の期間は身を縮めて待つしかないが、収束すればチャンス到来となる。

古来より、危機とチャンスは表裏一体と言い伝えられている。大切なことは、気持ちを前向きに持っていくことだ。何があっても切り抜ける、危機をチャンスに変えていく気持ちを持ち続けることだ。私は業界再編のチャンスと考えている。

売れないと思い込むな

新型コロナウィルスによる外出自粛により確かに人出は少なくなっている。販売職各位はもう売れないと思い込んでいる人が多いと思う。前回のヒントで逆境に立ち向かえと申し上げた。

今回の政府の自粛要請は、不特定多数が声を出して長時間留まる様な集会をしないようにと言う通告である。要するに集団感染を防ぐための具体策と言うことだ。

電車などの交通機関や百貨店、コンビニ、映画館など集まっても声を出すようなことがない集まりは特に規制はされてはいない。

軽井沢のショップも、いつもほどの混雑ではないが車で沢山の人が来ている。いつも以上に売れるほどではないが、全く売れないわけではない。ここにセールストークの出番がある。新潟三越は閉店セールの真只中であるがやはり売れている。

現状から逃げない、風評に流されない、売れないと思い込まないなど、何か工夫の仕方があると考えて欲しいと思っている。

その売場の状況は、担当者の皆さんに起きた問題なのだ。価格、値引き、セールストークの工夫、見せ方の工夫などするべきことは沢山ある筈だ。百貨店の社員に、絨毯は、千代田は、いつでも売れるのだとアピールするチャンスだ。

この機会は他社や他品目が売れない状況であるからこそ、当社には千載一遇のチャンスなのだと心得て、全員が本気で取り組んで頂きたいと思っている。

ちなみに、客数や売上額が落ち込む時は、利益率で補うと言う考え方もある。

一人一人の真剣な工夫改善を、売場でいくつでも仕掛けて頂きたいと願っている。

この騒ぎが収まった暁には、いつの間にか千代田グループが百貨店から大きな評価を受けているような、そんな気がしてならない。

やれば出来る、思えば叶う、と今一度自問して仕事に立ち向かって欲しい。

悪意と戦う

人の心には善意と悪意が共存している。善意とは、他人を自分と同じに大切にする心遣いだ。悪意とは、他人を自分にとっては敵対する存在と感ずることだ。

どちらも、人として自然な感情だろう。また集団心理と言うものもある。二人以上の集団でいると何となく気持ちが大きくなり、周囲に対して傍若無人に振る舞うことだ。

古語に、「群行群止に識見を見る」と言う言葉がある。群れても横柄な行いをしないなど、その人間の見識が分かると言うことだ。

悪意を封じ込めるのは、腕力もしくは言葉力しか無い。昔は腕力であったが現代では言葉力だろう。いかに弁論で周囲を味方に付けるかだ。

しかし同時に最悪の状況を想定することだ。その時にどちらで対応するかを普段から心得ておくことだ。護身術はそんな時の為にある。咄嗟の行動は日頃の覚悟に現れる。

戦うことはない方が良いが、戦わなくてはならない時がある。弱き者を助け、不条理理不尽を正す勇気だ。簡単には出来ない事だが、それが正しい勇気ある人間の生き方だと私は信じている。

世界恐慌の恐れ

新型コロナ騒動が続いている。収束の時期が全く見えない状況の中で、世界の株価はこの1週間で戦後最大の下落幅となり、日々の実態経済にも大きな打撃が必至となっている。

世界の人・物・金が動かないと言うことは、当然国や企業や個人にも相当な打撃が予想される。地震や戦争などの世界の一部での出来事ならば、安全地帯からの支援や救助が得られるが、世界規模の災害では個人の自力での生残りしかない。

今、我々が出来ることは、まず予防を徹底して健康を維持し、極力経費を節約し、移動の無駄を止め、最低の衣食住の確保を想定しておくことだ。そして日持ちのする食料の確保と当座の生活のための現金の確保をしておくことだ。ただしこれは周囲に騒ぎ立てずに速やかに自らだけで実行することだ。また逆にデマや偽情報などには踊らされないように、とんでもない話には乗らないことも大切だ。

もし、百貨店の売場が閉鎖されて幾日か売上を上げられなかったり、百貨店からの入金が全くなかったりした場合に、当社が皆さんに給与を支払える期間は、三ヵ月が限度だ。その先は、ご自分の預金なり資産を取り崩して凌ぐしかなくなる。そう言う覚悟を全員がお持ち頂いて、そうならないように一人一人が工夫と努力をすることだ。

最悪を想定する、それが生残りのための最良の策であると言うことを今回実践する時かも知れない。またどんな経済状態であってもさらに豊かになる人もいるのが、人の世の不思議でもある。当社はそんな組織であることを実証する唯一の機会かも知れないと、今私は思っている。

和して同ぜず

当社の創業以来を振り返ると、他社との競争を第一に「追いつけ追い越せ」を全社員が実行して、そして実現してきた。しかし時代は確実に変化している。

「和して同ぜず」と言う言葉がある。精神的レベルの高い人物は、周囲となごやかな関係を築くが、決して多数に同調したり取り込まれたりはしないで自分の立ち位置を変えないと言う意味だ。

競合店での販売競争は熾烈なもので、売場では口も聞かずに角を突き合わせ、昼食・休憩も満足に取らずに頑張ってきた社員の姿を思い出す。

しかし、学ぶことと努力すること頑張ることなどの極地は「楽しむに如く(しく)はなし」と言う言葉がある。事を成すには色々な方法があるが、楽しんで行う者には勝てない、と言うことだ。

楽しみ方の例

・売上を作る楽しみ
・利益を上げる楽しみ
・売れる絨毯を仕入れる楽しみ

・人から仲間から喜ばれる楽しみ
・豊かになれる楽しみ
・日本一の会社を作る楽しみ
などがある。

新型コロナを甘く見るな

日本のSF作家の第一人者に小松左京と言う人がいる。「日本沈没」と言う映画の原作者として有名だが、代表作の1つに「復活の日」と言うSF作品がある。1964年に書き下ろされた小説だが、1980年には東宝で映画化もされている。

このSF小説の内容は、イギリスで軍事用に開発されたウィルスが飛行機事故によりアルプス山中に墜落して、ウィルスが増殖し世界に蔓延する。南極大陸に滞在していた1万人の人類を除いて、他の人類は全滅するとと言うストーリーだ。

内容はこうだ。国家の思惑により、ウィルス開発に携わった研究者の告発も虚しく、人類はウィルスの正体を解明出来ない。対応策の実施もワクチン製造も何もかもが後手後手に回ってしまう。

当初は新型インフルエンザの流行程度に考えていたが、人々は次々に亡くなっていく。その後都市の日常が徐々に、しかし確実に蝕まれ、都市機能が停止していく有様が描かれている。

たった二ヶ月前までは人が溢れていた電車や駅のホームに人がまばらになった。季節外れのコートを着込み、マスクを付け、熱のために虚ろな目をして、ときに咳をしながら電車に乗っている。

ウィルスはもちろん電車の運転手や保安要員にも広まって運転本数を減らさざるを得なくなる。「たかがインフルエンザじゃないか、そのたかががどこか心の奥底で、まさかに変わりつつあった」

その転換を告げるのは、新聞の記事の変化だった。経済面や国際面ではなく、スポーツや娯楽面までに及ぶようになる。「映画製作中止、大スターの急死、野球選手試合中に急死、生鮮食品暴騰続く、ソ連首相死亡、その後鉄道各線はすべてストップ」などが伝えられる。

その後には、想像を絶する事態が起きていくと言うストーリーだ。これは俗っぽいパニック小説ではない。現実をなぞっているような見事な作品だ。結末は自身で調べてほしい。

要するに、私が伝えたいことは、たかが新型感染症などとみくびってはならないし、老人が罹るだけだなどと思っていてはならない。治療薬が見つかるまでは全員が用心に用心を重ねることだ。一日も早い収束を願うと共に、全社員が感染予防の徹底を行うことをお願いする。

新型コロナウィルス感染防止策

今回の新型コロナウィルスの問題は、免疫もない、ワクチンも無い、治療薬も無いと言うことだ。

人間の大きさを地球の大きさに拡大して比較すると、ウィルスの大きさの比率はちょうど人間の大きさだそうだ。地球上の人口は約80億人と言われているが、人体一人に様々なウィルスが約100億個寄生しているとも言われている。

小ささの単位で、1マイクロメートル（um）と言うのがある。これは1mの百万分の1のことだが、細菌は平均2.5マイクロメートルだ。

1ナノメートル（nm）は1mの10億分の1（1マイクロメートルの1000分の1）で、ウィルスの大きさの平均は50ナノメートルだ。するとウィルスは細菌の200分の1の大きさだ。

ウィルスはこのように小さ過ぎて、従来の光学顕微鏡では見ることが出来なかったが電子顕微鏡（0.3 nmまで確認出来る）が発明されて初めて発見された。

新型コロナウィルスの感染経路は今のところ、人と人との飛沫・接触感染で、空気感染はしない（空気中には浮遊しない）と言われている。

また体内に入らなかったウィルスは数時間で自然死滅し、アルコール消毒では即座に死滅する。一方で感染したものの発病せずに治る人や、軽い症状で治る人もいる。ウィルス粒子の一個が人体内に取り込まれると24時間以内に一万個のウイルスを生み出す。体内のウィルスが一万個を超えると身体に様々な病状が現われるとのことだ。

24時間とは1,440分だ。ウィルスが24時間で一万個になるには、ウィルスは指数関数的に増えるとみられるので、24時間中に13回と少々の細胞分裂によって一万個に達する計算になる。約110分間ごとに倍々となっていく計算だ。

すなわち最初の細胞分裂が始まったら、間髪を入れずにウガイをしてウィルスを体外に排出し続ければ、罹患しても病状は出ない。ウィルスが一万個になる前に、ウィルスを体外に排出し続けることが出来れば発病しないと言うことだ。

以上がウィルスについての大まかな知識だが、要するに人間に取り憑いたウィルスを除去するには、現状ではウガイしか方法は無いと言うことでもある。

全員がこのようなウィルスの基礎知識に基づいて、徹底したウガイによる予防処置を取ることでご自分を守れることをお伝えする。

なぜウガイか

今回のウィルスは人体に入ってから発症するまでの潜伏期間は二週間と言うことなので、発症する二週の間に全く知らないままに他者に感染させてしまうことが恐ろしいことだ。また治療効果のある薬品や予防薬は何もないので、感染して病院に行っても何の効果的な治療は受けられないと言うことは申し上げた。

そうであれば感染して助かる道は「ウガイ」しか無いと言うことを私なりに論理的に以下に改めて説明する。

①人の細胞は 10mm のマイナス8乗
（1㎜の 1/1000 万）
②細菌は 10mm のマイナス9乗
（1㎜の 1/1 億）
③水の分子は 10mm のマイナス10乗
（1㎜の 1/10 億）
④ウィルスは 10mm のマイナス11乗
（1㎜の 1/100 億）

以上の4種の微粒子のサイズをまとめると、細菌は人の細胞の10分の1、水の分子はそのまた10分の1、ウィルスはそのまた10分の1の大きさだ。水の分子の大きさは細菌とウィルスのちょうど中間の大きさと言うことだ。アバウトだがそんな感じがこの微粒子間の大きさの感覚だ。

ウィルスや細菌は手や顔に付いたものは水の分子で流せる。喉や鼻腔に付いたウィルスも同じく水の分子で流せるが、注意しなければならないのは、石鹸で洗うだけでは石鹸の泡の中にいるウィルスは死なずに、水で流して始めて皮膚に付いていたウィルスも流れて予防につながると言うことだ。アルコール消毒液では即座に死滅させられる。

同じことが喉や鼻腔に付いたウィルスについても言える。ウガイ薬を喉の洗浄に使うと石鹸と同様に、ウガイ薬の中ではウィルスは死滅せずに、ウガイ水によって喉を洗い流すことによって始めて排出できる。要するに細菌やウィルスは喉または鼻腔から水で洗い流す以外に排出は出来ないと言うことだ。またウガイ薬は細菌やウィルスには直接の殺菌効果はない、と言うことが昔から言われているのはそう言う理由からだ。

私の申し上げたいことは、治療効果のある薬や予防方法が何もない現状では、ウィルスが体内に入って一万個に増殖する前に、感染したウィルスを喉と鼻腔から発症のレベル以下に排出するしか無いと言うことだ。

新型コロナの結末とその後

この騒動の結末には2つの道がある。1つは治療薬かワクチンが開発され、なお抗体検査が進み免疫力の有無が短期間に検査出来るようになれば、その時に感染騒動は収まると言う道。もう1つは、感染が一度鎮静化しても二波、三波と感染が続いて、完全に沈静化するのが長期化すると言う道だ。

どちらにしてもその間、誰もが生活資金の確保が問題だと思う。

今後収束が長期にわたるかも知れないので、会社としては最低限食べていけるだけの資金を皆さんに支給して行きたいと思っている。またもし会社の手持ち資金が足りなくなった場合には、公的な資金調達も当然導入していく覚悟だ。
皆さんも預貯金を崩さざるを得ない場合があるかも知れないが、その時は休業中の賃金は会社に預けてあると考えて耐え忍ぶ覚悟を持ってほしい。

また、収束までが長期化した場合には、3番目の問題として食料品の不足が問題になることもある。74年前の終戦の体験を両親から聞いてきた人もいるかと思うが、食品や衣料や日用品が不足して手に入りにくくなり、日持ちする食品が貨幣の代わりになって流通し始めると言うことだ。

現状1本200円程のサツマイモや1キロ200円程のお米が、それぞれ2000円、3000円となり、それも収束が長引けば貨幣では買えなくなり、必要な物は物々交換でしか手に入らなくなると言うことがあり得ると言うことだ。

まさかと思った人は今回のマスク騒動を考えてみてほしい。欲しくても買えない、買おうとするとべら棒な価格を出さなければならないと言う事実を考えれば、食料の重要性はマスクの比ではない。人は食べる物が無ければ、1日も生きて行けないのですから次元が違う恐ろしさがある。

今年の秋になれば、グループの神栖農場では、蓮根とサツマイモの収穫が始まる。社員の皆さんにはそれらの何箱かを届けられると思う。そんなにたくさん貰っても「食べられない」では無い、のだ。これらの農産物は社会が混乱すると貨幣の代わりになる、と言うことを覚えておいてほしい。他に必要な日用品を物々交換で手に入れられる貴重品に変わるのである。

ただし、この後に及んでこの情報を得て食料品や日用品の買溜め買占めを絶対にしてはならない。日本人として国家と規律を守る意識をもって、堂々と行動して頂きたいと思っている。利己的な行動は信用を無くし、その後に必ず反動がある。戦後に買い占めをして儲けようと行動した企業は後にほとんど倒産しているのである。

今はこのような事態が起きないことを願っているが、最悪を考えておくのが千代田式思考と言える。

私が農業をするべき、と考えた一年前にはこのような考えは微塵も無く、ただ偶然に始めたに過ぎないのだが、このような事態に出遭えば、これも当社と社員の皆さんの強い運だと考えている。

我々はこの体験を通じ、さらに社員同士の絆を深めて、収束後の次の発展成長に向かいたいと考えている。

自制と自立心を持って、皆でこの困難を乗り越えて行こうではありませんか。

準備せよ

外出自粛はまだ続く状況だ。この自粛期間をどのように過ごしたら良いかだ。

人生に勝利するにはすべて準備だ。様々な成功はすべて周到な前準備による。しかしいくら時間をかけて準備してもピントがズレていては成功しない。「ピントを合わせる」とは、同志の大多数の人の視点と意見の一致のことだ。

絨毯販売にも当然準備が大きな力になるはずだ。自分だけの小さな経験の世界で絨毯を見ていては、強力な販売能力は獲得出来ない。パイル、地糸、染料、デザイン、房、サイズ、産地、価格、など絨毯に関するすべてに「ヒント」のシャワーを浴びることだ。感じたことはメモをして記憶に留める。

そのためにネットのYouTubeに、当社の千代田チャンネルが掲載されている。そのチャンネルには昨年11月の展示会用に、当社のかつての出版物のすべてのページが閲覧出来るようになっている。この絨毯関連書籍の前書きと後書きには絨毯に関する様々なヒントが書かれている。また掲載されている図柄やタイトルの意味も大きなヒントになる。

社員各位は自粛の日々を漫然と過ごすのではなく、大きな再学習のチャンスと心得て解除後の接客販売をイメージして、ストーリー作りとセールストークの再構築をしておくことだ。

この事態収束の後には、またすぐに販売の日々が始まると言うことを、しっかり見据える会社と個人こそが、再び成功の道を歩み始めるのだ。「準備せよ」とはそのことだ。

次の時代こそ我々の目指す大きな道が広がっているはずだ。

会社の役割

当社の「自主自立」とは他人との協調を基本に、自分の意思と自分の力で生きていくことで、他人の力を安易に当てにして生きてはならないとたびたび申し上げて来た。

夏の台風の季節に大雨と大風に遭って、実り始めた稲穂は皆水田の水に浸かる。台風が去った翌日には、水に浸かったまま起き上がれない弱い稲と、浸かってもピンと立ち上がっている強い稲とに分かれる。その違いは、田んぼの中心に近い稲は皆倒れたままになり、田んぼの周囲のあぜ道に近い稲は皆ピンと立ち上がるのだと言う。

あぜ道に近い稲は、あぜ道に育つ雑草と肥料の取り合いをしていて節と節の間が太く短くなり強く育つが、田んぼの中心部に育つ稲は肥料が豊富で取り合いがなく、節と節の間が細く長くなり立ち上がる力が弱くなるからだ。

人間も同様だ。組織の中にいて安全しか知らない人間は、危機に遭遇するとポキと折れて立ち上がれなくなる。日常様々な風雨に当たり自立している人間は、危機に直面しても俄然力を発揮する。

会社は社員に豊かさと安心を与えることは当然であるが、それは最終目標ではない。社員がどこに行っても生きていける「生き抜く力」を身に付けてもらうことこそが真の会社の目的である筈だ。

しかし会社にも寿命がある。時代によって様々な手法と扱う商品は変化していく。その変化に対応出来ない会社は時代の波間に消えていく。しかし人は寿命のある限りどんな状況に陥っても生きていかなければならない。

優しさや夢だけでは人は生き抜けない。仕事の厳しさや競争の中でこそ本当の力は育ち発揮される。
そのための知恵と工夫のヒントを会社は毎回発信しているつもりだ。

2人でペアを組む意味

人生の様々な場面を二人で対応する有利さに私が気付いたのは最近のことだ。それまでは、どんなことにでも一人で戦うのが男の使命だと思っていた。

しかし一人の力はいくら頑張っても知れているが、二人いれば一日の時間も12時間ずつ分担出来るし周囲360度の空間も180度ずつ分担出来る。

すなわちアインシュタインの時空のエネルギーの物理法則「E=mc^2」を適用すると、戦友と二人で戦う時のエネルギーは、一人で戦う時の何と二×二＝四倍（二の二乗）と指数関数的量になる、と私は勝手に思っている。

それでは戦友とはどう言う人か、

第一はなんでもお互いに知っている異性の連合いのことだ。この戦友とはお互いの心の日常の弱点をフォローし合える。

第二は何でも言い合える仕事を離れた同性の親友だ。この戦友はいざ仕事以外で問題が生じた時に絶大な力になる。

第三は同じ仕事に従事し、同じ目的を持つ同僚だ。この戦友がいれば大概の仕事上の難問も危機も突破出来る。

この三つの戦友が様々な生活場面に居てくれれば常に自分の最高の力が発揮出来る。この「戦友の法則」を仕事に当てはめてみると分かり易い。会議の席上や百貨店店頭で自分の意見や行動にすぐ同意またはフォローしてくれる同僚、問題が起きた時にすぐに一緒に戦ってくれる同僚がいることを想像すれば、この有り難さがよく分かると思う。

そしてこの「戦友の法則」の極め付けをお伝えする。

それはもう一人の自分と言う戦友を意識の中に作り上げることだ。言い換えると「自分を背後から冷静に見ているもう一人の自分」のことだが、簡単に言えば「反省する自分」のことだ。

この自分とは対話も出来る、問い掛けも出来る、悩みも相談出来る。科学的に言えば自分の潜在意識のことだと思う。

社員の皆さんにも是非この現実的な戦友と、架空の戦友とも言える潜在意識の効用に気付いて頂きたいと思う。人生がずっと楽になり、さらに実際の仕事上で様々な知恵が湧いて出てくることが実感出来る。難しいことではない、共に戦う友を大切にして、そしてもう一人の客観的な自分を意識するだけのことだ。

体内語と心

もう一人の客観的な自分を意識すると言うことを何度も申し上げた。人の心は大変な力を持っている。気付くか気付かないかの違いはあるが、人は誰でもその能力を持っているのだと私は思っている。

体内語とは、ふとした時に無意識に体内から出る独り言の事だ。何かをしようとする時に、ヨイショと声が出てしまう時が誰でもある。これは脳が無意識にこれから使う筋肉の部位に号令を掛けているのだと言う。また何かの問題を考えている時に、「何か良い方法はないか」とか「あっそうか」など と無意識に言葉に出してしまうことがある。

これは潜在意識で考えて、その回答を探すヒントを発する体内語だ。この言葉の遣り取りによって意識せずに問題の解答を受取ることが出来る。寝る前に口に出した問題を、翌朝回答が閃めくことが確かにある。

そして肝心なことは、人間の肉体は36歳を成長のピークとして、誰もがそれからは年齢と共に肉体は衰えていくが、一つだけ衰えない例外がある。それが閃き・感情・精神を司る「心」だ。心は衰えることなく、生涯成長すると言う。

心はどんな環境、状況にあっても思いは自由に動き回り、時空をも超えた想像力を駆使することが出来る。この力こそが人類が地球を征服した理由だ。そうであればこの能力を活用しない手はない。無意識と言う意識の活用だ。

どのようにしてそんなことが出来るのかと思う人はいるだろう。まず「そう言う能力を人間は備えている」と思うこと、信ずることだ。かつて経営の神様と言われた松下幸之助翁は、「ダム経営」はどうしたら出来るか、と聞かれた時に、「まず思うことだ」と答えて聴衆から失笑をかった。

その後日談は何度も申し上げているが、私は「まず思うこと」と言う意味は成功の大前提だと確信している。思わなければ何も始まらないからである。そしてこの思うことのきっかけは体内語にあると私は信じている。素直な気持ちで有り得ないと思うことを取り入れて見ると、それこそ思いも寄らない発想が湧き出てくる。試して見ることだ。

昆虫の生態

昆虫は卵で生まれる。卵が孵化（フ化）して幼虫（イモムシ等）となり、幼虫が蛹化（サナギ化）して蛹（サナギ）となる。そして蛹が羽化（ウ化）すると成虫になる。

これを人間に例えると、卵は胎児だ。幼虫は幼児だ。蛹は未成年者のことだ。羽化した成虫が人間の成人と言うことになる。

幼虫や蛹は地面や樹木を這い回って二次元世界で植物を食べて成長する。そして羽化を経て全く違う生き物に変身して三次元の空中を飛び回るようになり、そして子孫を残していく。

しかし人は、このような三次元と言う成人になっても次元を超えた自由な発想が出来る人は稀だ。

当社では入社三年以内にほとんどの社員は主任に昇格し、力のある社員はさらに課長、部長、役員へと抜擢される。これは千代田イズムとも言うべき強靭な心を身に付ければ、三年経たずにもう平社員（地を這うサナギ）ではなく、幹部社員（自由に発想の出来る人材）として待遇されるということだ。当社の幹部社員には定員という枠はない、幹部社員は多いほど良いと私は思っている。

このコロナ禍をきっかけに会社は次元を超えて羽化する時が来ていると思う。他社を圧倒的に超えた発想で大きく事業拡大に羽ばたく時だと言うことだ。

知恵の伝達

世界四大文明と言うものがある。人類の集団生活は一万数千年前からその痕跡はあるが、文明と言われるものが発生したのが七～八千年前からである。なぜそれを文明と言えるかといえば、文字を発明し生活実態を記録することが出来るようになったからだ。

言葉と言うものは今現在の人同士で伝え合うだけで、今以降の未来にはほとんどが消えて残らない。しかし文字は何代後の人にも記録として残すことが出来る。それによって文化の伝承が可能となり、学問が生まれた。そして人類は地球を征服出来た。

1847年米国に生まれたトーマス・エジソンは、電気の活用法を発見し、1200余の電気製品を発明したと言われる。その中で最も人類の発展に貢献したものは、蓄音器と映写機だと私は思っている。この発明によって人類の文明の歴史に大革命が起きたからだ。今まで記録と伝承が不可能であった音声と映像を残すことが出来るようになったのだ。

文字を読んで記録を再現するには、解釈の誤謬という微妙なずれが生じ、内容が正確に伝わらない弊害があった。しかし、発声された音声そのままを記録することにより、その言葉の持つ微妙なニュアンスを後世に伝えられるようになった。更にその映像を残すことにより、まったく正確に記録を後世に永久に再現することが出来るようになった。

文明・文化の伝承が、百年前の人間が今ここに生きて話しているように伝えることが出来るようになったのだ。言葉に代わる映像の時代が、学問の世界、報道の世界、仕事の世界、ありとあらゆる人間の世界で始まっている。我々はそのような時代の最先端に今立っているのだ。映像の真の力、それは文明の大革命なのだと知って、我々はいち早くそれに気付き、活用しなければならない。

ITのスキルアップを考える

今から40数年前、重さ3キロの飯盒風の携帯電話が出現し、その後すぐに車載用の携帯電話が出回り始めた。当社はこれをいち早くトラックに取り付け、配送の効率が数倍に上がったことを覚えている。それからも当社は最新の技術をいち早く取り入れるのが伝統となっている。

今まで百年かかった技術革新が一年に縮まったと言われるようになって久しい。この技術革新で一番恩恵を受けるのは実は高齢者だ。家に居たままテレワークが出来たり、読書も音声で耳から聴けたり、分からない事も全て座ったまま検索出来ると言う夢のような生活は、実は身体が不自由になりかけた高齢者にとって若者と同じ土俵で行動出来ると言う大きなメリットがあるのだ。

そのためには、取扱説明書を読んで扱い方を身につけなければならないのだが、これもネットでダウンロードしなければ手に入らないようにしたり、IT関連の使用料金も課金制度と称したりして、買取ではなく使用料を支払うと言う。安く見せて、実は永久に使用させるシステムだが、これらは米国のユダヤ人が考えだした「ユダヤ商法」だと言う。

しかし、これらを苦労してもひとたび身に付けるとその便利さに驚くことになる。

実際、携帯電話からスマホに変わった時に、スマホはただの新型の携帯電話かと思っていたが、実は手のひらサイズのパソコンだと後に知ることになった。スマホ用のアプリが普及してパソコンと同様の機能になってその便利さが分かったのだ。

今スマホの機能は、ラジオ、テレビ、天気予報、株価、決算機能、料理法、電車時刻表、辞書辞典、ナビ機能、など生活に必要なほとんどすべての情報が手に入る。新聞、雑誌まで読むことが出来るし、直近ではコロナ感染の過去現在の検索まで出来ると言う。恐るべきことだ。

我々はこれを積極的に活用しなければならない。手指の運動は脳の運動にもなるし、身体の運動も病気の兆候や原因もスマホが教えてくれる。活用しない手はない。

これを活用する高齢者としない高齢者とでは、先々の生活の豊かさが天と地の開きになる。

今一度立ち止まってITのトリセツをまずプリントアウトして、じっくり読んでみることだ。IT機器の使い方が一つわかれば、その後はITに熟達している人に質問すれば、用語も用法もスムースに理解出来るようになる。

夫婦－男女のパートナー関係

夫婦や男女のパートナー関係を長い目で見ると、歳月とともに関係が深くなる夫婦と、心の離れていく不仲夫婦がいる。心の離れていく夫婦関係には様々な理由がある一方、絆の深まる夫婦の理由は概ね一つだと言う。

その一つとは、絆の深まる夫婦間には尊敬と感謝があることだと言う。尊敬や感謝は一度芽生えると長期に継続し深まる。

尊敬とは、自分の存在や主張を認めてくれる人に対する敬意だ。

感謝とは、自分に尽くし好意を持ってくれる人への喜びの心だ。

この2つの心情は特に連合いに対して表裏一体で強烈な好意となり、歳月と共に深い絆となっていく。親友であり戦友であり、自分より大切な存在と意識するようになる。自分より大切な存在とは、この人のためなら何でも…、と思えることだ。このような関係の夫婦・パートナーが歳とともに仲の良い関係になることは必然だ。

改めて考えてみれば、夫婦ほど不思議な関係はない。生まれも育ちも違う男女が何かの縁で結ばれる。そして家庭を作り子供を作り死ぬまで一緒に暮らそうとする。中には様々な理由で別れてしまうこともあるが、子供にとっては当たり前の父と母だ。

一番大切なことは人生で最も尊敬し感謝しなければならない人は連合いだと気付くことだ。気付く知恵を持つ事だ。いや気付かなければならないのだ。お互いに自分ごとき人間を選んでくれた連合いはそのまま尊敬し感謝するに値する存在だ。

ではどうしたらそんな関係が築けるのだろうか？

相手から尊敬し感謝されるには、気付いた方が先に尊敬し感謝することだ。そして思いを言葉に出して、常に思いやりの行動をとることだ。

男性は掃除をする、ゴミを捨てる、風呂を沸かす、食器を洗うなど日常気付いた簡単な事を続けることだ。ほとんどの男はしていない。女性は多分そんなことはしなくて良いと迷惑がる。今までしていなかったのだから当然だが、そこをしっかりとすることだ。

そして会話はお互いに穏やかに笑顔で対応することだ。苦情を言うときに怒って言うより、「こうしてくれると助かる、嬉しい」と笑顔で伝えることだ。

そして大切なことは、腹が立ったらまず黙る、そして時間を置いて、思い遣りが足りなかったと気付いた方からごめんなさいと謝ることだ。

人生は演技だ、演技力の優った方が勝ちだ。下から持ち上げて動かす、この物理法則が異性との付き合い方の極意だ。今日から連合いに対する態度を切り替えてみよう。連合いは必ず変化に気付き、自らも変わっていくに違いない。そしていつの間にか尊敬と感謝の気持ちが共に芽生える。そして演技だと思っていたことが、いつの間にか本心に変わっていることに気が付くはずだ。

不思議な人生の旅を、不思議な縁で結ばれて、二人で歩んでいる姿を映画の主人公になったつもりで見返してみる。二人にとっては涙と笑いの最高の傑作映画になるはずだ。

新しい時代の当社の立ち位置

他社のマイナスな予測情報は流してはならない。マイナスな予測情報とは、会社が倒産しそうだとか、取引百貨店から排除されそうだ、と言う噂のたぐいの情報のことだが、これらは品位あるトップ企業である立場なら周囲に発言してはならない、と言うことだ。

また、売場での販売競争は公正でなければならない。家族会社や一人マネキンほど自分は特別だと言う利己的な「プライド」を持っている。そして小さく弱小であればあるほどそのプライドは強い。だから彼らは今以上に大きく発展することは出来ない。そしていつの間にか消えてゆくのも当然のなり行きなのだ。なぜなら継承の出来ない個人や組織はすぐに寿命がやって来るからだ。

そして大切なことは、企業であれ個人であれ軍門に降れば（負けましたと認めて仲間になれば）その時は、我々は彼らを出来る限り受け入れることだ。ラグビーで言う「ノーサイド」と言うことだが、それが上に立つ立場の義務であり、人としての道徳である。そして彼らを認め仲間と出来れば、組織は益々強く活性化する。

コロナ禍の収束後、三年後には政府から事業継続資金を借り受けた会社はその返済が始まり、倒産ラッシュが始まると囁かれている。当社は政府資金も銀行借り入れも導入しない覚悟だ。諸君の販売力を信じて自主自立の道を成し遂げる積もりだ。

人生の極意

絨毯は同じように見えても、織り方、品質、色数や高度なデザインによって仕入れ原価は変わり、また仕入れ時期の為替や買付タイミングで、2倍だったり半額だったりすることもある。

それをインターネットの価格や、他店のチラシ広告を見て、それを目安に定価やセール価格を付けている販売員がいる。彼らは素人の販売員である。何気ない日常の中に、当たり前の仕事の中に人生の極意と言うものがある。それは仕事の極意であり販売の極意でもある。

嘘をつくな、喧嘩をするな、規則を守れ、など様々な常識の中で我々は生活している。嘘は、ついてはならない嘘とついて良い嘘がある。喧嘩は、してはならない喧嘩としなくてはならない喧嘩がある。法律や規則も同じだ。破ってはいけないものと破らなくてはならないものがあることを知ることだ。

病気で死期間近な人を見舞いに行って、「死にそうな顔色ですね」と言える人はいない。「顔色がいいですね、お元気そうですね」と誰でも嘘を言う。相手の為になり、なお自分の利益にならない嘘であれば、嘘は許されるもの、つかなければならないものになる。

子供に「喧嘩をしてはいけない」と言うからいじめを止める子供がいなくなる。弱い子がいじめられたら、助ける為には喧嘩をしても良いと教えなければならない。

百貨店やテナント店の担当者から、様々な注意や縛りを言い渡されることがある。彼らの仕事の本来の目的は売上を上げることだが、それよりも自分の立場を優先する人もいる。何かクレームが有ったりすると、お客優先を振りかざして、売上よりもお客の言うことを鵜呑みにして業者に縛りをかける。「一方聞いて沙汰するな」と言う江戸時代の格言があるが、一部の担当者はそんな事も知らないで業者を縛る。

真の商いとは、お客様に満足をお売りすることだ。高級品を買うお金待ちは安いから買うのではない。便利だから、楽しいから、綺麗だから、珍しいから、日々の生活に満足するために買うのだ。

売れない販売員は、安くなければ売れないと思い込んでいる。売れる販売員は価格よりも商品の違いや特徴・利点を説明する。特に絨毯

なぜなら、

①お客のふところを自分のふところと同じで、誰もが安ければ買う貧乏人だと勘違いしている。

②お金持ちの気持ちを予測したり推測したり斟酌・忖度が全く出来ない。

③人間社会のルールには必ず例外と言うものがあり、その例外を活用しようとする知恵がない。

④言われたことをそのまま行うことが自分の役割と信じている。人生や仕事には、「正しく曲がれ」と言う言葉がある。真っ直ぐだけが正しいのでは無く、時には曲がること、すなわち工夫や改善こそが一番大切なものだと知ることだ。

⑤「常識は次の時代の非常識」と言われるように常識を疑い、その常識を知恵と工夫で作り替えて行くことこそが、今を生きる人間の義務だ。

売れない販売員にお伝えする。売れないのは自分の小さな知恵と立場から脱却出来ないからだ。自分以外の人の気持ちや心を推測し、その相手の目線で物事を考えられるか否かだ。

我々の商いは、売ることから始まり売ることで終わる。そのことを真に自覚出来た時、商いの極意、人生の極意を手にしたことになる。

大人のルールと生き方

大人とは、ルールをわきまえ道徳を身に付けた人間のこと。18歳になって成人するからではない。

①進路に迷った時は、より厳しいと思う道を選ぶ
②失敗は誰にでもある、失敗を失敗のままにせず、忘れられない「経験」にする
③身近な人にこそ丁寧な言葉遣いと態度を心掛ける、目下同僚にも丁寧語を
④後悔はしない、でも「反省」はしっかりする
⑤「有難うございます」を口癖にする、そして挨拶は自分からする
⑥性格の合わない人がいるのは「世の中の常」と知る、相手に合わせる心を持つ
⑦まず自分が幸せになること、それから人を幸せに出来る
⑧「出来ません」「知りません」など言いにくいことこそはっきり相手に伝える
⑨言うこと、思うこと、行うことを一致させる、これを「身口意一致」という
⑩どうしても辛い時は逃げる、逃げて体制を立て直したら再挑戦する

「コトナ」とは大人だが知識は子供なみ「オドモ」とは大人だが道徳は子供なみ。千代田グループの社員モラルは、他社にはない圧倒的なレベルであって欲しいと思う。会社永続の基本法則は「社員間道徳」であり、取引先には「商売道徳」である。

プロテウス効果

プロテウスとは自由に姿を変えるというギリシア神話の登場人物のことだ。東京大学情報学部の研究によると、VR（仮想現実）によって、人の心の「思い込み」の力が科学的に実証されつつあるということである。

VR専用のヘッドマウントディスプレイを眼前に装着して、センサーを手足に付けてVR空間に入ると、そこには自分の姿が鏡に映るように映像で存在している。映像にダンベルを持たせると共に、実際の自分も同じ大きさのダンベルを持って上下させると、映像の自分の姿も同じように上下する。

次に映像に映る自分を筋骨隆々とした体型に変えてダンベルを上下すると、とても軽く感ずるという。逆に自分の映像を痩せ細った体型に変えてみると、途端に、その同じダンベルが重く感ずると言うのだ。

要するに、VR内の自分の姿の架空の映像の見た目を変えると、筋肉の使われ方や重さの感じ方が変わってしまうと言うのだ。

一方で、プラシーボ（偽薬）効果ということも医学的に実証されている。偽の薬を本物の薬だとして処方して患者に与えた時と、本物の薬を与えた時とその効果は変わらないと言う事象が見られるというのだ。要するに、この両者の効果の仕組みは、「人の思い込み」によるものだと言う。

私はこの「思い込み効果」を人生と仕事に活用するべきだと思っている。「思ったこと」が自然に実現するのではなく、自分がイメージのなかでハッキリと「思えたこと」は実現する、と言うことだと私は思う。

「何となく行う」ことと、「しっかり目的意識を持って行う」ことの結果はまったく違うものになる、と言うことでもある。

人生は自分自身が作るストーリーによって決められる、と言うのだ。

我らの基本精神は、まさにこのことの実践だと思っている。

自然界の教え

1、雑草とは何か

千代田農業アグリサービスの設立に向けて、植物のことを最近色々と調べ始めた。そうすると今まで思いもしなかったことに出会う。そのいくつかを紹介していきたい。

雑草とは「望まれないところに生える植物」と定義されている。つまりは邪魔者である。しかしある哲学者は「雑草とは、いまだその価値を見出されていない植物」だとも言っている。

例えば、道端のアスファルトの隙間に勝手に生えてきた大根は「根性大根」と呼ばれる。この大根は雑草だろうか野菜なのだろうか。道端に生えているから雑草と言う人もいるが、ダイコンはどこに生えても大根という野菜だと言う人もいるだろう。

ヨモギは畑の雑草だが、野菜として草餅の材料や、お灸として薬草にもなる。このように使い道のあるものは雑草とは言い難い。雑草は私達が邪魔者扱いした時に始めて雑草となる。実際には、雑草になりやすい性質を持つ植物を、植物学では雑草として扱う。

有名な植物学者牧野富太郎は、著書の中で実に百数十種の雑草の利用法を紹介した。もしあなたが野の花の美しさに気付き、そっと一輪挿しにしたなら、その野の花はもはや雑草ではないだろう。同じく植物学者である昭和天皇は、「草には雑草と言う名の草花はない」と言われた。

生きとし生きるもの同士、その命を慈しみ育てる慈悲の心というものこそ、真の利他の心と言うのではないかとしみじみ感ずる。人の思いが全てを創り出すのだとも言える。

2、理想的な雑草

どんな植物でも雑草になれるわけではない。雑草として成功するためには、いくつかの特性が必要である。

逆境を生きる雑草の条件は、どこか人間社会の成功要因に似ている。

①種子の発芽に必要な条件が複雑だ
②発芽は同時でなく、種子の寿命が長い
③成長が早く、速やかに花を咲かせる
④長期に渡って種子生産する
⑤自分だけで種子を残す方法を持っている
⑥特定の昆虫に頼らず花粉を運ばせる

⑦条件の良いときには多くの種子を、条件が悪くても少しの種子を残す
⑧種子を遠くにとばす仕組みを持つ
⑨途中を切断されても、強勢な再生力で増えることが出来る
⑩人が耕す所より深い所で芽を出せる

雑草が全て生き残るわけではない。知恵と工夫と改善と、そして運を味方に出来た種だけが生き残っていくのだ。雑草が何かを教えてくれているように私は思う。

3、「雑草」と言う誉め言葉

困難を乗り越えて成功を手にした無名の努力家は、時に「雑草」に例えられる。しかし「雑草」を誉め言葉に使うのは日本人くらいだ。手を掛けて育てられた「温室育ち」と言われるより「雑草」に例えられる方が日本人は喜ぶ。

英語で雑草は「ウィードweed」と言うが、厄介者、嫌われ者の意で良い意味は全くない。勿論日本でも雑草はやっかい者であるが、一方で愛着を持って憧れの念を抱いてきた。雑草に良いイメージを持つ日本人は世界でも稀な国である。

日本人は曖昧ではっきりしない国民性と揶揄されるが、日本人は物事の二面性を良く理解して雑草の強さからも学ぶことが出来る立派な国民性であると私は思っている。

4、踏まれても立ち上がる

これは雑草に対する一般的なイメージだ。ところが実際には雑草は何度か踏まれると立ち上がらなくなる。何とも情けないと思うが、これこそが雑草の強さである。踏まれても立ち上がらなければならないと言うのは、人間の勝手な思い込みに過ぎない。

そもそも、どうして立ち上がらなければならないのか、雑草にとってもっとも大切なことは花を咲かせて種子を残すことだ。それならば何度も踏まれて立ち上がる、と言う無駄なエネルギーを使うより、倒れたまま花を咲かせる方が良い。中には踏まれた靴の底に種子をくっつけて、分布を広げる図々しいのもいる。

こうして踏まれると言う逆境を逆手に取って成功する道もある。下手な根性論より雑草はずっとしたたかなのである。人間もこうあるべきだ。叩かれたり、逆境に会ったりしても、したたかにそれをバネにして成功させることが出来ると言うことだ。
単一な根性論より知恵と工夫が勝利すると言うことでもある。

5、草むしりと発芽

圃場（田畑）の草むしりを徹底しても、一週間もすると一面に雑草がまた生え始める。腹立たしく思うがこれには理由がある。実は草むしりしたことによって、雑草の発芽を引き起こしていると言う。

雑草の種子は土の中で発芽の機会を伺っていて、周りに雑草が無くなったことで種子に光が当たり、それにより発芽すると言うのだ。これを「光発芽性」と言う。それは草むしりによって世代交代が行われ、若い雑草の芽が一斉に発芽すると言うことだ。人間社会でも同じことが言える。

また、もう一つの重要な雑草の発芽理由には「冬の寒さ」もある。秋に地面に落ちた種子はじっと春が来るのを待っている。冬が来る前に暖かい小春日和に発芽した雑草は、その後に来る冬の寒さで全て枯れてしまう。そのために雑草の種子は冬の寒さを経験した後でないと、暖かさを感じないようになっている。

冬の寒さを経験しないと発芽しない習性は「低温希求性」と呼ばれていて、冬の寒さに耐えているのではなく、冬の寒さを求めているとのだと言える。雑草の種子は「冬が来なければ春は来ない」と言うことを知っているのだ。

人間の人生も同じだ。厳しさを経験していない人間は、簡単に滅び去っていく例が周囲にはたくさんある。

6、除草剤

草むしりのモグラ叩き状態は前回のヒントでお伝えした。その解決策は除草剤の発明であったと思われた。しつこかった雑草も除草剤を撒けばたちどころに枯れていく。雑草に苦しむ農家にとって革命的なことだった。当時の農家の人達にとってはどれほどの朗報であったかと思う。

しかし、現代に至って除草剤を使い続けた結果「除草剤耐性雑草」と言う大きな問題が出現した。この問題は害虫駆除剤の耐性の問題がすでに起きていたが、昆虫ほど世代交代が早くない植物では発達し難いと思われていた。しかし同じ除草剤を使い続けたことにより耐性植物が出現してきたのだ。

自然界の目に見えない法則は、人間の小才如きでは打ち破れるものではないことを示している。植物学者が言う唯一の完全雑草駆除の方法は、「草取りをやめること」だと言う。草取りをやめると次々に生存競争に強い植物が生えてきて、雑草を圧倒していく。

しかし雑草がなくなった後には、雑草よりも更に厄介な大きな植物が鬱蒼と生い茂り、最後には藪になってしまう。圃場の管理法としては現実的ではないことが残念なことだ。

人生も問題が起きた時に、逃げれば逃げるほど問題は大きく追い掛けてくる。問題は面倒でもその都度完全に取り除くのが一番の解決策だと言うことを、雑草が教えてくれているように思う。

7、パイオニア植物の美学

埋立地や新たに開発された土地に、真っ先に生える植物をパイオニア植物（先駆種）と呼ぶ。人間の社会でもそうだが、ゼロの状態から最初にことを起こすことはたやすいことではない。これは植物に取っても同じことだ。

新しい土地は水も養分も少なく土も硬い。しかし、パイオニア植物が発芽し根を張ることによって、土は細かく柔らかになって、保水性や通気性が改善されていく。また枯れ死した茎や葉が分解されて有機物となって土を豊かにしていく。

しかし不毛の土地を開拓したパイオニア達はそこには留まらない。豊かになった土地には、次々と力のある植物が侵食して先駆者たちを追い出してしまう。

パイオニア植物は、それまでの土地には少しも未練を残さず、新たな未開の地を求めて種子を飛ばすと言うのだ。これがパイオニア植物の宿命ではあるが、その潔い美学に私は感動する。

生き物は死んで何が残るのか。全ての電源が突然切れて、真っ暗闇となるように意識が突然消え去るだけだ。残った者たちの記憶からもいずれは消え去る。

生あることだけが人間のすべてである。それが一度しか無い人生を大切にしなければならない理由でもある。

8、多様性という価値

「善は急げ」そして「急がば回れ」、どちらが正しいのだろうか。雑草にとっても人間にとっても答えは明白だ。どちらが正しいかは、それは状況によって変わると言うことだ。

雑草が暮らす自然環境は、何が起きるか分からない予測不可能な環境である。どちらが正解かを考えるより両方準備しておくことが正しい選択だろう。雑草は次世代の種子に実にバラバラな特性を持たせる。雑草にはこの「多様性」が実に大切なのである。

早く芽を出すものとゆっくり芽を出すもの、乾燥に強いものと寒さに強いものもある。様々な個性の種子を作ることによって、雑草はどんな自然環境にも生き残りを図ると言う。

いかに優れた成功者であったとしても、状況の異なる次の世代では、同じ方法で成功するとは限らない。一つの道を求めるよりも、常に多様性を維持することが最も大切であることを雑草は知っているのだ。

会社組織もそのまま参考になる秘訣だと思う。一つの価値観や一人の知恵だけで、真の成功はない。多様性こそ次世代の生き残りのキーワードであると私は思っている。

〈東京書館刊「身近な雑草の100の雑学」を参考〉

大切な人との付き合い方

連れ合いとの付き合い方は、誰もがしてもらって当然、尽くしてもらって当たり前、と一番大切な人なのに一番気を遣わないという夫婦が大半だ。これは男女どちらにも言えることだ。人はその人が居なくなってはじめて一番大切な人だったとやっと気付くのが凡夫の悲しさだ。

連れ合いは自分にとって一番の親友、一番の理解者、一番の批評家だと知ることだ。

＊連れ合い五箇条

①欠点は見逃す
②失敗は許す
③些細なことでもお礼を言う
④物をもらったら、ものでお返しする
⑤マイルールを押し付けない

何でも相談できるのは連れ合いしかいないし、失敗は誰にでもある。してくれたら誰にでもお礼を言うものだろうし、物のお礼は物ですることだ。そして自分のルールや主義をおしつけてはならない。人それぞれに価値観は違うものだし、その価値観の違いを逆に評価し尊敬することが大切だ。

このように書くと、大半の人は連れ合いにこの事を言いたくなる。そうではなく、読んだあなたが実行することだ。連れ合いにこれを言いたくなるようでは、本当の連れ合いへの理解が出来ていない証拠だ。

私は身の回りの全てを自分一人で采配するようになってから、日々の暮らしの中で、夕飯の心配、部屋の清掃、衣服の整理、支払いのチェックなどなど、いかに自分が至らなかったかを思い知らされている。

思い立ったが吉日、と言う言葉がある。悔いることは、心に刺さったトゲである。ふとした時にズキンと心を突き刺す。そう言う思いをしないために今日この日から、連れ合いに対する接し方を変えて見よう。

デザイン思考とストーリー

デザインとはアーティストが思考し創作する目に見える作品だけを言うのではなく、設計や企画、商品などの制作にあたって閃き創造する思考のことで、今後AI（人工知能）が人と共存していくに当り、人間が受持つ領域のことを言う。

私が言う閃きとは、新しいアイデアや商品、販売方法、ビジネスモデル、問題解決法などを思いつく行為のことを言うのだが、AIは物事の関係を即座に見つけその情報を使って適切に提案などが出来る。しかしそれはあくまで過去のデータによる類似または模倣のレベルであり、AIが人間と同じ閃きを起こすことは多分あり得ないし難しい。

デザインとはストーリー作りであり創作である。人間社会はすべて天才や秀才の閃きによってデザインされ、創作されてきたと私は思っている。言葉も文字もお金も、国家や政治や経済、会社や宗教、インターネットまでもが、自然に発生したものではなく人間のデザインによって作られたストーリーの賜物だということである。

私の言う工夫・改善とは、すでに出来上がっていると思われる既存のデザイン、ストーリーに対して変更を試みる個人的な行為のことだ。自分の人生の見方や生活の方法を少し変えてみる試みのことだ。

そこに人生の楽しさや面白さ、そして豊かさと意味があるのだと私は感じている。

そのために私の目指していることは、我々の閃きによってこの会社の次元を一つ引き上げることだ。集団の力を結集させ、それを大きな力に変換させ、それらの成果をすべての社員に還元するシステムの構築にある。AIや科学知識や先人の知恵はそのための道具や手段やテコだと思っている。

学べ、そして考え、工夫・改善をなし続けることだ。それが必ず大きな成果に出会うエネルギーになる。

思い込みを乗り越える

「思い込み」とは、「固く信じて疑わないこと」だ。当然良い思い込みと、良くない思い込みがある。その見極めは、普遍的か個人的かによる。普遍的とは、社会と共有する共通の思い込み（道徳など）のことであり、個人的とは独り善がりの偏った思い込み、すなわち変えなくてはならない思い込みのことだ。

1つの例は、医者・弁護士・税理士任せというものがある。要は専門家に任せれば間違いない、という思い込みだ。専門家と言えど所詮は我々と同じ人間であり、間違うことはいくらでもある。医者任せは死に至り、弁護士任せは死刑になる、税理士任せは倒産する、という諺がある。ただし、専門家には専門の知識がある。彼らの知識は大いに活用しなければならない。良い解決は彼らの知識を活用して自分で決断・決定するということだ。

次は販売職の思い込みの例を言う。

①安くすれば買う↓お客は自分の好みに合えば高くても買う

②値引きすれば売れる↓理由の無い値引きは疑われて売り逃す

③利益が少ない方が売り易い↓適正利益を考えない安売り商売や、価格競争の結末は倒産が待ち構えているだけだ

④○○%の利益率は取り過ぎだ↓利益は仕入れ・品揃えに対するお客様からの手間賃だ、相応の手数料の循環が社会と個人を豊かにする、今の当社にはベストな適正利潤だ

⑤高い安いは販売員の思い込み↓商品の物語の価値で価格が決まる↓百年前のアフリカでは今のビー玉(ビードロの玉)数個で未開地が買えた、手織絨毯も同じかも知れない

いかがだろうか。自らの無知で小さな思い込みを乗り越えた人だけが、豊かで健康で幸せな人生を手に入れることが出来る、と言う人生の基本原則に再び全員で立ち戻ろうではありませんか。

信頼と言うこと

人間関係はすべて信頼によって成り立っている。

社員は信頼出来るか、逆に経営者は信頼出来るか、この答えは「人間は信頼出来る時もあるが、信頼出来ない時もある」と言うことだ。なぜ信頼出来ない時や信頼出来る時があるのか。それは利害が一致しない時は信頼出来ないし、利害が一致している時は信頼が出来ると言うことだ。

それではその利害の一致はどのようにして得られるのか。それはお互いの情報と意思の伝達の量に比例する。自分に不都合なことでも、その理由が明白ならば容認出来ることもある。明白でない時には人は疑心暗鬼に陥り、相手を信頼しなくなる。

だから大事なことは、日々の関係者との報告・連絡・相談という行為だ。そしてそれは目下から目上にするだけではなく、目上から目下にもすることが真の信頼関係を保つ重要な秘訣だ。人間の英知は、自分以外の他の人の心を読むことが出来ることだ。それさえ理解出来れば人からの信頼を得ることは極めて容易になる。

「内組織バイアス」と言うこと

バイアスとは、偏向偏重と言う意味で、「内組織バイアス」とは組織の中だけで通用する考えで、「内集団びいき」や、「組織内過信」と言う意味になる。

長く閉鎖的な組織にいて、その組織が居心地の良いものであればあるほど、人はその組織が一番だと思い、他の組織を馬鹿にし、例え他社に良いものがあっても認めようとせずに、なるべく他社のいいものがあっても見ないようにもなることがある。

自社より良いシステムがあれば、それを取り入れ、さらに良いシステムに変えて行くことが自社の成功や発展につながる。知恵や知識は、何かのヒントがなければ決して新しいものは生まれない。

同業者のやり方を見て、そのまま取り入れるのはプライドが許さない、と言うことはある。そのやり方を自分なりに工夫・改善して活用することは、決して恥じることではない。彼らより進歩させ、知恵があることになるからだ。

このように、自分だけとか、自社だけとかと言うものの考えかたは、必ず壁にぶつかる。どんなに嫌な人間や会社からでも、なるほどと思うことがあれば、見ぬふりをしながらも更なる工夫・改善で相手の上を行ってしまうのが知恵ある対応だ。

金持ちになる

①他人を頼ってはならない‥本当の儲け話は誰も他人には教えない。自分で気付くしかない。人と同じことをしていても成功しない。

②人生で一番大切なものは時間‥損したお金は取り戻せるが、時間は命と同じで絶対に取り戻すことは出来ないのだから。

③終了時間を決める‥会議や読書や睡眠など開始前に終了時間を先に決めて、絶対に例外を作らず、決めた時間に終了させる。

④「セルフコントロール」‥自分の心や感情を、自らが常にコントロールする。誰もが楽を求め、苦から逃げようとする。人と同じことをしていても成功はしない。

⑤無駄なものは持たない‥カードは何枚、背広・ネクタイは夏冬で何着、革靴は何足と最低限の数を用意する。足らなければいつでも買える。無駄に持てば邪魔になるだけだ。

⑥健康は財産‥時間と同じに大切なもの。健康でこそ知恵も働き、多くない貴重な時間を活用出来る。

今と将来の健康には出費を惜しまない。

⑦他人の利益を優先する：取引相手や縁ある人の利益を優先する。自分に利益をもたらす人には誰でも援助を惜しまない。利他の気持ちで交渉すれば、商談も断られることはない。

様々な見方や考え方があるが、自分の納得するストーリーを、自ら作り上げることである。そこに人生の妙味と面白さがある。

人を育てる

「人はそんなに変われるものではない。足りないものを植えつけようとして時間を無駄にしてはならない。

部下の持つ能力の中にあるものを引き出す努力こそ、リーダーの一番の課題だ。」


これは米国の世論調査会社ギャロップ社の、世界のトップレベルのリーダーを調査してきた責任者の言葉だ。

彼は、「世界最高レベルのリーダーたちは、どのようにして従業員の才能を発掘し、仕事を任せているのか？」と疑問を持ち、多くのリーダーにインタビューした。

その結果は、リーダーに共通する考えはほとんどなかったが、1つだけあったと言う。それが上記の言葉であった。優秀なリーダーのこの考え方こそ、非凡なリーダーシップの全ての考え方が反映されている。

リーダーの役割は、部下の心の内面に入り込み、その部下の持つ才能を開花させるモチベーションに気付かせることだと言う。


そしてそのために最も効果的なのが、部下を一人ずつ相手にすることだ。部下と一緒に仕事をして、一人一人に質問をし、話を聞く。要するに部下と一対一で接することがその秘訣だと言うのだ。

部下の力を信じ、その力を開花させること、それが組織の真の力だと私も思う。

また逆にリーダーにとって最も好ましい部下は、仕事が出来る人物であると共に、情報を常に発信出来る力を持った人物である。

新しい時代のモチベーション

モチベーションとは、動機付けのことで、簡単に言えば人間の意欲、やる気と言うことだ。人生においてモチベーションは大切だ。人類の始めは、生存することや生き延びるために食料を求めて、生き死にを賭けて格闘してきた。

そのまま、つい72年前の終戦までは人間は生きるための戦いがモチベーションになっていた。弱者は貧困となり、さらに力のない人間は餓死するからだ。

戦後20年経った頃、即ち我々の団塊世代の青春時代だが、この時代は貧乏から抜け出し、生活を豊かにするための家具や家電製品、自動車、マイホームを買うために出世してお金を稼ぐことがモチベーションとなった。それはつい数年前のことのようにも感ずる。

一転して、現代では食料も家具、自動車、住まいまでも、何でも有り余るほどの豊かな時代になった。餓死する心配も、寒さに震えることもなく、働かなくても生活保護によって死ぬ心配も無くなった。また病気に倒れても、国民保険の恩恵で誰でもいつでも病院にかかることが出来るようになった。こんな豊かな時代に生きる現代の我らは何をモチベーションにして生きればいいのだろうか。

①自主自立と自由

強制された仕事は、誰でも能率は上がらないし、継続出来ない。仕事のやり方は自分で考え決定し、自由に仕事が出来れば、効率が上がり、自らの創造性も高まり、楽しくて無駄な経費や時間の浪費もなくなる。また自分の存在を認め期待されれば、自然と頑張ろうと言う気持ちになれる。

②更なる熟練・熟達を目指す
高度に複雑で難しい仕事をこなそうと思えば、探究心や自主的な思考と意思が必要である。仕事への積極的な関与がそれらを可能にして、仕事の熟練度と熟達度を上げることが出来る。更なる仕事上の高みを目指すことだ。

③縁ある人から感謝される
家族を幸せにすると同時に、仲間と協調して目的を達成し、さらに会社を富ませ、社会の豊かさに寄与しようと考える。
縁ある人から感謝され、喜ばれると言うこと自体を目標にする。

以上の3つが、これからの豊かな社会に我々が更なるモチベーションを持ち続けられる秘訣だと言う。要は今の豊かな生活を更に真剣に守り通す意思を、一人一人が持つことだと私は思う。

統合司令本部

軍隊では総合でなく統合司令本部と言う。陸軍・海軍・空軍の三軍を一括して統括する司令部のことだ。

会社の商いも食うか食われるかを思えば、命を取られる訳ではないが、大袈裟に言えば現代の戦さである、と私は思っている。

当社では組織としては販売営業職、総務経理部、配送仕入部の3つがある。これを統合するのが経営職、すなわち社長であろう。

仕事内容を詳しく分ければ販売、仕入、人事、配送、経理、そして社長がある。

社長とは会社の全責任を負う代わりに、会社における全権限を持つものである。当社の体制は、言うまでもなく創業者から全権限を委譲された社長が、上記部門の全指揮権を持っている。すなわち統合司令本部長は社長である。各部門の長は、それぞれの権限を社長から委任されている形になる。

戦さとは、個人なり集団の総合力で競うものだ。戦う目的を全員が一致して自覚し、その目的に向かって突き進むことで勝利する。そのためには一人一人の情熱、行動、真剣さとその目的意識が問われる。ただ言われた事を形だけ行うのではなく、仕事を考え工夫し検証することが社員に求められているのだ。

以前磁石の話しをした。磁石は高温にすると分子の配列が緩んでプラス・マイナスがバラバラになると磁力は失われる。逆に高温の時に左右にプラス・マイナスの磁石を置いたまま冷やすと、その金属は同じ力の磁力を帯びた磁石になる。

組織の全員が同じ情熱を持つことにより、組織も磁石と同じような周囲を惹きつける力を持つことが出来る。

運を掴む

プロとアマチュアの違いは、勝負の時アマチュアは幸運を願うが、プロは最悪を考えて次の一手を考える、と言う。


人生の運・不運の違いはどこにあるのか？

それは運の良い人は総じて悲観的であり、不運の人は常に楽観的だと言う。

運の悪い人の問題点は、「運」と「予定」を区別出来ないことにある。

不運の人は、何度かの成功に自信を持ち「成功したのは自分が上手くやったからだ」と勘違いして、同じ戦術を繰り返す。そして最後には必ず失敗する。


仕事や人間関係、金銭について、運の良い人は「運」と「予定」を区別する。自分の思い通りになることは限られている。だからこう考える。

「状況は悪い方に進むこともある。だから悪い結果が起きることも予定しておく。自分たちを守るためには何が出来るか、そして最悪は何か」を考えておくのだ。


プロは生活が掛かり、自分の人生が掛かっている。だから交渉相手の一挙手一投足、表情や言葉の端々、目の動きの全てを一瞬にして判断する。

いつも伝えているように、相手の心を読むには、相手と同じ表情や同じ言動をしてみることだ。「心は全て表情・言動に表れる」と言う原則から、表情・言動は人の心を映し出す映像なのだ。

我々は日々の営業・販売活動に、プロとして運を味方につけるために、人の心を見抜くと言う技術を身に付ける必要がある。

問題の解決方法

組織にとって一番重要な事は、一人一人の気持ちが、一人残らず同じ方向、同じ価値観を共有することだと言うことを前信で申し上げた。ただしそれは、会社の全ての意見に盲従することを言うのではない。

毎回申し上げるが「弁証法」というものの見方がある。これは『正↓反↓合』と段階を踏んで正しい答えを導き出す手法である。「正」とは、目的に対して正しいと思われる道で、「反」とは1つの「正」ではなく、他の「正」すなわち反対意見のことを言う。

そして「合」とは、どちらが本当の「正」かが分からない場合、まず最初の「正」を実施し、それが間違っていると分かったら「反」すなわち次の正を実行しようと言うその順序を全員が合意することである。

組織の運営には、この手法はとても大切なことだ。なぜなら、組織や人の行動や思考には絶対に正しいというものはなく、また多数決が常に正しいとも言えない。

未来は常に不確実であり、多数決も当然不確実なものなのである。石橋を叩いて渡らないこともあり、叩かなくても渡ることがあるのが、人生や商いの不思議な道である。

反対意見は大いに歓迎し、それぞれの立場で吟味することだ。その上で、トップが決断すれば全員が鋼鉄の磁石となり、決定に従う組織であって欲しいと思う。

見えないものの力

磁石には二種類ある。鋼鉄（炭素含有量0.08～2.00％の鉄）に、高圧電流を流して磁力を宿したものが永久磁石であり、長期に亘って磁力を保持する。

軟鉄（様々な不純物が混ざっている鉄）に磁力を宿したものが一時磁石だが、これはすぐに磁力を失う。

永久磁石は周囲の砂鉄等を惹きつけ、接触した鉄製の針や釘にも一時的に磁力を与えることができる。

このことは、私は人の集団でも言えるのではないかと思う。人の心は見えないが、集団から発せられる情熱は、まるで磁石のように周囲に伝播し、大きな力を発揮することがある。

鉄の塊を構成する分子のすべてが同じ方向に並んで、プラスとマイナスが左右1つになった時に、ただの鉄の塊が磁力を宿した磁石となる。その分子の一つでも逆の方向を向くとその磁石は磁力を失い、磁石でなくなってしまう。

人の組織に当てはめてみると、全社員が共鳴して同じ意思を持つ組織は、圧倒的な力を発揮して成功している。

一人一人の精神が一体となって目的に向かう時、その力は見えないし、科学的に証明されている訳ではないが、考えられないほどの大きな成果を出すことを我々は経験的に知っているのだ。

逆に一人でも不平不満を持つ者や、やる気のない者がその組織にいれば、万全の組織力は発揮出来ず、平凡などこにでもある組織で終わりを迎えてしまう。

今回の会議にて、心を一つにして社員全体が同じ目的に向かうために、喫煙者全員に禁煙をお願いした。自分のための禁煙ではなく、家族や仲間のため、また会社のために全員の心を一つにする証としてお願いしました。禁煙は誰かの力を必要とするのではなく、自分一人の心だけで実行出来ることです。

禁煙と仕事と何の関係があるのか、と思う人もいるでしょう。全員が鉄の分子のようになって、組織力を最大限にするための言ってみれば第1関門です。

誰にとっても一度しかない人生。一時的な軟鉄の磁石ではなく、鋼鉄の永久磁石となって会社をそして自分自身の人生を全員の団結で最善のものにしようではありませんか。

悪習を断つ

先にも述べたが六月は、日本では良い習慣を始める最も良い月だ、と昔から言い伝えられている。気候・思考・体調が一体化するベストな季節、ということが理由かも知れないが、本当のところは私も分からない。

そうであれば、この月は逆に悪習を断つ一番良い季節とも言える。

悪習とは、喫煙酒乱・惰眠怠惰・愚痴悪口・不平不満・賭博浪費などなど、皆それぞれに思い当たることはあると思う。思うなら、それを克服することだ。誰の助けも誰の協力も要らずに、只自分の心一つで、やると決めれば克服出来ることばかりだ。そして悪習は、病と貧乏の大元だと知ることだ。

今から百五十年前、明治維新の前後、日本でも阿片の吸引は合法で、子供でも吸引していた。戦後作り始められた覚醒剤は、即効性があり脳そのものに直接快感が伝わり、一度使用すれば止めることは生涯出来ずに廃人になる。

現代医学が進歩して、覚醒剤と阿片は人間を廃人（動物↓理性のない人）にする薬物と分かって、世界中で厳禁されている。イスラムや共産主義の国では持っているだけで死刑になる。

喫煙も同様に、人間の遺伝子に重大な悪影響を及ぼすことが分かってきた。あと十年、二十年後には、過去の阿片のように麻薬としての扱いになると言われている。覚醒剤は即効で廃人、阿片は緩慢なる廃人、喫煙はなんと子や孫にわたって染色体の異常を作ると言われているのだ。

どうしても、止められない人間には、現在は「禁煙外来」での病院治療がある。薬の投与で、喫煙が嘔吐する程に嫌になる治療だそうだ。そこまでするより、今吸いたいと思うその一本を、止めることだ。その次の一本を吸わずに持続することが禁煙なのだ、と知ることだ。

人は正しいことに染まるには、他人の意思ではなく自分の意思が必要だが、悪習に染まるには自分の意思は不要で、他人の意思で簡単に染まる、と言うことを知恵ある人は知っている。心したいことだ。

愚痴・泣言・陰口の人は

人生は誰にも百％の満足はない。人は誰でも何かを我慢して生活している。その我慢を自分の責任として捉えるか、または他人の責任と考えるかで、その結果は全く違ったものになる。
日本人の侍文化は、全ての結果責任は自分にあり、自分の非を棚に上げて他人の非をあげつらうのは恥じるべきこととしている。

当社にも、日々愚痴・泣言・陰口を言い続けている社員が今もいると言う。同僚を馬鹿にし、上司をけなし、会社を批判し、自分の仕事をいい加減にし、それを誤魔化す社員のことを言う。
このような社員は果たして、これで自分は幸せになれると考えているのだろうか。愚痴・泣言・陰口を言えば言うほど、周囲に軽蔑され友は離れていくものだ。当然仕事は上手くいくはずがない。

当社は社員一人一人の自由を最も尊重している。退社は1ヶ月前の予告だけで何の拘束もない。自分に合わない組織だと感ずれば、辞めて他の道に進むべきであり、それが自分にも会社にとっても良い選択だと思う。

また、いつも申し上げることだが、社員同士の仲違いは、会社は片方だけの言い分で判断することはない。両者の言い分を聞いて判断する。

また上司に同僚の悪業を訴える社員が悪いのではなく、訴えられるようなことをしている本人が悪い、と言う会社原則を忘れないでほしい。

上司は部下を尊重すれば、部下は上司を敬う筈で、逆に部下は上司を敬えば、上司は部下を大切にする。同僚同士でも同じことが言えるのである。

経営の要諦

①企業にとって最も大切なものは人材である。組織をいくら改変しても人材が育たなければ成長がない。人材は経験や年齢に関わりなく、その人のその時の自覚次第だ。

②人材は育てるものではなく、社員にチャンスを与え、その中で己の力で伸びてくる社員を見出すのが経営の仕事だ。伸びようとする社員を見抜くことだ。

③経営判断はスピードが命だ。会議は事前に根回ししておき、結論を各自が確認するだけで良い。重要事項の決断会議は、その事案を一番理解している者同士が議論し、結論を出すこと。経営判断は多数決ではない。

④人は誰でも意気に感ずれば戦い、意義が感じられなければ戦わない。社員が意気に感じるような状態を作るのが経営の役割だ。

⑤組織は時間とともに劣化する。いつの間にか人は楽な道に浸って理不尽・不条理がまかり通る。これを打破するのが経営者の一声だ。そのためには経営で一番大切な現場感覚を常に体感しておくことだ。

非言語的メッセージ

営業や販売の場で、言葉を尽くせども中々思った通りの良い雰囲気にならないことがある。その原因の多くはこちらの心の中にある。「売りつけよう」「買わせよう」「自分の希望通りに相手を動かそう」と言う操作主義や密やかな傲慢さが相手に伝わってしまうからである。

どれほど巧みに言葉を操っても、こちらの心の中は、眼差しや表情、仕草や姿勢、雰囲気や空気を通して、恐ろしいほどに相手に伝わってしまう。

ある営業のプロは、お客さんを訪問する時、ビルやお家の玄関に入る瞬間に、心の中でその顧客の顔と名前を思い浮かべ「○○さん、有難うございます。これから貴重なお時間をお預かり致します」と念ずると言う。

最近の顧客心理研究では、言葉や書面で伝える「言語的メッセージ」より上記の「非言語的メッセージ」の方が、思いの伝達にははるかに大きな比重を占めていると言われている。

営業・販売の場では、いまだ「言葉をいかに使うか」とか「資料をどう見せるか」と言う次元でセールストークが言い伝えられているが、一流と二流のプロフェッショナルを分断するのは、その見えない心の深みを理解しているか否かに他ならない。

「至誠天に通ず」と言う言葉がある。これは誠の心遣いをしていれば、それが天に通じて自分の思った通りの結果になる、と言う解釈をする向きもあるが、これは間違っている。誠とは、何かを目的にした行為ではなく、自ら正しいと信じた道を他人の評価を意識せずに、ただ自ら努力することだ。「他者の評価を目的とするのではなく、自らの価値観でひたすら行動する」ことなのだ。

自分が良いと信ずるモノを、徹底的に勉強し、研究して、その良さを情熱を待って誠心誠意お客さんに伝える。結局我々の仕事は、目に見えない部分をお客さんに知って貰って、納得してもらうことだと知ることだ。

その為に、我々は目に見えないものを見抜き、目に見えないものこそ、人の心を動かす力があることを悟ることである。

井戸掘り

ある人が水が必要で井戸を掘った。

10メートルほど掘ると、そこは「宙水」と言う地中の空洞に溜まった水溜まりがある。この空洞に溜まるのは天から降る雨水で、貯まるのには長い年月が掛かる。

ある人は、運良くこの宙水を掘り当て大喜びで、この井戸から水を汲み続けた。当然貯まる水より汲む水が多くて、やがてこの井戸は枯れてしまった。彼はまた一から新しい井戸を掘り始めなければならなかった。そうやって、同じ人生を繰り返してしまう人が多い。

ところが、地下30メートルのところには、地下水の流れる川のようなものがある。それはいくら汲んでも尽きることのない、地下の大水脈だ。

そこまで掘り続ければ、子々孫々の喉を潤すことの出来る大水脈の井戸を手に入れられるのだが、誰もが途中の10メートルで、水が出て運が良かったと言って、そこで掘るのを止めてしまう。

私は30メートルの井戸を掘ることを目標にしてきた。今の会社はただ運が良かっただけで単に10メートル程度を掘ったところにある「宙水」に過ぎない。

10メートルの井戸を掘るのと30メートルの井戸を掘る努力は、単なる3倍ではない。掘る器具も技術も、そして汲みあげる工夫も知恵も数十倍の努力が必要だ。

何が問題かと言えば、大概の会社は10メートルの位置にある井戸で満足し、水を掘り当てたと思って、いっときの社会的な地位や物質的な豊かさに安住してしまうのだ。やがて「宙水」の水が枯渇して、初めて「何が起こったのか?」と自らの知恵の無さに気が付くのだ。

彼らは30メートルの井戸の存在を学ばなかったか、あるいは目先の富でそこまでの苦労は必要ないと途中で安住したかのどちらかだ。

経営と言うものは、そこまで厳しい努力と視点があってこその永続なのだ。途中には厚い岩盤や土砂崩れもある。途中の厳しさに押し潰されて、諦めてしまうのが経営の常でもある。

そこが真の成功の分岐点なのだ。ここで諦めない、必ず方法があるはずだと工夫改善をやり遂げるところに真の成功がある。

貧乏を治す

貧乏を治す方法　50項目

1　割り算で考える貧乏人　　掛け算で考えるお金持ち
2　お金を貸す貧乏人　お金を貸さないお金持ち
3　人の言葉を信ずる貧乏人　人の言葉を疑うお金持ち
4　自分の感覚を信ずる貧乏人　自分の感覚を疑うお金持ち
5　頑張る貧乏人　頑張らないお金持ち
6　許さない貧乏人　許すお金持ち
7　豪快な貧乏人　繊細なお金持ち
8　出来ない理由を言う貧乏人　出来る理由を言うお金持ち
9　慌てる貧乏人　備えるお金持ち
10　靴が汚れている貧乏人　靴が綺麗なお金持ち
11　恰幅のいい貧乏人　スリムなお金持ち
12　ストレスに潰される貧乏人　ストレスを活用するお金持ち
13　「美味しい」が好きな貧乏人　「美味しい」を控えるお金持ち
14　汚れを気にしない貧乏人　綺麗好きなお金持ち
15　夢に生きる貧乏人　夢を活かすお金持ち

16 情報一杯の貧乏人　情報を選ぶお金持ち

17 友達の多い貧乏人　友達の少ないお金持ち

18 まじめな貧乏人　時に不まじめなお金持ち

19 信用する貧乏人　信用しないお金持ち

20 財布の厚い貧乏人　財布の薄いお金持ち

21 「どうにかなる」貧乏人　「どうにかする」お金持ち

22 過去にこだわる貧乏人　未来にこだわるお金持ち

23 お金が好きだと思う貧乏人　お金が好きなお金持ち

24 永遠の時間に生きる貧乏人　限りある時間に生きるお金持ち

25 絵を見る貧乏人　絵を描くお金持ち

26 家族との仲を大切にする貧乏人　家族との距離を大切にするお金持ち

27 5分遅い貧乏人　5分早いお金持ち

28 小銭を貯める貧乏人　小銭を使うお金持ち

29 机ごちゃごちゃの貧乏人　机すっきりのお金持ち

30 占いを信じる貧乏人　神様を信じるお金持ち

31 気にしない貧乏人　気にするお金持ち

32 ご褒美をあげる貧乏人　ご褒美をあげないお金持ち

33 完璧を目指す貧乏人　完璧じゃないお金持ち

34 反省する貧乏人　反省しないお金持ち

35 忙しい貧乏人　マイペースなお金持ち

36 酔う貧乏人　酔わないお金持ち

37 貧乏が当たり前の貧乏人　貧乏に敏感なお金持ち

38 転んで終わりの貧乏人　転んでもただでは起きないお金持ち

39 公共を大切にしない貧乏人　公共を大切にするお金持ち

40 仕事が好きな貧乏人　お金が好きなお金持ち

41 「隠れ貧乏」とは、自覚もなく、また気付いていてもお金の足りない人生のこと。隠れていても、何かの切っ掛けで貧乏は顔を出す。要するに貧乏というのは病気だ。心を治せば、貧乏も治せると言うことだ。

42 「金持ちになると心に決める」気分的に金持ちになりたいのと、具体的に金持ちになることは全く違う。具体的とは、資産をいくら持ち、そしていつまでに持つのかを決めることだ。

43 お金持ちとは、資産1億円以上を持ち、それをいつまでも維持すること。

44 貧乏になる人は、とにかく周りがごちゃごちゃとしている。まず余計なものを徹底的に捨てること。そして無駄な出費も一切捨てること。

45 捨てたら、次に溜めるものがある、それは運だ。運の良い人にはお金についてのヒントがたくさん集まる。それは、「有難うございます」と「ついています」「運が良いです」といつも口に出して呟くこと。

46 「貧乏になるのは理由があるが、金持ちになるにはなぜか理解できないことが起きる」言葉には不思議な力がある。言霊とはそのこと。人を恨んだり、妬んだりせずに良い運に感謝すること。

47 貧乏は生活習慣病であるが、また伝染病でもある。家族や社員や友人に貧乏の坂を下っている人がいると、周囲も引き込まれる。

48 お金に関わるヒントを集める。百万円を一単位として、確実な金利を得られることに運用する。決して投資はしない。

49 「自分以外は当てにしない」と言うことが、全ての成功の基本である。

50 私は、26歳の創業の時、「絶対に潰さない」「社員百名」「百年続く会社」と言う誓いを禁煙を条件に、天に誓った。思った通りになると思う。しかし残念ながら、「売上百億円の達成」「自社ビルを持つ」と言う思いは、天に誓わなかった。先の3つが達成出来れば当然に後の2つは達成出来ると勝手に思っていたからだ。しかし天は心に決めたことしか実現させてくれないことを後に知った。

商いの心理学

心理学とは、英語でpsychologyサイコロジーと言います。サイコpsychoとは霊魂・精神・心のことで、ロジーlogyは学問を意味します。要するに「心の学問」です。

①返報性の原則

相手から親切にされたりプレゼントを貰った時に、「何かお返しをしたい」と思う心理のこと。

②希少性の原則

「本日限り」「一人一個まで」など時間や個数が限定されると欲しくなる心理のこと。

③作業興奮

「やりたくないなあ」と思っている仕事も、始めてみると不思議に面白くてやる気がでて来るもの。人の脳は何もしていないとやる気が起きにくいが、イヤイヤでも作業を始めるとやる気が起きてくる心理のこと。

④過大要求法

本当の要求を飲ませるために、始めに大きな要求を出して相手に断らせてから、その後に本当の要求を出すと通り易くなると言う法則。

⑤段階的要請法

過大要求法の逆で、最初に小さな要請をしてから、本命の要求をする方法。絨毯を床に敷いて、上に乗って踏み心地を味わって貰ってから、「踏んだのだから買わなければ」と思わせる方法のこと。

⑥類似性の法則

同じ出身地や同じ趣味を持っていることが分かった瞬間に、急に親しみを感ずること。人は自分と共通点のある人を好きになる法則のこと。

⑦単純接触効果

顔を合わせる回数が多いほど親近感が湧いて、その人を信頼すると言う法則。

⑧撒き餌法

良い条件を先に出してから、条件を吊り上げる方法。30％割引と書いてあってレジに持っていくと、これは対象外ですと言われて、ムッとするが、後には引けないのが人の真理だ。しかし度々すれば信頼を失う。

⑨イエス誘導法

相手がイエスと言い易い質問を重ねてから、本来の質問をする。

3回連続でイエスを取れれば、4回目の質問もほとんどイエスと答えるとのこと。

絨毯ビジネス

手織絨毯は高価で簡単に売れるものではないが、人の生活のレベルが上がると、世の中の成功者は何故か無性に手織絨毯を部屋に敷きたくなる。

高価なものと言うイメージがあり、買う人も慎重で、売る技術がこちらに無ければ誰も買ってはくれない。それが難しいから、大企業は絨毯ビジネスに参入出来ない。

世界の織り手側も皆、中小企業か個人である。言ってみれば絨毯業は、技術さえあれば作り手も売り手も大きな資本の要らない、いわば「貧者のビジネス」とも言うべき商いなのだ。

我々はそれに挑んでいる。私ごとき徒手空拳な凡夫が、販売力のコツを掴んだことにより、百人規模の会社を40数年維持して来られたのはその証拠だと思う。

なんの資本もコネも学歴もない我々が生きてゆかれるのは、ただ皆が一丸となって生きるために、売る情熱を持ち続けているからだ、と言うことを自覚して欲しい。

それ以上の理由も、それ以下の理由もない。だから売る情熱の無くなった社員は、老若男女を問わず消え去るしかないことを知って欲しい。

緊張感

人は様々な緊張の中で暮らしているが、誰もが極度に緊張すると心臓がドキドキする。

では、なぜドキドキするのか。

それはかつて、猛獣を仕留めたり、人との闘いに直面して危機を感ずると、自分が傷ついた場合をあらかじめ予想して脳が緊張を促進し、事前に血流を強めて、出血を止める物質を血液内に出しておく為なのだそうだ。

人は出血してから血を固めるのでは間に合わないと感じると、いつでも血を固められるように、先に脳から出血を固める物質が分泌される指令が出るのだ。

出血したらすぐに傷口の血がかさぶたになって、流血を止めるためにだ。

その本能が今でも、いざと言う危機を感じた時には、心臓の鼓動を早めるのはそのためだそうだ。胸のドキドキは、闘いやストレスに対抗する本能だと言う。人間の体内システムの素晴らしさに感動する。

怪我と病気

小さな傷には、バンドエイドを貼り数時間すると傷口は塞がる。しかしバンドエイド3日も貼っていると傷口が白っぽくなって皮膚がブヨブヨになり、ふやけて傷口の治りが遅くなる。

人間の体には、実は必要な薬を自分で作り出す自然治癒力がある。病気の時に薬を飲むと確かによく効くが、いつまでも外からの薬に頼っていると、体は自分で薬を作らなくてもよいと判断して、体内薬を作らなくなり、外からの薬も効かなくなる。

怪我をして猛烈に痛いのは初めの1分間だけだ。その1分間で、脳と傷口の間で、これはどういう怪我だからどう言う処置が必要だというやりとりをしている時間だと言う。

怪我をした時に一番いけないのは、「ウワー、大変だ、どうしよう」とパニックになることだ。不安な気持ちや恐怖心を持つと、血液の流れが悪くなり、体の中で作られた体内薬が運ばれなくなる。

人間の体内では1分後には、もう修復工事が始まって、ちゃんと治癒行為が行われている。このことを知っていれば、パニックにはならない。

すなわち、怪我と病気は、最初は医者に、途中は薬が、最後は自分が治す、と言うことを知っておくことだ。

またかつて弁護士など他人を当てにすると、無罪なのに死刑になる囚人の話しをしたが、病気や怪我も医師に全てを任すとそれと同じ結果になる。弁護士も医師も商売だと知ることだ。

正しい生き方を選ぶ

死に方は神に任せ、生き方は自ら決める。

死に対する恐怖は
①死後の世界は苦しいと思い込んでいる（でも死は苦しいと体験を語った死人はどこにもいない）
②いつ死ぬか分からない
③どのように死ぬか分からない
からだ。

しかしこの3つは神が決めることだ。生きることを楽にするためには、神の決めることまで考えないことだ。

神から死ぬのはいつとか、死に方を教えてくれると言われても、知りたくはないだろう。

それを知って幸せになれるのか？
死に方を知って死の恐怖から逃れられるのか？
そんなことは知らない方がクヨクヨせずに生きられる。

神はいつ、どのように死ぬかを我々に決して教えてくれないのは神の人に対する慈悲だ。死ぬ時期も、死に方もそれは神に任せることだ。

我々が決めなければならないことは、どういう生き方をするかと言うことだ。どう生きるかは、誰でも自由に選ぶことが出来るのだから。

正しく生きるということは、自分を優先しないと言う生き方。正しくない生き方とは、自分を優先する生き方のことだ。

前者を利他心、後者を利己心と言う。そう言う心構えが人生には必要だと思う。

世界三大時計ブランド

①オーディマ・ピゲ 1875年創業
価格200万〜6,500万円
②パティック・フィリップ 1839年創業
価格200万〜5億2,200万円
③ヴァシロン・コンスタンタン 1755年創業
価格200万〜1億5,000万円

三社ともスイスの老舗メーカーである。他にローレックスやオメガなど有名ブランドがあるにも関わらず、なぜ上記の三社なのか?またなぜこんなに高価なのか?

(他に古い会社ではフランスでは「ブレゲ」1775年創業、ドイツでは「ランゲアンドゾーネ」1815年創業があり、この二社を合わせて五大時計ブランドとも言うが)

それは以上の三社だけが、「三大複雑機構」と言う、自動巻腕時計について超絶技巧を持っているからである。

その機構とは、
①永久カレンダー：修正なしで永久に正確な日付を刻む装置
②トゥール・ピヨン：重力分散装置、重力の作用で時が遅れるのを防ぐ装置
③ミニッツ・リピーター：1分ごとに微かな音を奏でる装置
の三種の超絶技巧で、現在この装置を作れる職人は世界に20人しかいないそうでその職人を三社が有しているのである。

（他に装置としては、「ムーン・フェィズ」：月相‐月の満ち欠けを文字盤に表示する装置や、「永久修理」と言うアフターサービスは、他の高級時計ブランドでも対応している）

そしてこの高額な価格にも関わらず、三社の腕時計が売れ続けている秘訣は何なのだろうか？
①独自の道を切り開く精神‐1970年代のクオーツ革命や、宝石を散りばめた装飾時計がいくら流行しても、彼らは技術力で勝負してきた。
②時計機能の2つの側面‐時間計測道具と複雑さの極致を美しく見せる道具‐と言う「用の美」の極致を目指した。
③中小企業に徹し、会社は社会と社員の共通財産と考え、世代単位の資産として継承している。
私はこれらの時計ブランドの行き方に、これからの絨毯会社の行き方のヒントを見ている。

改めて当社の独自経営を確認してほしい。

①超絶技巧と言う、他が真似出来ない織と染め技術の獲得を目指している

②時代時代のオリジナル・ベストデザインの創作を目指している(錯視芸術など)

③偉大な中小企業で、流行に流されない独自経営の確立(現金払い、無借入、業績手当年4回主義、前払退職金主義など)

1970年代のクオーツ革命と言腕時計時計業界の未曾有の大変革に遭遇して、尚且つ強かに生き延びた、高級腕時計メーカー、そして時代に押し流されそうになりながら、作家のブランド化により辛うじて生き残っている呉服業界。

今、絨毯業界も未来に生き延びられるか否かの分水嶺に差し掛かっている。

他業種を参考にして、社員全員で知恵と工夫・改善の力を発揮したいと思っている。

会社の伝統

家や会社には伝統がある。伝統とは家訓や社訓で代々伝えられていることだが、これを時代に合わせて変更することはあっても、基本を守ることは組織を維持する秘訣でもある。

千代田絨毯には創業以来守るべきことや、行動規範があった。それらをしっかりと守り伝えて行くことが次世代の繁栄に繋がることだと思うので、改めて以下に申し上げておく。

①自主自立：何事も人を当てにせずに、自らが考え工夫して対応する。自らの問題は自分で始末する。人を当てにする人生は悲惨な結末を迎える。ただし仕事上は仲間と協力し合って行う。

②謙にして吉ならざる無し：天に対する謙虚さ、地に対する道徳、人に対する気遣い、を忘れない。されて嫌なことは他にしない、されて良かったことは他に施す、と言う箴言を心に刻む。また悪事は必ず網にかかることを忘れない。

③立居振舞：言葉遣いは丁寧語、目下を呼び捨てやあだ名で呼ばない、人物や立場で態度を変えない、嫌なことから逃げずに立ち向かう。搬出入、先の者から重い物を運ぶ。そしてどんな時でも、善い事も悪い事も誰かは必ず見ていることを忘れないこと。

④健康維持：嗽、歯磨き、適度な運動。禁煙、適酒、禁賭博。学問、適眠、腹八分。

⑤皆お金持ちになれ：お金持ちとは、必要な時に、必要なものを、必要なだけ、手に入れられる人のこと。単にお金を沢山持つだけのことではない、と心得ること。生活の工夫・改善によって、誰もがなれる道である。

生きている会社、死んでいる会社

「生きている会社」とは、常に挑戦、常に実践、常に創造、常に代謝する会社のことだ。「生きている会社」であり続ける為の秘訣は、「新陳代謝」である。捨てる、やめる、入れ替える、と言うことだ。

日常となった事業、業務、組織、人材は放置すれば老化する。老化は「安住」と「傲慢」と言う老廃物によって「死んでいる会社」になっていく。「現状で良い」、「あえてリスクに挑戦しなくても、何とかなる」、このような老廃物が会社の変革を阻害し、徐々に内から腐らせていく。

経営は老化との闘いである。1人の人間は老化して死んで行くが、会社はメンテナンス次第でいくらでも永続する。だから企業は未来を切り開こうとする明確な意思を持ち、常に自己否定を受け入れ、挑戦し創造し実践し続けなければならない。

工夫・改善はそのための第1歩だ。

①熱–情熱をたぎらす：かつての創業時の情熱は何だったのか、死にものぐるいの闘いこそにヒントがある。

②理－考えて考えて考え抜く‥本気でこの会社で生き抜き、自らの人生を考える者こそ真の生涯の社員である。
③情－社員こそ戦友と言う熱い情‥歳の差、性別を超え、共に闘う友を守ると言う強い思い。
どんな優秀な経営者でも、1人では何も成し遂げられない。社員達と心を合わせて共に戦ってこそ目的は達せられる。また社員達の能力は、心に火がつけば途轍もない力を発揮する。人財とは能力のあるなしではない、いかに心に火を付けられるか否かである。

深く考える力

「深く考える」と言うことは、一人でただ沈思黙考する事ではない。我が心にいる「賢明なもう一人の自分」と対話することである。人体は、それぞれの臓器が伝達物質を出し合って、身体の補修や補完作業を行なっている事が、最近科学的に解明されている。いわゆる潜在意識と言うものが科学的に証明され始めていると言うことだ。その潜在意識こそが、私の考える「賢明なもう一人の自分」である。

人の能力は、過去の体験による膨大な知識を事細かに記憶していて、その情報の中から必要な時に必要な情報を瞬時に取り出す能力がある。それが閃きである。

いわゆる論理思考を超えた「鋭い直感力」を人は持っていると言う事だ。

我々は「考える力」とは緻密な論理を積み上げる事だと考えるが、それは考える力のごく初歩的な段階に過ぎない。

論理的思考を超えた突然閃く「直感力」のこと、それが「深く考える力」の本質である。

その「直感力」の存在を意識さえすれば、誰でも活用出来るもので、特別な能力は必要ではない。

この能力を活用する具体的方法は、

①思いや疑問を言葉に出して見る、それを内なる自分に問い掛ける。

②次に思いや疑問の対極の言葉を考えて、これも言葉に出してから一晩寝る。例えば「困難と言うチャンス」とか「逆境と言う幸運」、「病と言う福音」などである。これはドイツの哲学者ヘーゲルの唱える「弁証法」の手法である。「正・反・合」すなわち、これは「止揚」と言う哲学用語であるが、2つの対立する言葉から、その言葉の対比により最上の1つの解決方法が見つかる、と言うものだ。

具体的には「売上不振の原因は何だろう、でも不振だからこそ改革するチャンスだ」、「思う通りにならないのはどうしてだろうか、思う通りになると進歩がなくなるな」と、一人言でいいから言葉に出しておく。不安ならメモに書き付けておく。

③翌朝、昨晩何を問い掛けたかを思い出す。またはメモを確認して見る。すると翌日には不思議なことに、必ずもう一人の賢明な自分から返事が来る。「誰々に相談してみろ」とか「ネットで検索してみろ」「書棚に関連書籍があったぞ」などである。

神懸かりだ、非合理的だと言ってしまえば身も蓋もないが、これは確かに人の心に起こる現実である。疑う前に実践して見ることだ。

読書術と新商品開発

読書とは「著者との対話」である。著者の言いたいことは何かと推論しながら読み進めるのだが、時には「著者に代わって加筆・修正」を試みる。「てにをは」の修正や言葉の置き換えなど、このように変えた方が意味を理解し易い、納得し易い、などと勝手に対話するのである。

その内に、著者が言いたい結論の予測まで出来るようになる。そして、最後には著者と異なる自分なりの結論までも紡ぎ出せるようになる。

簡単に言えば、著者の思考を下敷きに、自分なりの思考を炙り出すような、そんな読み方が自分の発想や思想を豊かにする。

デザインの考案にも同じことが言える。新しいデザインはそう簡単に創作出来るものではない。経営者もデザイナーも何かのヒントを受けて、それをアレンジして活用しているのが実際である。まったく何もないところからは、何物も生まれ出てくることは無い、と言うのがこの人の世の常識である。

そのように見てくると、他社の仕入れ動向や品揃えや、様々な芸術とデザインなどのヒントを得ることは間違ってはいない。それらを下敷きに自分のオリジナルを紡ぎ出すことが、知恵ある者の行動だ。

「ピア効果」と言うこと

ピアとは仲間のことで、良い仲間に囲まれていることを「正のピア効果」、悪い仲間に囲まれていることを「負のピア効果」と言う。

良い仲間とは自分を認め、常に良いヒントを与えてくれる関係者であり、悪い仲間とは、人の足を引っ張り、出世を妬み、悪だくみをささやく周囲の関係者のことだ。特にトップと社員の間にいて、部下の意見や提言を阻止するような中間管理職は組織一番のがん細胞である。これは即座に排除しなければならない。

オーストリアの経済学者ハイエクは、「競争は人の優れた特性を見つける装置である」と言っている。それはまた自分の社会での立ち位置とか自分の能力レベルを確認させると言う意味でもある。日々の売上との戦いの中で、我々は戦いの価値や重要性を知っておく必要がある。競争が有るか無いかでは、その人間の能力の進歩は天と地の開きになる。

当社の社員教育は、その競争の意義を徹底的に知らしめるところにある。その競争は相手から学ぶことであり、相手をしのぐ知恵を持つことが目的だ。そして気持ちに火を点けてくれるような良い仲間との関係を作ることだ。ライバルを尊敬し、認めることだ。その時相手もきっと同じように自分を尊敬し、認めてくれるだろう。

経済発展は続く、日本の未来

1930年、英国の経済学者ケインズは、百年後の世界がどう変わるかの予測を2つ残している。1つは当り、1つは外れた。

1つ目の予想は当時最も豊かな国であった英国が、百年後には4倍、ないしは8倍まで所得が上昇し、信じられないほど豊かになっているに違いない、と書いている。

これは日本でも1930年当時と比べて、すでに2000年には10倍以上の所得になっている。

2つ目の予測は、百年後の暮らしは想像も出来ないほど豊かになり、人々は週に5日、日に3時間も働けば十分になっている、と書いている。

これについては、日本ではこれから百年後には人口が5,000万人まで減ってとても豊かにはなれない、と言う経済学者もいるが、経済成長とは必ずしも、人口増によるものではなく、人口が減少してもあくまでも技術革新や労働効率によるものである。

ケインズの予測から百年後は、2030年でありまだ12年の時間がある。

国民総年金制度（ベーシック インカム、すなわち老齢年金ではなく）のシステムと、AIによる技術革新は、日本を世界一豊かで幸福な国家にすることは可能なことだ。

重要なことは、国民全体、特に政治家や企業家が率先して、それに向かって工夫・改善の限りを尽くすことだと思っている。

我が社が、この豆粒のような会社がその先鋒になれることも決して夢ではないことを申し上げたいと思う。

朝のメンタルトレーニング

販売は言葉が武器ですから、そのお手入法を実行して下さい。

・朝起きたら、喉を痛めない為に、まず腹式呼吸

お腹に手を当て、鼻で大きく息を吸いながらお腹を膨らます。次に吸った息を「ハァ〜」と口から吐きながら、お腹を凹ませる。ゆっくり3回繰り返す。

・次に口と喉の発声練習

あいうえおアオ

かきくけこカコ

さしすせそサソ

たちつてとタト

なにぬねのナノ

はひふへほハホ

まみむめもマモ

やいゆえよヤヨ

らりるれろラロ

と3回大声で、より速く発声する。
・正しい挨拶
売場に入るまで、なるべく多くの人に、「お早うございます」としっかりと正しい挨拶をして、今日の販売へのモチベーションを高める。
・最後の仕上げ「気合いの呪文」
売場に立ったら、両こぶしをグッと握って、「頑張るぞ、頑張るぞ、頑張るぞ」「売るぞ、売るぞ、売るぞ」「やるぞ、やるぞ、やるぞ」と力強く唱える。人がいたら、後ろを向いて、人知れず実行する。

毎日続けていると、不思議な力「言霊コトダマ」がみなぎって来る。

それが体内の潜在意識を活性化する。

最後にいってはならない言葉

買うか買わないかを聞いてはならないということである。

なぜかと言えば、商品説明を聞いて熱くなっているところに、「いかがでしょうか？」と言われれば、お客さんはスーッと冷静になる。「検討します」「家の者と相談します」「まだ予算がありません」、これで終わりです。

それではどうすれば良いか？

答えは、二者択一の試験的落としを行うのです。

この「試験的落とし」は、買うか買わないか、の返事ではなく、どう言う方法で、買いたいかを聞くのです。

「お客さま、もし買うとされるなら、カードですか代引ですか、それともローンになさいますか？」カードでしたらいくらのポイントが付きます。代引なら消費税8％をサービス出来ます。ローンなら月々5万円ほどです。」

ここで「いかがでしょうか？」ではなく、「どちらかと言いますと、どちらのほうがいいなあ～と思われますでしょうか？」この「どちらかと言いますと」と「いいなあ〜」がポイントです。このように聞けば、お客さんはまだ仮定の話なのだと、安心して「こっち」と答えてくれます。ものは言いようでまったく変わります。

ちょっとした言い方の違いで相手の気分を害さずに、試験的に落としが出来ます。「いいなあ〜」は、気持ちを込めて「いいなあぁぁぁぁ〜」とオーバー過ぎるほどに使います。

この二者択一法は、説明途中に何度でも使って下さい。慣れるとだんだんお客さんはノーと言いにくくなります。そして最後の落としです。

それは「情熱」です。

いかにこの絨毯が素晴らしいか、熱っぽく説明を繰り返します。お客さんは驚いて抵抗を忘れます。そして、私はどれを買ったのかと聞きます。「この絨毯です」で住所・氏名を書いて貰います。（大事な話は大事そうに、熱を込めて、激しく、全生命をかけて、興奮して話せ！）

追伸、始めの一言、「いらっしゃいませ」は店の中では絶対に使ってはならない。「お待ちしてました」「お客さま、ちょっと見て下さい」とすぐに本題に入るトークを心がけて欲しい。

断り文句は真に受けない

お客さんが販売員に対してすぐに断るのは、断るだけのトークの間があるからだ。接客のトークでは不用意に間をあけず、言葉を切るのは質問の時だけにすると十中八九お客さんの断り文句は単なる口実であり、簡単に言えばウソだと言うことに気づける。

お客さんの「言葉のマイナスを突く」ことが「抵抗の切り返し」の秘訣なのだ。

①忙しい…「ハイ、お時間はとらせませんので、これだけは聞いて下さい、と申しますのは・・」と次の話に進めば、ほとんど黙って聞いてくれる。時間がない、と言うのは口実だったのだから、もう相手は抵抗できないのだ。

②お金がない…「またまたご謙遜を・・」といいながら笑い流しながらすかさず次の話題に移ってしまう。

③値引きして…これも「お金がない」と同じでさらりと流して、別の話題に移ってしまう。次の話になってしまうと、もとの話題にはもどりにくいのが人の心理だ。特に「まけてくれ」と言ったお願いは、一度なら勇気を出して言えるが、二度目はなかなか言えない。相手に値切らせる間をあけるから、「いや、定価では絶対に買わない」などと抵抗に繋がってしまう。

④考えておく‥客、「すみませんが、ちょっといま、ここで決められないので、考えておきます。」
販売員、「有難うございます、奥さん。大事なことですから、ゆっくり考えて下さい。でも一応お尋ねします。奥さんはどちらかと言いますと、どちらのほうがいいなあ～と思われますでしょうか？こう言うものがあったほうがいいなあ～と思われますでしょうか、それともないほうがいいなあ～と思われますでしょうか？」

客、「そりゃまあ、あったほうがいいはいいけど・・」

販売員、「そうですよね。ないよりあったほうが絶対にいいですよね。では奥さん、同じ使うとしたら、使う時期はなるべく早いほうがお得だなあ～と思われますでしょうか、それとも遅いほうがお得だなあ～と思われますでしょうか？

客、「そりゃ早いほうでしょうけど・・」

販売員、「奥さん判断基準はこれだけです。なさっておいて下さい！あとで必ず喜んでいただけると思います。では奥さん、失礼ですが、こちらに住所とお名前をお願い致します。


要は、迷って踏ん切りがつかない時には、このように判断基準を整理してお客さんの背中を押して上げるのだ。お客さんはまだ絨毯を使ったことがないのだから、悩んで当たり前なのである。色々と過激なトークもあるが、あくまでも一例である。あくまで参考に、自分なりの価値判断でご自分のトークを組み立てることが重要だ。ただし、常識的な話しばかりではお客さんは面白くないのも事実である。

別の店を見てから決めたい

「それはご主人、行かないで下さい。ご主人がご結婚された時のことを思い出して下さい。奥さんと出合ってビビっと感じられたでしょう。人も商品も縁のものです。日本中の女性を見てから、とおっしゃてたら結婚は出来ないじゃありませんか。絨毯も一品ものです。この機会を逃したら出会えません。

ご主人、奥さん、もう一度お伺いいたします。この絨毯をご説明させて頂きましたが、だいたいいいもんだなあ～とお思いいただけましたでしょうか？でしたらご主人、奥さん、それでいいじゃないですか。人生はほどほどの満足がよろしいのではないでしょうか？

有難うございます。こちらに住所とお名前をお願い致します。」

これも極端なトークだが、前回書いた、お金がない、と同じく聞き流し別の話題に変えることもできる。

これもあくまでも参考トークとして活用してほしい。

商品の意味を知らせる

前回のヒントに書いたが、「商品は事実ではなく意味を知らせる」と言うことを再度説明する。

レストラン向けの食品包み機と言うあんまんや餃子やシュウマイを作る機械がある。日本の専門メーカーの機械だが、世界シェア断トツのトップで、世界50カ所に修理員兼指導員を派遣している。

この本社に行くと、なぜか大きな厨房があって、そこで女性達が料理や菓子を作っているのだ。お客さんが会社を訪れると、そこに案内されて機械で作られた料理を振舞われるそうだ。機械の話は全くなく、出される料理がすべてその食品包み機で作られていることを教えられ、そのレシピ1,000種類の作り方の書籍が手渡ある。

それだけで、訪れた世界の食品業者は1台数千万円の機会をその場で契約していくのだ。

要するに、機械そのものの説明ではなく、その機械で何が作れるかを教えて、販売しているのだ。まさしく一種の実演販売である。ひるがえって、絨毯を売る販売員の最近のトークの具体例は、丈夫です、綺麗です、高価です、作るのは大変です、ペルシアです、手織りです、打ち込み細かいです、百年使えます、今安いです、このような当たり前の言葉を並べているのが、今の業界の現実である。

この常識を変えなければ、次の絨毯の時代はない。それは、「なぜ絨毯は美しく感ずるのか」、「なぜ人は絨毯に惹かれるのか」、「なぜ絨毯は手織りでなければならないのか」、これを解明する話法こそが、次世代の究極の販売トークだと思う次第である。

形の不思議：西欧の建築物等は黄金長方形、日本の木造建築物等は大和長方形、絨毯は千代田長方形(1:1.516)。この形が美しく見えるのは、人間の網膜のスクリーンの形に理由があること。正面に立っている物を見る時には、黄金長方形と大和長方形が美しく見える。

しかし床に敷いた絨毯は、やや遠近法で形が台形に歪む。それが美しく見えるのは、その比率が1:1.516です。それを千代田長方形と名付けた。２m×３m、60㎝×90㎝すなわち、横縦の比率が1:1.516の比率の絨毯が圧倒的に売れているだ。

さらに、日本だけで売れている正方形、８尺×８尺、２m×２mがあるが、これは神社の神の座の形（８尺×8.2尺）である。これは、20年以上前に展示会で発表している。このように、美を科学的に分析して、解明することは、今後の当社の販売話法の骨格となり、また手織り絨毯を永遠に商品として守ることにつながるのだ。

言葉の使い方

すでに分かっている人もいると思うが、話し言葉は口語であり書き言葉とは少し違う。

①「失礼ですが‥」
お客さんのプライベートな情報を聞かなければならないときには、必ず「失礼ですが、何人家族でいらっしゃいますか？」「失礼ですが、現在のお住まいはマンションでしょうか？」

販売は相手を怒らせたらおしまいである。失礼に当たるかも知れないことや、込み入ったことを質問する時にも必ずはじめに「失礼ですが」とお断りをする。

②「ちょっと」
この言葉も非常に便利な言葉である。「ちょっとよろしいでしょうか」「ちょっとお願い致します」

このように言葉のはじめに「ちょっと」を付けるだけで、お客さんに気楽な感じを与えることができる。「少々」もあるが、少し身構えた感じになる。

③「あっ」
また話し出すときは意識的に「あっ」と言う言葉を付ける。

「あっ、お待ちしていました」「あっ、お客さま、これはですね・・」と言う感じである。言葉に勢いが付くし、言葉が自然になる。

「お早うございます、お忙しいところ恐れ入ります」と言うのと、「あっ、お早うございます、お忙しいところ恐れ入ります」ですと何となく人間味が伝わるのだ。

販売員は明るく元気よく、礼儀正しく。しかし失礼があってはならない。ただこちらが硬くなったら、お客さんも硬くなる。礼を尽くしながらも、打ち解けた、親しみを込めた感じで話すのが重要だ。

なぜ人は絨毯に惹かれるのか

我々の祖先は、始め土の上に草を敷いて暮らしていた。そして木の床を考えた。外国は石の床であった。そして外国では冬の寒さ対策に動物の毛皮を使い、日本では草の茎を織って莫蓙が作られ、その後に日本ではさらに畳が考案された。外国では床敷きに毛皮が使用されたが、サイズも毛足も不均等で使い難く、毛の不織布（フエルト）が代わりに使用され、次に毛足（パイル）のある絨毯に進化した。

そんな歴史を考えると、絨毯は元々生活用品として、フエルトが防寒と床との緩衝用に作られ、それが民族の工夫で動物の毛皮を参考に図柄のある緻密な絨毯にまで高められた。

手織りの絨毯は、製作に大変な手間と時間を必要とするもので、高貴な身分の者が使用した。その絨毯を、英国人が西アジアを植民地とした19世紀前半に、ペルシア絨毯を世界に輸出し、緻密でなおかつ高価で豪華なペルシア絨毯を世界に広めた。

また敷物は、身分の高い人との接見や、見えざる神や聖なるものと対峙する時の、雰囲気を高める為の設えとして使用された。

このように、歴史を振り返れば、なぜ人は、絨毯に惹かれるのかが明らかになる。

それは高貴への憧れ、聖なるものとの邂逅、自己の存在意義、そして今の豊かさへの感謝、そのようなものが渾然一体となった遺伝子レベルの人間の欲求である。

そしてそれは、手織りでなければならない。なぜなら、同じものが他にない手織り絨毯と、同じく一人一人の人間は聖なるものだからである。

機械織りは、言うなれば単なるクッション床敷きであり、聖なる絨毯とは言えない。なぜなら同じものがいくつも存在するからである。

このように、絨毯の歴史と絨毯の成り立ちを、知識として認識し、お客様に発信することだ。

販売員の極意3つ

①お客さんを好きになる、好意は以心伝心で伝わる。
②良いものは売れて当然、自信を持って断定する。
③目標達成を諦めない、諦めるのは諦めないと決めていないからだ。

①相手に自分を認めて貰うには、会った瞬間から、相手を好きになることだ。好意をもった相手には、自然と好意が持てるもだ。以心伝心で伝わる。

このお客様を、何とか幸せにしてあげよう、今日1日ハッピーにさせてあげよう、それにはどう言う絨毯を勧めたら喜ばれるか、と考える。説明に俄然迫力が出て、必ず納得してくれる。自分のことよりも、相手の幸福のために話し、振る舞うのだから。

②友人に「飲みに行きませんか?」と尋ねては駄目だ。「飲みに行きましょう!」と言う。自分が「こうしたい」と思うことは、相手もそうして当然だ、と言う意識で話し、振る舞うのだ。人を決断させるには、すべからく「暗示」だ。誘われて飲みに行くのは、納得して行くのではなく、「言ったら楽しそうだ」と言う暗示にかかっているからだ。当然のごとく話し、振る舞うことで、相手にも「それが当然だ」と暗示にかけるのだ。

「飲みに行きませんか?」と聞くのは、相手へのクエスチョンで、誘った方も自信がないからで、いわば不安の表明になる。絨毯を勧めるのもおなじだ。「いやさすがですね、お客様の雰囲気にぴったりです、ドンピシャです」プロから言われれば、即納得する。

③普通人は皆常識にとらわれて生きている。「これ以上すすめては失礼だ」「お金がない人に売るのは気の毒だ」「家族に相談するのはもっともだ」などと考える。販売員があきらめて帰す姿を見て、「いまの販売員は実にあきらめるのが見事だ」とほめる人は誰もいない。

お客の立場になって考えても、中途半端な気持ちで勧められるのは不愉快にちがいない。パーティに誘われたとして、「よかったらお越し下さい」と言われたら、ちょっとがっかりする。「気が向いたら来てくれ」と言うことで、誰が行くものかと思う。

「お忙しいとは思いますが、みんな待っていますからぜひお越しください!」。誘うなら「絶対に来て欲しい」と言う気持ちで誘うことだ。

これなら悪い気はしない、時間を作っても行こうと言う気になる。

販売もおなじだ、言ったら言い通す、すすめたらすすめ通す。それが販売員の礼儀だ、責任だ。

プロ販売員

売場派遣の当社販売社員は、単なる売場の店守りや留守番ではない。お客さんに、絨毯のサイズの選び方、絨毯の形・文様・色彩がなぜ美しく見えるかと言う指導、手織り絨毯の賢い買い方はこういうものだと言うアドバイス、などなどお客様用の絨毯を選んであげる立場なのだ。

お客さんに教えて上げる立場であり、「買って下さい」、「売上協力して下さい」とお願いする立場ではない。歌舞伎や舞台の役者は、その役に一途に成り切った時に、観客を感動と涙の世界に引き込む。わざわざお金を払って見に来て下さる観客に、感動と言う商品を売ってこその名優なのだ。

我々の舞台は、一流百貨店の絨毯売場というヒノキ舞台だ。そこを通りかかったお客さんに、いかに感動と喜びを与えるか、それが我々の販売役者としての価値なのだ。

ひとたび、話し始めたら、なにも買わさずに帰したら、それは感動なしで帰したのであり、お客さんにとっても時間の無駄、聞く労力の無駄と言うことになる。

あの販売員の「無駄話しはさすがだ」、「あの諦め方は立派だ」と褒める人は誰もいない。トークの最後に「落としてこそ」、お客も観客も「あの販売員は流石だ、一流だ」と感動し喜んでくれるのだ。

その境地は、自然に成るのではない。まずなると自分が決めて、なる為の努力を徹底して成るのである。

かつて当社にはそう言う強者(つわもの)が半数はいた。残りの社員は単なるお手伝いであった。お手伝いでは、つまらない。普通の販売員では悲しい。

遠慮なく主役になれ。自ら名優になれ。

誰かが売る

いつの頃にか、当社には「誰かが売る」病いが流行し始めた。売る人は売る、売れない人は裏で伝票整理、商品整理で働いている振りをする病いのことである。

食事に例えてみる。横の人は食べている、自分は見ているだけ。食事は見ている人のお腹は絶対に一杯にならない。外商さんが、お客さんを連れて来てくれると言う。お客さんを連れて来るのと、お客さんに売ることとは別物だろう。

外商さんが売ってくれると思っているのだ。彼らが絨毯を売れるなら、当社の社員は皆失業者になる。会社が百貨店に頭を下げて売って貰えば、人件費が掛からなくて儲かる筈だ。それを考えて、実行した卸会社は2度目の取引はない。皆潰れていくから。

自分が売れないなら、販売会社勤務をやめなさい。そんな人間ばかりを雇っている会社は、必ず潰れる。だから勤め先を転々としている社員の経歴は、潰れた会社を渡り歩いている場合が多い。

神輿担ぎを考えて見よう。大きい神輿は1トンもある。しかし百人で担げば1人10キロですむ。でも足元を見ていると、必ず担ぐどころか、ぶら下がっている奴がいる。

こいつらの言い訳は、背が足りない、と言うのと、背が高すぎて担げないと言う。背の足りない奴は手の平で担げばいい。背の高い奴は背中を丸めて背中で担げばいいのだ。工夫すれば何でも可能になる。神輿にぶら下がる奴らの言い分は、言い訳ばかりで工夫をしない人間の典型例である。

皆さん気づいて下さい。あなたが売らないから、毎月の売上が足りないのですよ。

誰かが売るから、と言っているうちに、あなたの居場所はなくなるのですよ。

全員が、自分で売りましょう。

人が売ったものは、あなたの胃袋には入らないのですよ。

常識を捨てろ

この言葉は、おかしな非常識な言動をしろと言うことではない。自分の人生の経験上の思い込みを捨てろと言うことだ。

例えば、百万円の商品は普通の人では簡単には買えないとか、まして一千万円の商品などとんでもないと感ずることは一般人の常識だと言える。だが豊かな人たちは違う。

株が上がった、と言う。千円上がれば、たった千円かと普通人は思う。それは1株が千円上がったのであり、一万株持っていれば、一千万円の利益が出たのであり、十万株持っている金持ちには一億円の利益が出たことになる。

そして金持ちは、絨毯は部屋に有っても無くても生活に大きな影響がある物ではないが、あれば有っただけの価値はあると知っている。だから真剣に、一所懸命に勧める販売員に出会い、感動すれば、金持ちは高くても買ってくれる。金持ちは感動と言う付加価値を大切にするのだ。

なぜなら、感動は中々出会えるものではないことと、人生の成功にとって一番大切なものだと知っているからだ。

そこに我々の販売のヒントがある。

それに気付いて、自分本位の常識など捨てて、お客様に感動を与えることが、我々絨毯屋の役割なのだ。

商品への感動と、トークへの感動、そして売る情熱への感動の３つがあれば、誰もが買いたくなる。

不足をバネに

耳の聞こえない子を持った父親の話しを覚えているだろうか。

今から50年ほど前、生後半年で医師からこの子は耳が聞こえていないと、その子の父は伝えられた。父親は、絶対に自分の手で聞こえるようにして見せると、毎日その子の側に蓄音機を置いて音楽をかけ続けた。そしてしばらくすると、その子は音楽が聞こえているように体を揺らし始めた。そうしていつも蓄音機の角に口を付け、歯で噛むのだった。このことで、人間は骨伝導で音を聞くことが出来ることが始めて明らかになった。この子は、その後音伝導の機械を開発する会社の実験者として活躍し、最後はその会社の重役になった。

もう一つある。生まれつき目の見えない女の子の話しだ。

彼女は自分の不幸を嘆き、目の見えない自分を産んだ母親をいつも恨み、攻め続けます。ただ、ある時、ふとしたことで、母親が「ごめんね」って言いながら一人ですすり泣いているのを聞いてしまう。この時、彼女は気付くのです。つまり、「目の見えない子を産もうなんて思う親はいるはずがない。それなのに、その母に対して自分はなんてひどいことを言ってきたのだろう」といったことに。それから、彼女は、自分の人生をもう一度見つめなおそうと心から反省します。

その頃、彼女はあるインタビューを受けます。

「もし願いが叶うとしたら、あなたはどんな願い事を神様に言いますか？」と聞きます。彼女は即答します。「もし願いが叶うなら、1時間でもいい、私の目を見えるようにして欲しい。1時間がダメだったら10分でもいい。10秒でもいい。目が見えるようになりたい」と。

さらに聞かれます。「あなたは目が見えたら何を見るの？」

「私はお母さんの膝の上に頭を乗せて、目が見える間中、お母さんの顔をずっと眺めていたい」

この話に感動し、涙をポロポロとこぼして泣ける人なら、何でも出来る、どんな困難でも乗り越えられる。感動こそ人生の力であり、生きるエネルギーとなる。

販売ターゲットは誰

GDPと言う指標がある。国民総生産のことで、国内総需要とも言う。国家全体の経済力を測るバロメーターで、日本は自由社会では米国に次いで世界2位だ。これは国内全ての一年間の商品の、やり取り（売買）の総額のことだ。

消費は70％（30％は投資）、その内の65％が個人消費（35％は公共消費）だから、全体の45.5％が個人消費によるGDPと言うことになる。主婦と夫の月の支出額の比率は、平均20万円対5万円で、4対1だと言う。

すなわちGDPの36.4％が女性による消費、夫は9.1％だけだ。商品を買っているのは、実は夫でなく、4対1で女性が優っていると言うことだ。ターゲットは主婦、たまに夫がそばで決定しているように見えるが、それは夫の顔を立てるだけで、実際には主婦が財布を握っている。

女性が、私では決められないと言うのは、断り文句と言うことだ。

ターゲットは主婦なのだ。主婦が納得するトークを磨き上げる。これで迷わずに販売相手が絞れた。

手織り絨毯がなぜ美しく、生活に意味のあるものなのかを、お客さんの人生の為に熱く語ることだ。

具体的なトーク

＊説得時間は15分を、ひとサイクルにして、それを何度も繰り返す。15分以上は、お客さんの集中力は途切れる。お客さんは、一度言ったから、一度聞いたからといって、販売員のトークを理解出来ない。繰り返しが大切。

＊商品の選択肢は、常に3つ用意する。2つでは少ない、4つでは多すぎる。サイズ別、デザイン別、色彩別、そして価格もそれぞれ3種に絞った選択肢を頭に入れて、トークする。

＊お客様に、質問を投げかけた後は沈黙すること。先に口を開いた方が負ける。最後の落としも、「買っておきましょう」と言った後は沈黙する。

沈黙によるプレッシャーはどちらにとっても相当なもの。ドキドキして冷や汗すら出てくる。そこをジッと我慢して、お客様が口を開くのを待つのだ。

なぜ、黙ることが大事なのか、それはこちらが先に口を開いてしまったら、沈黙を破って買うかどうかの意思表示をすると言う、お客様のプレッシャーがなくなってしまうからだ。お客様から答えが10秒間返ってこないと、普通の販売員は我慢できずに、「あ、いや、その件は後ほどつめましょうか･･」とせっかくの落としのチャンスを失くして帰られてしまう。心を鬼にして我慢する。

＊価格の提示も3段階、通常価格（カタログ価格）、現状表記価格、値引き価格を説明する。決定した後に、更にちょっと引いた最終値引き価格を伝える。お客さんは感動してくれる。

服従快感

人には「服従快感」というものがある。自分を受け入れてくれる人や、自分を理解してくれる人、認めてくれる人には、喜んで従いたくなる心理のことだ。言い換えれば、自分をハッピーにしてくれる相手に対しては抵抗しないと言うことだ。

特に、お客様との販売トークには、このことは大きなヒントがある。お客様の存在や好みについて、お世辞ではなく心から、良いものと認めることで、彼らの感情を思ったようにコントロールすることが出来ると言うことだ。

しかし相手をほめることは意外に難しい、一歩間違えば逆効果になる。「どうせお世辞をいっている、何だか胡散臭いな」そう思われたらそれで終わってしまう。それならどうすればいいか、相手が興味を持っていそうな事について「質問」をする。質問は、直接ほめるより百倍も効果がある。

「素敵なバッグですね。何というブランドですか?」
「かなりのお値段でしょうね?」
「素敵な指輪ですね。何と言う宝石ですか?高価なものなのでしょうね?」

人間の心理は皆同じ、自慢話は快感です。自分が自慢としていることを話すのが一番気持ちが良いもの。けれども自分からペラペラと話すのは見っともないと知っている。だから相手から聞かれるのを今か今かと待っている。「素敵な時計ですね」の一言では不完全燃焼、なぜもっと聞いてくれないのかと思っている。だからどんどん質問する。

「何という時計ですか?おいくら位するものですか?」

価格を聞けば必ず、謙遜して「大したことはないよ」と言われる。「お客様は大したことはないとおっしゃいますが、あの、その、それはどの位するものなのでしょうか?」と聞けば、最終的にはいくらしたものと教えてくれる。

自慢話で知らず知らずの内に、お金持ちだと知られて、断れない状況になっていく。昔から「話し上手は、聞き上手」と言われる。聞き上手とは、聞き役に回って、うんうんと相槌を打つだけが聞き上手ではない。

聞き上手とは、相手が話したいことを、こちらから上手に質問して、相手に喋らせること。
そうした人間関係が出来れば、たいがいの物を売ることが出来る。
販売員の1つの心得として、知っておくことだ。

不諦意識

決して諦めない意識のこと。

新しい技術、理論、発明は、誰かが、工夫・改善の限りを尽くして、諦めずに見つけ出したもので、簡単に見つけ出したものなどはない。

販売法も同様で、売れる販売員と売れない販売員の違いは、諦めないか、諦めるかの差である。利益率50％はどうだったかを思い出してほしい。ほとんどの社員が無理だと言った。特に競合店は競争があるので出来ないとも言った。

「やらなければならない」と決めろ、「決めないから出来ないのだ」と発破をかけたのを覚えているだろうか。結果は？皆さんは、自分は一流ではない、単なる絨毯屋の販売員だと思ってないだろうか？

お客様や百貨店の社員から見れば、皆さんは立派な絨毯のプロなのだ。絨毯の作り方や洗濯法、産地やサイズや品質、お客様は何1つ知らない。知っているように振る舞うお客さんもいるが、それは他の売り場で最近絨毯を売りつけられた人だ。自信を持って、お客さんを導いてほしい。必ずお客さんが感動して買ってくれる筈だ。

最後は情熱の力

様々な販売のヒントを発信しているが、効果が今ひとつと感じている人もいると思う。なぜか効果がないと思うのだろうか？

どんなに上手にトークをしても、そこに「情熱」と言う隠し味が入っていなければ、単なる口の上手い販売員の商品説明になってしまう。

どうしても売る、必ず売る、やり遂げると言う心があっても、そこに1％でも、迷う心、疑う心、逃げる心があると、その磁石は単なる鉄の塊に過ぎないのだ。

成りきる、演じきる、集中しきる、俺は名優だ、絨毯のプロ販売員だと、その時だけでも百％思い込むことが前提なのだ。

売り終わって、あれっ、俺はやり遂げたのだとはじめて気付き、我に帰ると言うくらいの集中がいるのだ。

厳しい道だが、何度でも挑戦すればいい、必ず道は見えて来る。

集中力の秘訣

やる気はある、情熱もある、しかし目的を達成出来ない、と言うことは前回のヒントにも一部書いたが、誰でも経験することだ。磁石は、1つ1つの鉄分子が、すべてプラス・マイナスの方向が一緒になった時だけ磁力が発生し、数億個の鉄分子の1つでも逆向きの分子があれば、単なる鉄のかたまりになる、と言うことも何度も申し上げた。

また太陽光の例もある。太陽光を凸レンズで集めると、強力な熱源となり、焦点では紙が燃えるのは誰もが知っている。言いたいことは人間の情熱も、それと同様だと言うことだ。情熱も、ただ燃やしても、自己満足同様に、外部には何の影響を与えることは出来ない。その情熱に集中と言う、凸レンズを与えて初めて外部に影響を与えることが出来るのだ。そう、凸レンズで焦点を作るように、集中して情熱を一点に集めることが、目的達成の最重要条件だと言うことなのだ。

疑問・不信・迷いがあれば、それが磁石の逆向きの分子の働きと同様に、すべての情熱の力を無力化するのだ。

もう1つ集中の条件がある。それは体調だ。

毎日昼食の後と夕方の疲れが出てきた頃は、力が落ちている。いくら根性でと頑張っても体力が続かなければ、集中力は持続出来ない。ではどうすれば良いのか。答えは休憩の時間を利用して、15分間か30分の瞑想の時間を作ることだ。この後、何を売るか、どう売るか、を考えながら、携帯の目覚まし機能をセットして寝てしまうのだ。

昼寝と違うのは、問題意識を持ったまま仮眠することだ。ただしこれは、15分単位で行う事がポイントとなる。10分では少ない、20分では多い、15分間が医学的にも良いとされている。それ以上取りたかったら、15分を2回と考えて、30分で切り上げることだ。それ以上はダメだ。体が完全に休み始めてしまう。

また食事も重要となる。私は普段は朝は食べずに、まとめて昼食として摂るが、その時なるべく歯応えの少ないものを摂る。それは消化する負担が少ないからであり、例を挙げるとコロッケパン、盛りそば、うどん、おにぎり等である。消化の良い物は食べた後も体の動きがスムーズになるのだ。もちろん昼食は軽いものにした代わりに夕食は、野菜をはじめ魚、肉などの歯応えのあるものをしっかり食べる事だ。

イチロー選手が、毎日試合の前にはカレーライスを食べて臨む、と言うことも、彼にとっては理にかなったことなのだと思う。思いを集中するためには、あらゆることに心を配る必要がある、と言うことがお分かりになったと思う。

確定行動

人の行動には、「成り行き任せ」と、「確定行動」の2種類がある。

流れに任せる、すなわち他人任せで、自分の考えのない生き方を「成り行き任せ」と言い、常に自分が行く道を決めて、小さなことでも自分が主体性を持って進むことを、「確定行動」と言う。

人生のすべての成功者は、どんな時でも「確定行動」を取ります。これを簡単に言えば、決めて行うか、何も決めないで行うか、と言うことだ。

「月の売上予算は出来るか出来ないかは分からない、たまにゼロの日があっても仕方がない」と思っているのと、

「月の売上予算は絶対に作る、ゼロの日は絶対に出さない」と決めて行動するのでは結果はどうだろうか？

この違いが、貧乏人・不幸せ人生で終わるか、お金持ち・幸福人生になるかの分かれ道だ。

皆さんはいどうだろうか？

当社は創業の時から、目標を定め、その目標達成の為に知恵を絞り、試行錯誤を重ね、そして必ず達成して来た。

目標は手帳に書き付け、暇な時間に必ずそのメモを読み返し、夜寝る時には問題を頭に入れて、朝起きたら解決法がひらめく、と言うことを繰り返し続けている。

この「ヒント」も明日何を書いたら良いかを、毎日寝る前に考えて寝るのだ。

皆さんも、決めてほしい。

「毎月目標を達成する、ゼロは出さない」と言うことを。

出来るか出来ないか不安だ

前回のヒント「確定行動」を読んで、やると決めても、出来るか出来ないか不安だ、と言う意見があった。

人間の脳からは微量な脳波が出ている。心電図があるように、今では人間の身体から出る微量な電波を簡単に計測できる。脳波や心電図の計測は、まだ数十年の歴史しかないが、それ以前はこれはSFの世界のものであった。

心と言うものがある。心は身体のどこにあ流のだろうか？心臓？それとも脳だろうか？

今では、それは各細胞の遺伝子、DNAの中にあると考えられている。心の思いも、電波エネルギーとして外部に発信されていると考えられてい流のだ。いずれこれも計測される時代が来るかも知れない。

また、潜在意識と言うものがある。表面には出てこない意識、すなわち無意識に存在する意識と言うものだ。

例えば、意識しなくても出来ていたことが、意識した途端に出来なくなると言うことがよくある。これが潜在意識は実際にあると言われる理由である。

心で決めたことが、潜在意識に作用して、実現出来る方法を無意識に探し出し、実行していくと言う不思議な力なのだ。

この様な、人間の能力の不思議さを思うと、「やると決めたら出来る、決めなければ出来ない」と言う「確定行動」は、いずれ科学的に根拠が示されるのではないかと思っている。これは決して荒唐無稽な精神論では無いのだ。

そして決めなければ出来ないが、決めれば出来ると言うのであれば、決めて行うしかない。我々の生きる道は、この道をやり遂げるしかないのだから。

仕事のルーティン化

ルーティンとは、ご存知の通り日常や1日の「決まった行動」のことである。

朝起きる↓布団をたたむ↓顔を洗う、歯を磨く↓お茶を入れる↓新聞を読む↓着替える↓出勤、と言うような毎日の決まった行動だ。担当する仕事は、毎日決まっていても、また決まっていなくても、自分一人の日常は、決まった手順で進メル。

ただ掃除、洗濯、睡眠、入浴などは決まったように出来るが、食事だけはちょっと違う。食事は、同じものを食べ続けると健康に良くないので、基本的には違うものを食べる必要があるが、ただしそれは夕飯時に調整すればいいのである。

朝食と昼食はなるべく同じパターンで、消化にあまり負担のない食事を取るべきだと私は思っている。このことは前回のヒントにも書いたが、そうした方が仕事に集中出来るということだ。そして販売時も、休憩・昼食は同じ時刻・同じ飲み物を摂って、毎日ルーティンを気持ち良く繰り返すことで、販売トークのパターンと体調を維持することにつながるのだ。

厳しいことだと思うが、それがプロへの道であり、皆が楽に毎日の仕事を成功させる方法なのだ。

聖書の話

聖書は神から下された言葉が記されている。「求めれば与えられる。探せば見つかる。叩けばドアはひらかられる」「不安とは、偽りの情報が正しく見えること。安心とは正しいものと正しくないものが、はっきり見えること。」

・第二次大戦の後、日本は灰燼と化した。そこから立ち上がった国民は「追いつけ、追い越せ！」と言うスローガンのもと、全くのゼロから世界第二位の経済大国を築上げた。

・タイガー ウッズは子供の頃人種差別に遇い、多くのゴルフ場でプレーを拒まれた。彼は歴史に名を残すプレーヤーになった。

・マイケル ジョーダンは、子供の頃チームをクビになった。一年間の猛練習を経て、翌年からチームに戻った。

・ケンタッキーおじさん（サンダーズ大佐）は、貧しい年金生活を送っていた。その後チキンのレシピで何百万ドルを稼いだ。

・エリシャ オーチスと言う男は、落下防止装置付きエレベーターを発明した。「怖くてそんなものには誰も乗らないよ」と皆に言われた。そこで自らエレベーターに乗り、ビルの三階から手斧でケーブルを切って見せた。そのお陰で、世界中に高層ビルが誕生した。

・アイスクリームコーンは、世界博覧会でアイスクリームを売るための器が終わってしまって困っていたエープ ドゥマールと言う男によって発明された。隣でワッフルを売る男に相談してアイスを売り続ける方法を考え出した。

・ドナルド トランプは、ある時700億ドルの個人借金を背負った。その時彼の口から出た言葉は「もっと大きな取引を決めなければならない」というものだった。

以上で感ずることは、「理に適っていないレベルで行動せよ。」「理由も無く自分の成功を信じよう。」信じて行動しなければ、何も得ることはできないと言うことだ。

心と脳と身体の関係

そもそも、人は生まれた時から誰でも、「心と脳」は一つのものだと思い込んでいる。それはある時、自分が自分である、と認識した時（大体3歳位）から自然に備わっているものなので、人は誰もがその2つが別のものとは考えていない。

しかし、この2つを分けられるものだと考えると、思考領域を大きく広げることが出来る。例えば、データが一杯になっているファイルを、別に1つのファイルを作って、そこに分類して振り分けたとすれば、今までのファイルのデーター量は半分になり、元のファイルの空き容量が大幅に増えることは納得出来ると思う。

要するに、「思考」と「感情」と、そして「潜在意識」は、脳だけが司どるものではなく、それぞれを機能させ記憶している部所が、それぞれ「脳」と「心」と「身体」の3つの場所に分かれてあると言うことなのだ。「脳」の役割は大脳に考える機能を、また海馬には記憶する機能をもっている。すなわち大脳は試行錯誤や工夫・改善を担当し、その思考プロセスは海馬が記憶するのだ。

そして「心」が受け持つのが「感情」である。感動や喜びや悲しみを感じて記憶するのだ。「心」は一つ一つの、「全細胞の中の遺伝子（DNA）の中」に存在する。そして更に人には、「潜在意識」と言うものがある。これはどこにあるかと言えば、「身体、すなわち全細胞の核」の中にあると考えられている。脳で考えていなくても、身体が動くのはその証拠なのだ。

私は、人の思考領域は、以上の3つに分けて記憶出来るようになっていると考えている。これを分かっていれば、人は思考と記憶の容量を3倍に出来ると言うことにつながる。人生は知恵次第だ。常識や通説に囚われていては、新しい思考や発想は出てこない。

自分なりの哲学（分からない事に、自分なりの結論を持つこと）と、美学（自分なりの美しいと思う生き方）を身につけることは、人として必要な知恵だと考えている。以上の記憶部所の話は、まだ科学的に解明されていることではないが、考え方の参考にしてほしい。

今あるものを大切にしよう

生きる情熱、未来に向かう情熱を失った社員を「ぶら下がり社員」と呼ぶ。

主事、主査も含めたすべての社員の中にいる。皆が組織を担いでいる中、その社員は組織にぶら下がっている。

思えば、ノルマも無く、日常の仕事への干渉もなく、結果へのペナルティーもない、会社が言うのは気恥ずかしいが、こんな自由で有難い仕事はない。

そして勤務場所は地域一番の冷暖房社食付きの百貨店の中である。その上、常に任せられた自由がある。

そしてやろうと決めた社員はやる、でも決めなくても特別文句は言われない。「頑張っています、でも売れません」、と言い訳すればいいのだから。

いかがでしょうか、もしこの会社を失ったら、と考えてみて下さい。勿体無いと思いませんか、無くしてしまってはならない、と思いませんか?·この取引先、この商品、この社員、この歴史、この雰囲気、すべて有難いことだと思いませんか。創業した自分がこんなにある宝を活用していないことに驚いている。命あるその日まで最善を尽くして、この会社を育て上げたいと思っている。

いつも申し上げる磁石の例のように、誰一人落ちこぼれ社員、無用社員だ、と言われないように、日々の気構えを持ち続けて欲しいと願っている。

ヒーリングとセラピー

ヒーリングとセラピーの意味はともに「治療」「癒やし」と言う意味です。二つともギリシャ語を語源とする英語である。

違いは、「ヒーリング」は自分でする治療、「セラピー」は誰かにして貰う治療のことだ。

アロマセラピー／ヒーリングとは、匂いによる精神治療のことで、また音楽で心を癒すサウンドヒーリングもある。

また色彩にも身体と精神に様々な治療的な効果があることも最近知られてきて、それが「カラーセラピー／カラーヒーリング」と言う言葉だ。要は人間の五感は、それぞれの機能によって心や身体を癒す力を持っていると言うことである。

そのような前提を頭に置いて、今回は、調和色について詳しく申し上げたいと思う。

光線の虹色7色は、音階の7音（ド・レ・ミ・ファ・ソ・ラ・シ）にその波長－周波数が同期（同じ周波数）すると言うことである。

ド↓赤色、レ↓橙色、ミ↓黄色、ファ↓緑色、ソ↓青色、ラ↓藍色、シ↓紫色となる。（音と色のそれぞれの周波数Hsがそれぞれに同期［一致］していると言うこと）以上を和音と調和色を当て嵌めてみると

ドミソ↓「赤色・黄色・青色」
ドファラ↓「赤色・緑色・藍色」
シレソ↓「紫色・橙色・青色」
が対応する調和色となる。

この3色の組合せ3種が、人の見た目には1番心地良い色の組合せで、「調和色」と呼ぶ。これらのことについては、皆さんが売場で実際に検証してみてほしい。逆に、お客様はそのような説明を聞けば、そう言う色の組み合わせの絨毯があれば、それが欲しくなるものだ。
また、そう言う色の組み合わせの絨毯は、今までも速やかに売れていたのだとも言える。

「しないこと」を決める

売れる販売員はポイントを教えるとあっと言う間に売れるようになる。売れない販売員は何をさせてもダメ、何年やらせても売れない。販売の世界は、素質と才能が必要なのか？私は気付きました、販売は素質や才能だけではなく、もっと重要なことがある、と言うことを。売れる販売員には例外なく共通点がある。それは、「やらないこと」を決めている、と言うことだ。

①お願い販売をしない
②お客の便利屋にならない（この場合のお客は百貨店）
③時間でお客に振り回されない（自分のペースを貫く）
④約束はどんな小さなことでも絶対　に破らない
⑤決定権のない人にセールスしない
⑥説明し過ぎない
⑦出来ませんと絶対言わない
⑧人真似はいとわない
⑨お世辞をはばからない
⑩「雑学」を馬鹿にしない

①お客に面倒なことをさせない
②質問攻めにしない
③沈黙を怖がらない
④クロージングをためらわない
⑤クレームから逃げない
⑥断り文句には反応しない
⑦「すみません」を連発しない
⑧いつまでも、お客さんと呼ばない
⑨慇懃無礼に振る舞わない
⑩余計なサービスは絶対言わない（送料まけます、いつでも届けますはダメ）

まだまだ「やらないこと」はたくさんありますが、「これだけはしない！」と自分なりに明確にしたら、自分の「しないことリスト」に入れておく。「やらないこと」が明確に分かっている、と言うことは、裏を返せば「やるべきこと」がはっきりしている、と言うことだ。

自信を持ってトークが出来る。自信を持って落としが出来る。胸を張って、堂々とお客を見送りする、良いものを売って上げたのだから。

決めても出来ないと思っている人

確かに今から先のことを決めても、先の結果は誰にも分からない。

結果を運に任せる、天に任せると言うことだが、でも決めないより決めた方が出来る確率が高くなることは明白だ。


逆に何も決めないで、運まかせ人まかせの人生は、どうなるか分かりますか？

その心の隙間に、貧乏神が、疫病神が、怠け神が、さぼり神が、言い訳神が、取り憑く。

それで止むを得ず、毎日頑張っている振りをする、「振り」とは心が入っていないことだ。だから空いた心の隙間に、様々なマイナスの考えが芽生える。

そしてせっかく自分に与えられた人生のチャンスを棒に振ることになる。


人は誠実と言うことが一番大切だと思う。誠実と言うことは、思ったことと行動することを一致させることだ。少しでも納得出来たことに、なり切ってみる。なり切ってみて人生の悟りがある。


出来るか、出来ないか、やって見て決めるのだ。やってみて失敗すればさらに工夫が出来る。その繰り返しが人生だ。成功ばかりでもない、失敗ばかりでもない、どんな時でも工夫と改善が必要なのだ。

毎回申し上げる、一度しかない人生を、今日一日全力を挙げることだ。

運を味方にする方法

品揃えに会社に来て、数ある在庫の中から売れそうなものを探すが、特に売れそうなものはなく、止むを得ず普通のものを選ぶしかない。こう言う時に商品部の社員に、「売れないで困っているものはありませんか？」と聞く。大概は残りものだが、これを売場に持っていくとこの商品は必ず売れる。

なぜなら、売れなかったので、もう今後絶対に入荷しない、だから自信を持って、「もう入荷しません、これしかありませんよ」と本心でお客様に勧めることが出来る。

手織絨毯はなぜか、「これ一つしかありません」と言う理由を納得すると、お客さんは必ず買ってくれる。

「人を助ける人は、人に助けられる」と言うのは、聖書の言葉だ。助けた人からは返ってこないが、別の人が、助けたことを忘れた頃に必ず助けてくれる。

百貨店は今、全体の売上が上がらずに困っている。売上はじつは当社が創業した40年前の昔から、百貨店はいつも思ったように売上があがらずに困っていた。（常に前年より予算が大きく組まれていたから、予算達成は大変だった）

当社の社員は売場の為に、売るのだと頑張った。いつの間にか絨毯売場は1番売れるエスカレーター脇に移動されていた。そして売上を上げ続けた百貨店の売場担当課長は、他の店に出世して転勤する、するとその人が転勤した店に千代田絨毯を呼んでくれた。そうして、当社の担当百貨店は拡大した。不思議なことに、当社を否定した担当者は、いつの間にかどこかにいなくなった。

振り返ると、そんな不思議なことが多かった。守られている、なぜだか分からないが守られている、その理由は当時の私には分からなかった。

以上のことは、当社の古い社員は皆体験している。新しい社員の人もぜひこの体験を味わって欲しい。人が助かる仕事を心掛けると言うことだ。

取引先、仕入先との営業のヒント

①「うなづき」と「あいづち」で、相手の話しにきちんと答える。それにより、真剣に聞いて呉れていると言う印象を与える。

②「ゆっくり話す」ことで説得力を強める。内容を理解してもらうには、「ゆっくり話す」、印象を強める 時には「早目に話す」。話すスピードに緩急を付けると説得の効果が増すと言うことだ。

③「メモを取る」ことで、相手に確実に言ったことを実行してくれる、と言う印象を与える。話の内容だけでなく、後々の記憶のために印象や雰囲気も記録しておく。名刺に書くのは失礼なこと。

④「成功イメージ」を描いてから、実際の営業に臨む。潜在意識に事前に営業の成功を刻み付けておく。とっさに様々なヒントやタイミングの良い言葉が出てくる。

⑤「目のやり場」の活用
初めて会った者との面談では、誰でも「目のやり場」に困るもの。その時に、テーブルの上に提案資料と商品カタログを相手に向けて置いておく。大体が机の上が「目のやり場」だから、先回りして置いておく。またこちらの目線は、聞く時には口や喉の辺りを見るようにし、話す時には目を見て話す。

競争

日々、我々には競争がある。商品開発、販売話法、価格競争、利益競争などなど。
競争とは、最高の品質、最高のセールストーク、最高のサービス、最高のデザインを目指すことではない。

当社が目指しているのは、ただ「独自性」を目指す販売競争だ。
商品の独自性、トークの独自性、会社運営の独自性、社 社員待遇の独自性などだ。
この独自性の競争には最高はいらない。工夫・改善・検証の永遠の繰り返しだ。

ちなみに、独自性を探し出す方法としては、海外からのヒント、歴史からのヒント、学問からのヒント、他業種からのヒント、藝術からのヒント、衣食住からのヒント、あらゆるものがヒントとなる。

そのような視点に立って、我々の仕事を見直してみよう。

目指すものは「最高」ではなく、他社が真似の出来ない「独白性」であることを認識しよう。

全然売れません

「人生のヒントをみていますが全然売れません」

こんな風に私に伝えてきた販売員がいた。

お釈迦様が説教されたお経は何万巻もある。このお経とは人の苦しみ悩みについての解決法を説いたものである。

「苦」とは、思うがままにならないことで、「四苦八苦」と言う。そしてお釈迦様は結論として、最後に一言述べている。

「お経をいくら唱え、読み込んでも悟ることは出来ない。経を読んだら、実行することだ、実行してこそ、お経の真の意味が分かり、四苦八苦への対処法がわかる」と言っている。

〈ちなみに「四苦八苦」とは、生・老・病・死の四苦と、

・愛別離苦‥愛する者と別離すること（あいべつりく）

・怨憎会苦‥怨み憎む者と出会うこと（あいぞうえく）

・求不得苦‥求めるものが得られないこと（ぐふとくく）

・五蘊盛苦‥五感が思う通りにならないこと（ごうんじょうく）
以上八つの人の苦のすべてのことをさす〉

今の我々の苦しみは、この中の「求不得苦（ぐふとくく）」↓「求めるものが得られない苦しみ」になる。

これに如何に対処するかだ。

売れないと言う販売員は、接客の時に、お客さんの気持ちを読もう、考えを知ろう、お金の余裕があるかを探ろうとする。それをしていると話が中途半端になる。なぜなら相手の無い気持ちを掴もうとしているから、当然掴めない。

そうではなく、自分は自信を持ってお得な絨毯を勧める。お客さまはお金持ちだ、と決めつけて一生懸命勧める。それだけでいい。その結果は・・・。その結果は、お客様の心に縁が生じたか、生じなかったかだけなのだ。

買うにしても、買わないにしても、お互いに爽やかな気持ちが残ることになる。

実行して見てほしい。

運とは

運は、字の通り「はこぶ」と言うことです。それは何で運ぶのかと言えば、人の心で運ぶものだ。

第一は、他人と争わない
第二は、他人を優先する
第三は、他人を当てにしない
第四は、ぶつかった時に自分が引く
第五は、父母恩人を大切にする
第六は、富は無限にあると考える
第七は、知恵は使えば使うほど出る
第八は、理不尽な相手とは縁を切る

以上が、運が良くなる秘訣である。

正しいものが正しく見え、正しく無いものは正しく無いと思える心が、運を運ぶのだと、私は思っている。

性格判断

人間の右手側が右脳、左手側が左脳です。ご存知のように、右脳に支障があると左半身が麻痺し、左脳に支障が出ると右半身に麻痺が出ます。要は脳と身体は、左右がクロスして働く。

また左右の脳の間は、脳梁（のうりょう）と呼ばれる神経繊維で繋がっており、
☆右脳は感性・感情・直感・イメージ・空間認知を司り、
☆左脳は言語・理性・論理・計算・数学を司ると言われている。

①両手を組んで、親指のどちらが上になるか？
②また腕組みをした時に腕のどちらが上になるか？

この検査で簡単な人の思考傾向が分かるそうだ。（科学的にはまだ解明されてはいない）

⑴右指上・右腕上‥論理的に捉え、論理的に処理する
〈物事を筋立てて考え、几帳面で努力家〉
⑵右指上・右腕下‥論理的に捉え、感覚的に処理する

〈理想と現実のギャップに悩む矛盾型、転じて細かなことに動じない〉

(3)右指下・右腕上：直感的に捉え、論理的に処理する

〈完璧主義、自分で決めたい個性派〉

(4)右指下・右腕下：直感的に捉え、感覚的に処理する

〈楽天的でマイペース、直感と閃きの感覚的性格〉

お客様との雑談の時に、こんな話があります、と、性格判断をして上げる。なるほどと納得させた場合には信用が倍加する。ご自分で試してみてほしい。

ちなみに、当社のHさんは中国の風水占いで、Lさんは易経の人相手相でお客との縁を繋ぎ止めている。それぞれ自分の個性を活かしているので、決して間違ってはいない。むしろ天才的販売員はこれらを活用するものである。

皆さんもほどほどに、雑談の中に活用してほしい。

まことしやかな嘘の話

15年ほど前に私はロシアの古都サンクトペテルブルクにあるエルミタージュ美術館に通訳のパキスタン人と訪れた。所蔵されている紀元前5世紀頃の古墳の永久凍土の中から、70年前に発掘(1947年)されたと言う最古の絨毯、パジリク絨毯を見るためだった。

その絨毯は様々な古墳からの出土品で壁面にアクリルの透明板に表裏ぴったりとはめられた形で飾られていた。触ることは当然出来ない。写真を撮り、二人で隅々まで見た。これが有名な世界最古のパジリク絨毯かと感動と共に、そのコーナーを出て一服した時、通訳と顔を見合わせて「本当かな、嘘だね」とお互いに言葉が出た。

この通訳氏とは、パキスタンを始め、イラン、トルコ、エジプト、インド、中国、その他ほとんどの産地の絨毯を何万枚と見てきた。昨日今日見たような素人なら誤魔化せるが、プロの目は誤魔化せない。織柄の細かさ、色合いの見事さ、それは今テヘランに行っても買えそうな絨毯だった。

それと、念のいったことにサイズは183×200㎝だと表示されている。メートル法は、フランスで1792年に初めて提唱されたことで、地球1周の円周の4000万分の1の長さを1mと決めたはずだ。自然の石や岩が偶然200㎝だったのならまだしも、人の作った物が2500年前に200cmだったとは、その確率はそれこそ4000万分の1あるかないかだろう。民族が使っていた長さの単位は、フィート、ヤード、インチ、尺、ザロなど皆、人の身体の一部の長さを参考に考え出されたもので、それでは国際取引では不便だと言うことで、フランスが世界中に呼び掛けて決められたのがメートル法だ。

1メートルと言う概念は1792年以前にはあり得ないし、ましてや2500年前の古代人が作れる筈がない。また、それだけの細かな絨毯を作った織り機なども見当たらない。実際、世界で次の2番目に古い絨毯は、トルコのイスタンブールの絨毯博物館所蔵の1500年代の絨毯である。約2000年の間、他に絨毯の痕跡が世界中に一つもないのである。

このような、まことしやかな嘘が、今でも世の中に通用していると言う話である。

なぜ植物染めか

京都の「染司よしおか」と言う、200年続いている植物染屋の5代目吉岡幸雄を取材した、「植物染め・伝統100色を今に」と言うNHKの番組が先日放映された。ロンドンのビクトリア&アルバート美術館から、保存用植物染め200色の染め布サンプルの注文を受け、その途中経過をレポートしたものです。

まず吉岡は、なぜ植物染めかを説明します。自然回帰とかオーガニック、ナチュラルカラーとかではなく、「植物染めは、何より美しい色が出てくるから使うのだ」と言います。そして、紫は奈良時代は紫草（むらさきそう）の根から取るのだが、現代では大変希少なものである。それにより聖徳太子の12階位の制で、最高位の色とされた古代紫を再現すると言うのだ。

茜は武蔵御嶽神社の約1000年前の国宝「赤絨大鎧」（あかおどしおおよろい）に使われている、その染め糸の色を再現しようと神社に赴き、明治時代に修復のために使われた化学染料で染められた糸と較べる。

茜の根で染められた1000年経った糸は、そのままの色を保ち、化学染料で染められた100年経過の糸は薄茶色に変色していることが一目で分かる。

かつて申し上げた、植物染めは始めの数年は化学染料に較べて劣化が早く見えるが、数十年すると、化学染料は元の色は消えて無くなる、と言ったことが証明されました。

そして植物染めは色が劣化するのではなく、色の定着・沈着による変化であったと言うことが分かりました。これは今後当社の植物染めの絨毯が発売されましたら、大いに活用出来る話だと思いました。

次に、藍はジャパンブルーと呼ばれ昔の日本では藍から抽出する様々な青色が人々の着物の色であったと伝えます。藍の葉↓蓼藍（たであい）↓蒅（すくも）にして、その蒅を最後に枯草菌（こそうきん）と混ぜ合わすことにより様々な青色に染まる。

次に紅（くれない）である。紅花を夏7月に収穫し、春に収穫した梅の実に木材を燃やした後のススをまぶし、それは烏梅（うばい）と言う漢方薬でもあるのだが、それを潰し媒染剤として冷水で紅花と混ぜ合わせて作る工程を見せる。艶紅（つやべに）と呼ばれる独特な紅色が現れる。

最後に黄である。刈安と言う野生の薬草をそのまま煎じて、ミョウバン液に浸すと黄色が現出する。この黄色と藍を混ぜ合わせて緑色が現出する。単独の緑の染料はないと言う。

ゼロと零の話

数は0と1であって、2、3、4・・は1が増えていくだけだと言う。1は「有る」と言うこと、0は「無い」と言うこと。

そして5世紀のインドで、「何も無い」ことを意味する0が発明された。彼らが数を数える為に使っていた小石を、砂の上から取り除いた後に残った丸い凹みの痕跡が丸だったので、無いことを0としたと言う。

どの数も、みな次にやってくる数のタネを宿していると言う。ゼロは1を生み出す○で表し、1は2つの点を繋いだ短い線で表す、2には角•点が3つ、3には4つ、4には5つある。そして驚くことに、0には唯一「角・点」がない、だからゼロだとも言う。

またインド人学者は同時期に、マイナスの概念や割算も解明した。

かつては、日本では数え年で年を言った。宿った時が0歳で生まれ出た時点で1歳となり、最初の正月で2歳になった。一理あると思う。

現在は生まれた時が0歳で、次の誕生日で1歳になる満年齢で数える。

また日本の建物の1階は、欧米ではグランドフロアで0階と言い、日本の2階があちらでは1階になる。日本には0階は無い。

そして最後に、0（ゼロ）と零（レイ）の違いだ。ゼロは何も無いことだが、零は、1にはなっていないが、何かあると言うこと。四捨五入の0.1～0.4は切り捨てられるので、何かがあるのでゼロではなくて零だ。

例えれば、零細企業の零と言うのは、小さくて1つの企業にも満たないと言う意味で、小さくて1ではないが、何かが有ると言うことだ。

日本独自の日用品文化

〈畳・筵・茣蓙・下駄・草履（雪駄）〉のこと

・畳

奈良時代の古事記では、敷物のことを畳と呼んでいた。「たたみ」の名称は、その名の通りにたためる敷物だったから。畳は座布団のように、板敷の床の上の一部に敷かれた。当時の畳は厚畳ではなく、薄畳（薄縁・うすべり）のことで、持ち運び出来る軽いものだったという。平安時代に貴族の屋敷の座る場所に座布団のように使用され、身分によって大きさや、厚さや、畳縁の色や文様などが細かく定められていったと言う。

・筵（むしろ）

藁（わら）、蒲（がま）、藺草（いぐさ）などで編んだ敷物のこと。

・茣蓙（ござ）

御座（ござ）と書き、貴人が座る時に使用した藺草で編んだ上等なむしろのこと。神社では今でも、神前で神職が祝詞を奏上するときに、軾（ひざつき）と言う半畳の茣蓙に座る。

・下駄（げた）

平安時代の和名抄には「足下（あしだ）・下踏（したぶみ）」と言われ、木の中をくり抜いた「木靴（きぐつ）」と区別して「木履（ぼっくり）」とも呼ばれた。

・草履（ぞうり）

藁や藺草で編んだ台に、鼻緒た履物。平安時代には「浄履（じょうり）と呼ばれた。中国から伝来した「藁沓（わらぐつ）」を日本人は風通しの良い、草履（ぞうり）と草鞋（わらじ）に進化させた。

・雪駄（せった）

雪駄は、底面に獣皮を張った高級な草履のこと。

以上、日本人でも中々知らないことである。

風呂敷・包む・縛る

風呂敷のことは「ころも包み」「平包み」と奈良時代の正倉院御物にすでに記載がある。

風呂敷とは、
①風呂で湯上りの時の足拭きに使った
②銭湯で自分の衣類を包むために使った
③蒸し風呂の簀の子（すのこ）の上に敷いた
と言う諸説がある。

要するに、風呂敷は足拭き布であり、床敷き布であり、物の包装、物の持ち運びに使ったと言うことだ。

それは物の大きさや形にこだわらず、一升瓶・丸い西瓜・大きな布団・箪笥・文机（ふづくえ）など、どんな物でも包んでしまう機能性は、外国にもそんな例はない。

また手先の器用な日本人には布の端と端を上手に結ぶことが出来たことと、物を運ぶのに裸のままでは行儀が悪い、と言う日本人の美意識も風呂敷が広く活用された理由だと言う。

また包むことは「慎む」に通じ、「秘める」「隠す」「憚る（はばかる）」と言う意味もある。このことが「美しい包み方」「儀礼的な包み方」「風流な包み方」などの、日本人特有の「包みの文化」が育まれた。

さらに独特な「結びの文化」も生まれた。

物を縛ったり、持ち易くするだけでなく、記号としての意味もあり、文字のない時代に、紐の結び目で情報を伝えていたこともあったと言う。

また「蝶結び」、「結び切り」など、祈りや吉凶などを意味し、一種の「呪術的」な要素もあったと言うが、さらに見た目に美しい「装飾結び」なども考え出した。

昔の日本人の感性の豊かさに、改めて気付かされると共に、工夫・改善の精神が昔からの日本の伝統であった事にも驚かされる。

興味ある話

・ストレス

人はお金の問題と、人間関係が一番強いストレスになる。特に人間関係では、男性は「怒り」によるもの、女性は「悲しみ」によるものが一番のストレスになるそうだ。

・独身を選ぶ理由

男性の場合は、一度の熱烈な恋愛に破れて、それ以来立ち直れないで、次の恋愛が出来なくなるケースがほとんど。他には男女共通で社交性がないか、異性に生まれつき興味がないかだそうだ。

女性の場合は、仕事か趣味の何かに熱中していて、結婚に情熱が湧かない場合だそうだ。ただし、なにかで弱ったり苦しんでいる時は、男性を頼りたくなる傾向があるようで、男性にはその時がチャンスだそうだ。

・なぜ人は結婚するのか

「片翼のつばさ」、と言う言葉が西洋にはある。人は元々左右に翼を持っていたのが、ある時何か粗相があって神様に片方をもぎ取られた。男女一対であったものが、取られてしまったので、男女お互いに、足りないもう1つの翼を求め合うのだそうだ。

・結婚の相手を決める秘訣

恋愛関係もしくはお見合いでも、その人との赤ちゃんを見たいと思った時が、神様の与えた閃きだそうだ。「お互いがピピッと来た」と言うのがその事を指すそうだ。

・最後に恋愛の恋（こい）と愛の違い

恋は、部首の心は下にある。上の部首は、変、蛮など変わるや野蛮などを意味して、人の心の本能である道徳のない心を意味する。

一方、愛の字の心と言う部首は真ん中に包まれている。そして、上・下の部首を合わせれば、受けるとなる。「心を受け入れる」、または「心を受け入れて」下さいとなり、真心を表明する意味になる。

昔の人の知恵は計り知れない、凄いことだ。この話しを聞いた時、私は素直にその人の言葉をその場でメモさせて貰った。

何か、「ピピッ」と言うところはトークに使えそうである。

大いに参考、また反省に使ってほしい。

工夫・改善のヒント

私が4~5歳の頃だったと思う。母親が民話を話して聞かせてくれたことがあった。

むかし、お殿様が村人に灰で編んだ縄を作るように命じた。その縄を作った者には褒美をとらすとのことであったが、村人は誰も出来ずに困っていた。

そんな時、働き者の1人の男が、明日姨捨山に老母を捨てに行く準備をしながら、「婆々さまこんなお触書が来ているのだが、どうしたら良いだろか?」と話をする。お婆々は「縄を燃やせば灰になる、灰で編んだのと同じだ」と教えてくれる。

そこで、男は殿様から褒美を貰うことになり、何が欲しいか聞かれる。

その男はこの知恵は老母から教えて貰ったことだから、これからはお年寄りを捨てなくて良いようにお願いする、と言うお話だ。

70年近い昔の母のこんな話が、今まだ記憶に残っていることも驚くが、私は話の途中で、どうしたら灰で縄なんか出来るのか、と真剣に考え、答えを聞いて感動した。人の工夫と知恵に驚いたものだ。

おわりに

このヒントの目的は社内全体の情報と知識の共有と共に、社員間の連帯感です。人がモノを考える為には、何かの問題提起が必要です。大切なことは、このヒントはその問題の提起です。それをどのように受けとめるかは皆さんの自由な感性です。

是は是・非は非、不条理・理不尽の排除、そして政治・宗教については中立の立場で発信したつもりです。当社の一つの歴史として、社員の皆様が今後も心に留めて頂ければと、内容の一部を小冊子に纏めた次第です。末永く会社の一記録として残されれば幸甚に存じます。

2023年3月吉日　千代田絨毯株式会社会長　森宣順

あとがき

ここに書きました内容は、書籍・雑誌・新聞・ネットなどで発信された記事を参考に、その折々に千代田絨毯（株）の「人生のヒント」として書き付けてきたものです。

引用先は全て明記していませんが、原著者の皆様にはここに改めて御礼を申し上げる次第です。

プロフィール

- 著者：森　宣順（もり のぶより）
- 1948 年 3 月生れ
- 富山市出身
- 1975 年千代田絨毯株式会社創業
- 國學院大學神道学科卒業　神職資格「明階」取得

「人生のヒント」 第 1 集

著者：森宣順

装丁：福澤美菜子

構成・編集・デザイン：三田村有芳

出版：株式会社藝祥

東京都武蔵野市関前 3-20-6　Tel/Fax：0422-52-4106

印刷：株式会社シナノ

発行日：2023 年 7 月